新日本有限責任監査法人 ――― [編]

連結手続における
未実現利益・取引消去の実務

中央経済社

刊行にあたって

　我が国の企業開示制度が，それまでの個別財務諸表中心のものから，連結財務諸表主導のものに代わって，15年以上が経過しました。いわゆる「連主単従」の制度となり連結決算の重要性が増し，各種会計基準や実務指針の公表もあって，それに伴い連結会計の実務も相当程度醸成されてきたものと思われます。
　また，会計制度だけではなく，企業活動の実態も，グローバルベースの連結経営が定着し，この点からも連結決算の重要性が増してきています。

　このように，会計制度面，企業経営面で重要度が増す連結決算・連結会計の中でも，本書では「成果連結」と呼ばれる，取引高や債権債務の相殺消去および未実現利益の消去に焦点を当てて，実務上の論点を解説しています。連結会計の種々の手続（論点）の中でも，資本連結（親会社の投資と子会社の資本を相殺する手続など），持分法会計（関連会社などの持分法適用会社に対する投資の会計処理），連結税効果，さらに連結キャッシュ・フロー計算書等は，実務指針において詳細な定めが設けられています。しかしながら，本書の主題である成果連結は，会計基準等において明文での詳細な定めがほとんどなく，連結決算の実務の中でも，各企業が工夫をこらし，連結経営の実態を反映する会計処理を模索してきたものと思われます。本書ではこういった実務上の論点を，設例や図表も交えて丁寧に解説しており，成果連結に関する決定版の書籍となったものと自負しています。

　本書の構成としては，まず第Ⅰ部で取引高・債権債務の相殺消去について，基本的な取扱いと取引パターン別の会計処理を紹介しています。次に第Ⅱ部では，未実現利益の消去について，会計基準上の取扱いと，棚卸資産，固定資産，有価証券といった対象となる資産別の基本となる会計処理を解説しています。そして第Ⅲ部では，取引高・債権債務の相殺消去と未実現利益の消去の双方に跨る論点も含めて，実務上の論点を掘り下げて解説しています。例えば，決算

期ズレの取扱い，在外子会社等における換算，四半期決算での取扱い，セグメント情報との関係など，実務に直結する会計上の論点を説明するほか，相殺消去にて差額が出たときの調整の勘どころや連結パッケージにおける情報収集のポイントなど，経理業務に役立つ情報を織り込んでいます。

　本書は，財務諸表監査の最前線で活躍する新日本有限責任監査法人の公認会計士が，これまでの多くの経験を踏まえ，実務上のノウハウを結集して執筆しました。連結決算を担当される方の成果連結のバイブルとして，是非ともお手元に置いて頂ければと思います。

　最後になりますが，本書における企画段階から出版に至るまでのすべてにおいてご協力を頂いた株式会社中央経済社会計編集部の末永芳奈氏に，心より感謝申し上げます。

平成29年3月

新日本有限責任監査法人
執筆者一同

CONTENTS

第Ⅰ部　連結手続における取引高・債権債務の相殺消去の実務

第1章　取引高・債権債務の相殺消去に係る会計基準の定め ── 2

1　連結会社相互間の取引高の相殺消去 …………………………………2
2　連結会社相互間の債権債務の相殺消去 ………………………………6
3　子会社の決算日が連結決算日と異なる場合 ………………………12
4　連結キャッシュ・フロー計算書における取引高の相殺消去 …13
5　セグメント情報における取引高および債権債務の相殺消去 …14

第2章　取引パターン別の相殺消去方法 ── 15

第1節　売上・仕入取引に係る相殺消去 ……………………………15
┃設例Ⅰ-2-1┃売上・仕入取引に係る相殺消去／17

第2節　貸付・借入取引に係る相殺消去 ……………………………19
┃設例Ⅰ-2-2┃貸付・借入取引に係る相殺消去／20

第3節　貸倒引当金の消去 ………………………………………………23
1　概　要 …………………………………………………………………23
┃設例Ⅰ-2-3┃貸倒引当金の消去
　　　　　　　（設定者：親会社P社，税効果会計なし）／24
┃設例Ⅰ-2-4┃貸倒引当金の消去
　　　　　　　（設定者：子会社S社，税効果会計なし）／29
2　税効果会計との関係 …………………………………………………31
┃設例Ⅰ-2-5┃貸倒引当金の消去（税効果会計あり）／33

第4節 手形取引に係る相殺消去 ……37
1 連結会社が振り出した約束手形を他の連結会社が保有している場合 ……37
2 他の連結会社が振り出した約束手形を外部の第三者に裏書譲渡している場合 ……38
3 他の連結会社が振り出した手形を銀行割引している場合 ……39
┃設例Ⅰ-2-6┃手形取引に係る相殺消去/40

第5節 社債に係る相殺消去 ……43
1 連結会社が発行した社債を，発行時に他の連結会社が取得している場合 ……43
┃設例Ⅰ-2-7┃社債（発行時取得）に係る相殺消去/44
2 連結会社が発行した社債を，発行後に他の連結会社が取得している場合 ……47
┃設例Ⅰ-2-8┃社債（発行後取得）に係る相殺消去/49
3 連結会社が発行した社債を，他の連結会社が一時的に所有している場合 ……53

第6節 配当金の相殺消去 ……54
1 子会社から親会社へ剰余金の配当が行われた場合 ……54
2 子会社から非支配株主へ剰余金の配当が行われた場合 ……55
3 まとめ ……56
┃設例Ⅰ-2-9┃配当金の相殺消去（子会社から親会社への配当）/57
4 孫会社から子会社へ剰余金の配当が行われた場合 ……59
┃設例Ⅰ-2-10┃配当金の相殺消去（孫会社から子会社への配当）/59

第7節 新株予約権およびストック・オプションに係る連結修正仕訳 ……62
1 新株予約権に係る相殺消去 ……62
┃設例Ⅰ-2-11┃新株予約権に係る相殺消去/64
2 ストック・オプションに係る連結修正仕訳 ……65
┃設例Ⅰ-2-12┃ストック・オプションに係る連結修正仕訳/68

第8節 ▎保証債務の注記の消去 ………………………………………73
　▎設例Ⅰ-2-13 ▎保証債務の注記の消去/74

第9節 ▎取引高の相殺消去で片側の会社しか認識されない取引 …76
　▎設例Ⅰ-2-14 ▎親会社から子会社への出向に係る退職給付の取扱い（いわゆる立替経費）/77

第10節 ▎勘定科目の振替 ………………………………………………79

第Ⅱ部　連結手続における未実現利益の消去の実務

第1章　未実現利益の消去に係る基本的な取扱い ── 82

第1節 ▎未実現利益の消去
　　　　（ダウンストリーム・アップストリーム） ………………82
　1　会計処理の概要 ………………………………………………82
　　▎設例Ⅱ-1-1 ▎親会社P社から連結子会社S社の棚卸資産売却取引/84
　　▎設例Ⅱ-1-2 ▎連結子会社から親会社に売却する取引/86
　　▎設例Ⅱ-1-3 ▎連結子会社から他の連結子会社に売却する取引/88
　2　棚卸資産の未実現利益に関する会計処理 …………………89
　　▎設例Ⅱ-1-4 ▎棚卸資産の未実現利益の消去に係る一連の会計処理/89
　3　固定資産の未実現利益に関する会計処理 …………………92
　　▎設例Ⅱ-1-5 ▎固定資産の未実現利益の消去に係る一連の会計処理/93

第2節 ▎未実現損失の取扱い ……………………………………………96
　　▎設例Ⅱ-1-6 ▎未実現損失の消去/97

第3節 ▎未実現利益の消去に伴う税効果会計 …………………………99
　1　連結財務諸表における税効果会計の基礎 …………………99

┃設例Ⅱ-1-7┃棚卸資産に係る未実現利益の消去/101
┃設例Ⅱ-1-8┃固定資産に係る未実現利益の消去/104
　　2　未実現損益に係る税効果の論点 …………………………107

第4節┃持分法適用会社と未実現利益 ……………………………109
　　1　持分法適用会社における未実現利益の消去 ……………109
　　2　未実現利益に係る税効果 …………………………………111

第2章　取引パターン別の相殺消去と実現処理 ── 114

第1節┃棚卸資産の未実現利益の消去に係る
　　　　実務ポイント（税効果会計を含む）………………………114
　　1　棚卸資産の未実現利益の消去における金額の算定方法 ………114
┃設例Ⅱ-2-1┃合理的な利益率の算定例（1）/115
┃設例Ⅱ-2-2┃合理的な利益率の算定例（2）/116
　　2　棚卸資産の未実現利益の消去に係る税効果会計の適用 ………117
┃設例Ⅱ-2-3┃棚卸資産の未実現利益の消去に係る税効果/118
　　3　棚卸資産の評価損（収益性の低下による簿価切下げ）と未実
　　　現利益の消去 …………………………………………………122
┃設例Ⅱ-2-4┃未実現利益が含まれた棚卸資産に対し評価損
　　　　　　　（収益性の低下による簿価切下げ）が計上された場
　　　　　　　合/123
　　4　複数の連結会社を経由した場合における未実現利益の消去 …127
┃設例Ⅱ-2-5┃複数の連結会社間を経由した場合における
　　　　　　　未実現利益の消去/127
　　5　有償支給取引に係る未実現利益消去 ……………………129
┃設例Ⅱ-2-6┃有償支給時に付された支給元の利益に係る
　　　　　　　未実現利益消去/129

第2節┃固定資産の未実現利益の消去に係る
　　　　実務ポイント（税効果会計を含む）………………………133

	1	固定資産の未実現利益の消去とは……………………………133
	2	固定資産の未実現利益の消去の取扱い……………………133

┃設例Ⅱ-2-7┃ 土地に係る未実現利益の消去/134
┃設例Ⅱ-2-8┃ 建物に係る未実現利益の消去/137
┃設例Ⅱ-2-9┃ 固定資産の減損により未実現利益の全額が実現/142
┃設例Ⅱ-2-10┃ 固定資産の減損により未実現利益の一部が実現/145
┃設例Ⅱ-2-11┃ 子会社が固定資産を製作している場合/148

第3節┃有価証券(関係会社株式を含む)の未実現利益の消去に係る実務ポイント(税効果会計を含む)……………150

  1 連結会社以外の第三者が発行した有価証券の未実現利益の消去………………………………150

┃設例Ⅱ-2-12┃ 上場株式の未実現利益の消去
（上場株式の時価＞購入側の取得価額）/150
┃設例Ⅱ-2-13┃ 上場株式の未実現利益の消去
（上場株式の時価＜購入側の取得価額）/153
┃設例Ⅱ-2-14┃ 企業集団内の会社に投資を売却した場合の
税効果/158

第Ⅲ部　実務上の論点

第1節┃未達取引の取扱い……………………………………………162

  1 未達取引の種類……………………………………………………162

┃設例Ⅲ-1-1┃ 商品未達取引/163

第2節┃決算日の異なる子会社の取扱い…………………………166

  1 子会社の決算日が連結決算日と異なる場合……………………166

┃設例Ⅲ-2-1┃ 決算日ズレの場合の調整/168

  2 連結子会社の事業年度等に関する注記事項……………………172

第3節┃第三者を通じて行われる取引の取扱い…………………174

1　第三者を介した商品の連結会社間売買 ……………………………174
　　　　　‖設例Ⅲ-3-1‖ 実質的な連結会社間取引の調整/175
　　　2　第三者を介したその他有価証券（時価あり）の連結会社間売
　　　　　買 …………………………………………………………………176
　　　　　‖設例Ⅲ-3-2‖ 第三者を介した連結会社間のその他有価証券の
　　　　　　　売買/177

第4節 ▌在外子会社等における取扱い …………………………179

　　　1　在外子会社等の財務諸表項目の換算 ………………………………179
　　　2　債権債務および取引高の相殺消去 …………………………………181
　　　　　‖設例Ⅲ-4-1‖ 在外子会社との債権債務の消去/182
　　　　　‖設例Ⅲ-4-2‖ 在外子会社との取引高の消去/184
　　　3　在外子会社等の決算日が連結決算日と異なる場合の取扱い …185
　　　　　‖設例Ⅲ-4-3‖ 在外子会社との取引高および債権債務の相殺消去
　　　　　　　（決算日ズレがある場合）/187
　　　4　未実現利益の消去 ……………………………………………………188
　　　　　‖設例Ⅲ-4-4‖ 商品売買取引における未実現利益の調整
　　　　　　　（ダウンストリーム）/189
　　　　　‖設例Ⅲ-4-5‖ 減価償却資産の売買取引における未実現利益の
　　　　　　　調整/191
　　　5　連結会社間取引におけるヘッジ会計 ………………………………192
　　　　　‖設例Ⅲ-4-6‖ 連結会社間取引についてヘッジ会計を
　　　　　　　適用している場合/192
　　　6　在外子会社における貸倒引当金の取扱い …………………………196
　　　7　在外持分法適用会社の取扱い ………………………………………198
　　　　　‖設例Ⅲ-4-7‖ 在外持分法適用会社の未実現利益の調整
　　　　　　　（ダウンストリーム）/198
　　　　　‖設例Ⅲ-4-8‖ 在外持分法適用会社の未実現利益の調整
　　　　　　　（アップストリーム）/199
　　　8　在外子会社等との取引に係る税効果会計 …………………………199
　　　　　‖設例Ⅲ-4-9‖ 在外子会社の未実現利益に係る税効果/200

第5節 ┃ 四半期決算における取扱い ……………………………………201
1 連結会社相互間の債権債務および取引高の相殺消去に係る会計処理 ……………………………………………………………………201
2 棚卸資産の未実現利益の消去に係る会計処理 ……………………203
3 未実現利益の消去に係る税効果 …………………………………205

第6節 ┃ 未実現利益と企業結合 ……………………………………………207
1 子会社との企業結合と過年度の未実現利益 ……………………207
┃ 設例Ⅲ-6-1 ┃ 親会社と子会社の合併と過年度の未実現利益／207
2 帳簿価額を修正する上での留意事項 ……………………………208
┃ 設例Ⅲ-6-2 ┃ 親会社から子会社に売却した資産をさらに
他の子会社に売却している場合／209
┃ 設例Ⅲ-6-3 ┃ 子会社から親会社に資産を売却している場合／211
┃ 設例Ⅲ-6-4 ┃ 子会社と他の子会社との企業結合の場合／213
┃ 設例Ⅲ-6-5 ┃ 子会社が存続会社となる親会社との企業結合の
場合／214
3 過年度の未実現損失 ………………………………………………215
4 関連会社との企業結合と過年度の未実現利益 …………………216
┃ 設例Ⅲ-6-6 ┃ 関連会社との企業結合と過年度の未実現利益／216

第7節 ┃ 未実現利益とその後の持分変動 ………………………………219
1 持分変動（支配が継続する場合）と過年度の未実現利益 ……219
┃ 設例Ⅲ-7-1 ┃ 未実現利益消去後の持分変動
（支配が継続する場合）／219
2 持分変動（支配を喪失する場合）と過年度の未実現利益 ……221
┃ 設例Ⅲ-7-2 ┃ 未実現利益消去後の持分変動
（支配を喪失する場合－親会社から子会社へ
資産売却）／222
┃ 設例Ⅲ-7-3 ┃ 未実現利益消去後の持分変動
（支配を喪失する場合－子会社から親会社へ
資産売却）／224

3　段階取得により持分法適用関連会社から連結子会社になった
　　　場合の過年度の未実現利益 …………………………………………226
　　　┃設例Ⅲ-7-4┃段階取得により持分法適用関連会社から
　　　　　　　　　連結子会社になった場合／226
　　4　子会社の清算と過年度の未実現利益 …………………………………231
　　　┃設例Ⅲ-7-5┃子会社の清算と過年度の未実現利益／231

第8節┃持分法適用会社における実務上の論点 …………………………232
　　1　未実現利益の消去における一時差異の認識限度額の判定 ……232
　　　┃設例Ⅲ-8-1┃未実現利益の消去における一時差異の
　　　　　　　　　認識限度額の判定および税効果の会計処理／232
　　2　棚卸資産に係る未実現利益の消去と税効果 ……………………233
　　　┃設例Ⅲ-8-2┃棚卸資産の未実現利益消去と税効果の会計処理／233
　　3　棚卸資産の評価損（収益性の低下による簿価切下げ）と持分
　　　法における未実現利益の消去 ………………………………………237
　　　┃設例Ⅲ-8-3┃未実現利益が含まれた棚卸資産に対し評価損
　　　　　　　　　（収益性の低下による簿価切下げ）が生じた場合の
　　　　　　　　　会計処理／237
　　4　売手である連結子会社に非支配株主が存在する場合の未実現
　　　利益の消去 ……………………………………………………………243
　　　┃設例Ⅲ-8-4┃売手である連結子会社に非支配株主が存在する
　　　　　　　　　場合の未実現利益の消去に係る会計処理／243
　　5　投資勘定の額を超えた未実現利益の消去 ………………………245
　　　┃設例Ⅲ-8-5┃投資勘定の額を超えた未実現利益の消去に係る
　　　　　　　　　会計処理／245

第9節┃取引高・債権債務の相殺消去および未実現利益の消去と
　　セグメント情報 …………………………………………………………249
　　1　セグメント情報 ……………………………………………………249
　　2　取引高・債権債務の相殺消去および未実現利益の消去のセグ
　　　メント情報における取扱い …………………………………………249

┃ 設例Ⅲ-9-1 ┃ 一般的な売上・仕入取引/249
┃ 設例Ⅲ-9-2 ┃ 金融子会社を通じた資金取引/253
┃ 設例Ⅲ-9-3 ┃ 子会社が固定資産を製作している場合/256

第10節 ┃ 連結納税・グループ法人税制と未実現利益 …………260
1 グループ法人税制が適用となるケースにおける未実現利益 …260
┃ 設例Ⅲ-10-1 ┃ 税務上の譲渡損益の繰延べと税効果会計
（関係会社株式以外）/263
┃ 設例Ⅲ-10-2 ┃ 税務上の譲渡損益の繰延べと税効果会計
（関係会社株式）/265
2 連結納税制度を導入しているケースにおける未実現利益 ……267
┃ 設例Ⅲ-10-3 ┃ 時価評価された資産をグループ内で譲渡した場合の
税効果会計/270

第11節 ┃ IFRSにおける未実現利益の税効果 …………………273
1 未実現利益の税効果に関する日本基準とIFRSの相違 ………273
2 非支配持分への配分 ………………………………………………275
┃ 設例Ⅲ-11-1 ┃ ダウンストリームにおける未実現利益の税効果の
非支配持分への配分のIFRS上の会計処理/275

第12節 ┃ 重要性の考え方（取引高・債権債務の相殺消去）…………277
1 連結決算における重要性についての基本的な考え方 …………277
2 連結会社間の取引高，債権債務の差異に関する重要性 ………281

第13節 ┃ 差異調整のポイント ……………………………………284
1 差異の発生原因と調整方法 ………………………………………284
┃ 設例Ⅲ-13-1 ┃ 決算日の異なる子会社との取引の調整/285
┃ 設例Ⅲ-13-2 ┃ 外貨建財務諸表の換算レートによる差異の調整/286
2 差異調整のポイント ………………………………………………288
┃ 設例Ⅲ-13-3 ┃ 連結会社間で取引高および債権債務に
差異がある場合の相殺消去方法/289

第14節 連結パッケージにおける情報収集 …………………293
- 1 連結財務諸表の作成手順 ………………………………293
- 2 連結パッケージ ……………………………………………294
- 3 親会社が連結財務諸表作成のために子会社から収集する必要がある情報 ……………………………………………298

凡　例

正式名称	略　称
「外貨建取引等会計処理基準」	外貨建取引等会計基準
「税効果会計に係る会計基準」	税効果会計基準
「中間連結財務諸表作成基準」	中間連結作成基準
企業会計基準第8号「ストック・オプション等に関する会計基準」	ストック・オプション等会計基準
企業会計基準第9号「棚卸資産の評価に関する会計基準」	棚卸資産会計基準
企業会計基準第10号「金融商品に関する会計基準」	金融商品会計基準
企業会計基準第12号「四半期財務諸表に関する会計基準」	四半期会計基準
企業会計基準第16号「持分法に関する会計基準」	持分法会計基準
企業会計基準第21号「企業結合に関する会計基準」	企業結合会計基準
企業会計基準第22号「連結財務諸表に関する会計基準」	連結会計基準
企業会計基準適用指針第6号「固定資産の減損に係る会計基準の適用指針」	減損適用指針
企業会計基準適用指針第10号「企業結合会計基準及び事業分離等会計基準に関する適用指針」	企業結合適用指針
企業会計基準適用指針第11号「ストック・オプション等に関する会計基準の適用指針」	ストック・オプション等適用指針
企業会計基準適用指針第14号「四半期財務諸表に関する会計基準の適用指針」	四半期適用指針
企業会計基準適用指針第17号「払込資本を増加させる可能性のある部分を含む複合金融商品に関する会計処理」	複合金融商品処理
実務対応報告第5号「連結納税制度を適用する場合の税効果会計に関する当面の取扱い（その1）」	連結納税税効果取扱い（その1）
実務対応報告第7号「連結納税制度を適用する場合の税効果会計に関する当面の取扱い（その2）」	連結納税税効果取扱い（その2）
会計制度委員会報告第4号「外貨建取引等の会計処理に関する実務指針」	外貨建取引等実務指針
会計制度委員会報告第6号「連結財務諸表における税効果会計に関する実務指針」	連結税効果実務指針
会計制度委員会報告第7号「連結財務諸表における資本連結手続に関する実務指針」	資本連結実務指針
会計制度委員会報告第8号「連結財務諸表等におけるキャッシュ・フロー計算書の作成に関する実務指針」	連結キャッシュ・フロー実務指針
会計制度委員会報告第9号「持分法会計に関する実務指針」	持分法実務指針
会計制度委員会報告第10号「個別財務諸表における税効果会計に関する実務指針」	個別税効果実務指針
会計制度委員会報告第14号「金融商品会計に関する実務指針」	金融商品実務指針
連結財務諸表の用語，様式及び作成方法に関する規則	連結財務諸表規則
「連結財務諸表の用語，様式及び作成方法に関する規則」の取扱いに関する留意事項について	連結財規ガイドライン
法人税法（昭和40年法律第34号）	法法
法人税法施行令（昭和40年政令第97号）	法令
国際財務報告基準	IFRS
IAS第12号「法人所得税」	IAS第12号

第Ⅰ部

連結手続における取引高・債権債務の相殺消去の実務

第1章

取引高・債権債務の相殺消去に係る会計基準の定め

1 ┃ 連結会社相互間の取引高の相殺消去

（1） 基本原則

① 連結会社間の取引高の相殺消去

　連結損益及び包括利益計算書または連結損益計算書および連結包括利益計算書[1]は，親会社および子会社の個別損益計算書等における収益，費用等の金額を基礎とし，連結会社相互間の取引高の相殺消去および未実現損益の消去等の処理を行って作成することが基本原則とされている（連結会計基準34項）。

　連結財務諸表は，支配従属関係にある企業集団を単一の組織体とみなして，親会社が当該企業集団の財政状態，経営成績およびキャッシュ・フローの状況を総合的に報告するために作成するものであるが（連結会計基準1項），企業集団，すなわち連結グループを単一の組織体とみなす以上，連結会社間の取引はすべて組織体内部の取引と考えられるため，連結財務諸表に反映しないように処理し，連結外部との取引のみが計上される必要がある。このため，連結会社間の取引高を相殺消去することとなる。

② 連結会社の個別財務諸表の修正

　親会社および子会社の個別財務諸表が，減価償却の過不足，資産や負債の過

---

[1] 以下では，包括利益の表示に関して一計算書方式を採用しているケースであっても，当期純利益（親会社株主に帰属する当期純利益）よりも上の開示については，「連結損益計算書」と表記する。

大または過小計上等により当該企業の財政状態および経営成績を適正に示していない場合には，連結財務諸表の作成上，これを適正に修正して連結決算を行う。ただし，連結財務諸表に重要な影響を与えないと認められる場合には，修正しないことができる（連結会計基準（注2））。例えば，未達取引がある場合，すなわち連結会社間取引でなんらかの要因で取引当事者の片方しか取引を認識していない場合，適切に調整した上で連結財務諸表を作成する必要がある。実務上は，取引の認識時点の相違や商品の輸送・(国際)資金決済などにおいてタイムラグが生じる場合に，未達取引が発生することがある。具体的には，期末日直前に子会社が親会社に製品を出荷し，売上および売掛金を認識したものの，親会社に当該製品が到着し検収を行い仕入および買掛金を認識したのが翌期になるようなケースである。

このような未達取引が生じた場合，連結会社間取引および債権債務が不一致となる。こういったケースでは，未達取引を認識していない側の会社において，当該取引を認識する調整を連結決算上で行うことが必要となる。

(2) 相殺消去の対象となる取引

連結会社相互間における商品の売買その他の取引に係る項目は，相殺消去するとされているが（連結会計基準35項），商品の売買その他の取引には，営業取引のほか，資本取引，資金取引を含め，個別財務諸表に含まれる連結会社相互間の取引高のすべてが対象となる。

① 営業取引

連結会社相互間の売上高と仕入高は内部取引であるため相殺消去し，連結損益計算書上の売上高および売上原価が連結グループ外部との取引のみを反映するようになる必要がある。連結会社となる各企業がグループ内で販売会社や製造会社などの役割を担っている場合には，連結会社同士が営業取引で結びついていることが多いため，親会社と子会社との間の売買取引のほか，子会社間の売買取引が対象となることも多く，親会社から販売子会社を経由して製造子会社に販売するような取引が行われることもある。販売会社の売上高に対応する仕入会社の取引高の勘定科目は仕入高や売上原価のほか，販売費及び一般管理

費，固定資産等となることもあり，取引ごとに勘定科目が異なる場合があることに留意する必要がある（後記「第2章第1節　売上・仕入取引に係る相殺消去」参照）。

②　資本取引

連結会社間で剰余金の分配である配当が行われる場合は，配当金を支払う会社の支払配当金と配当金を受け取る会社の受取配当金を相殺消去することとなる（後記「第2章第6節　配当金の相殺消去」参照）。

なお，連結会社間の資本取引のうち，会社設立や増資引受けおよび株式の購入や売却等については，投資と資本の相殺消去として処理されるため（連結会計基準23項），ここでいう取引高の相殺消去とは性質が異なる。

③　資金取引

親会社から子会社への資金の貸付けや社債の発行と引受けなど，連結会社間の資金取引についても相殺消去する。資金貸付けの場合には，連結損益計算書上は，受取利息と支払利息も相殺消去することとなる（後記「第2章第2節　貸付・借入取引に係る相殺消去」および「第2章第5節　社債に係る相殺消去」参照）。

④　リース取引

連結会社間でファイナンス・リース取引を行っている場合には，通常の売買取引に係る方法に準じた会計処理を行うこととなるため，固定資産の売買取引と同様に取引高を相殺消去する（会計制度委員会報告第5号「連結財務諸表におけるリース取引の会計処理に関する実務指針」2）。また，連結会社間でオペレーティング・リース取引を行っている場合または重要性が乏しいファイナンス・リースについて通常の賃貸借取引に係る方法に準じて会計処理を行っている場合には，貸手側の収益と借手側の費用を相殺消去する。

⑤　その他の取引

連結会社相互間で不動産賃貸等や業務委託のような役務提供取引を行ってい

る場合は，取引高の相殺消去を行う。

（3） 連結会社相互間取引が連結会社以外の企業を通じて行われている場合

　連結会社相互間取引が連結会社以外の企業を通じて行われている場合であっても，その取引が実質的に連結会社間の取引であることが明確であるときは，この取引を連結会社間の取引とみなして処理することとなる（連結会計基準（注12））。したがって，例えば，連結会社間で商社等を経由して行われている取引などについても，実質的に連結会社間の取引であることが明確である場合には相殺消去の対象となる点に留意する必要がある。

（4） 在外子会社との取引

　親会社の個別財務諸表上，外貨建取引は原則として取引発生時の為替相場により円換算する。この取引発生時の為替相場としては，取引が発生した日における直物為替相場または合理的な基礎に基づいて算定された平均相場，例えば取引の行われた月または週の前月または前週の直物為替相場を平均したもの等，直近の一定期間の直物為替相場に基づいて算出されたものによる。ただし，取引が発生した日の直近の一定の日における直物為替相場，例えば取引の行われた月もしくは週の前月もしくは前週の末日または当月もしくは当週の初日の直物為替相場によることもできる（外貨建取引会計基準一1，外貨建取引会計基準注解注2）（図表Ⅰ-1-1参照）。

　一方，在外子会社の収益および費用については，原則として期中平均相場により円換算するが，決算時の為替相場により円換算することも認められる。ただし，親会社との取引による収益および費用の換算については，親会社が換算に用いる為替相場によって円換算し，この場合に生じた差額は当期の為替差損益として処理する（外貨建取引会計基準三3）（図表Ⅰ-1-2参照）。

　したがって，在外子会社の損益項目について一律に期中平均相場または決算時の為替相場により換算している場合には，為替相場の違いによる差額が発生することとなり，連結財務諸表上，当期の為替差損益での調整が必要となる。

図表 I-1-1　取引発生時の為替相場

	適用する為替相場	例示
原則	取引発生時の直物為替相場	—
	合理的な基礎に基づいて算定された平均相場	以下の期間における直物為替相場の平均 ①取引の行われた月の前月の平均 ②取引の行われた週の前週の直物為替相場の平均
容認	取引発生日の直近の一定の日における直物為替相場	以下の日における直物為替相場 ①取引の行われた月の前月の末日 ②取引の行われた週の前週の末日 ③当月または当週の初日

図表 I-1-2　在外子会社の収益および費用の換算に使用する為替相場

原則	期中平均相場
容認	決算時の為替相場
親会社との取引	親会社が換算に用いる為替相場 （換算差額は為替差損益）

なお，連結会社の個別財務諸表上，外貨建金銭債権債務と為替予約等との関係が金融商品会計基準におけるヘッジ会計の要件を充たしている場合には，外貨建取引に対しヘッジ会計を適用することができる（外貨建取引会計基準一1ただし書き）。ただし，連結財務諸表上は原則として連結会社間取引をヘッジ対象とし，個別財務諸表上で繰延処理されたヘッジ手段に係る損益または評価差額については修正を行い，ヘッジ関係がなかったものとみなして当期の純損益として処理することに留意する必要がある（金融商品実務指針163項）。

2 ┃連結会社相互間の債権債務の相殺消去

(1)　基本原則

連結貸借対照表は，親会社および子会社の個別貸借対照表における資産，負

債および純資産の金額を基礎とし，子会社の資産および負債の評価，連結会社相互間の投資と資本および債権と債務の相殺消去等の処理を行って作成することが基本原則とされている（連結会計基準18項）。

連結グループを単一の組織体とみなすことに伴い，連結会社間の取引はすべて組織体内部の取引と考えられるため，そのような取引の結果発生した債権債務も連結財務諸表には反映させず，連結外部との債権債務のみが計上されるように，連結会社間の債権債務を相殺消去することとなる。

（2） 相殺消去の対象となる債権債務

会計基準上，連結会社相互間の債権と債務とは，相殺消去するとされている（連結会計基準31項）。これは営業取引による債権債務のほか，資本取引，資金取引によるものを含め，個別財務諸表に含まれる連結会社相互間のすべての債権債務が対象となる。また，相殺消去の対象となる債権または債務は，売掛金，買掛金等の金銭債権債務に限定されず，前払費用，未収収益，前受収益および未払費用といった経過勘定で連結会社相互間の取引に関するものも含まれることとなる（連結会計基準（注10））。

① 営業取引

連結会社となる各企業が，そのグループ内で販売会社や製造会社などの役割を担っている場合，連結会社同士が営業取引で結びついていることが多い。販売会社の売掛金に対応する仕入会社の債務は買掛金のほか，未払金，未払費用等，取引ごとに勘定科目が異なる場合がある（後記「第2章第1節　売上・仕入取引に係る相殺消去」参照）。

なお，営業取引により生じた連結会社に対する売掛金を流動化し，オフバランス処理している場合には，連結修正仕訳において相手方の買掛金を借入金に振り替える処理が必要となる（連結会計基準（注10）(2)参照）。

② 資本取引

連結会社間の資本取引のうち，剰余金の分配である配当金について，期末日時点で未払配当金や未収配当金が存在する場合には，それらを相殺消去するこ

ととなる（後記「第2章第6節　配当金の相殺消去」参照）。

　また，厳密には資本取引ではないものの新株予約権の発行に関して，連結会社が発行した新株予約権を他の連結会社が保有している場合，連結会社間の債権債務の相殺消去に準じて処理することとされている（複合金融商品処理15項後段，連結会計基準31項，同基準（注10）(4)）。ただし，連結会社が発行した新株予約権を当該連結会社自身が保有している場合には，相殺消去は行われず，自己新株予約権として処理される（複合金融商品処理15項前段）。なお，子会社が発行した新株予約権を連結グループ外部の第三者が保有している場合，当該新株予約権は投資と資本の相殺消去で消去される資本には該当しないため，連結貸借対照表上は新株予約権として表示されることとなる（資本連結実務指針9項なお書き）（図表Ⅰ-1-3参照）（後記「第2章第7節　新株予約権およびストック・オプションに係る連結修正仕訳」参照）。

図表Ⅰ-1-3　新株予約権の会計処理

発行者	所有者	会計処理
連結会社	他の連結会社	連結会社間の債権債務の相殺消去に準じて処理
連結会社	発行した連結会社	自己新株予約権として処理
子会社	連結外部の第三者	新株予約権として処理

③　資金取引

　親会社から子会社への資金の貸付けや社債の発行と引受けなど，連結会社間の資金取引に係る債権・債務についても相殺消去する。資金貸付けの場合には，連結貸借対照表上，貸付金と借入金を相殺消去することとなる（後記「第2章第2節　貸付・借入取引に係る相殺消去」および「第2章第5節　社債に係る相殺消去」参照）。

　また，直接の取引ではないが，親会社が子会社の銀行借入に対して債務保証を行っている場合の保証残高についても，連結財務諸表上は消去して開示することとなる。親会社の個別財務諸表上，子会社の銀行借入に対する保証債務を

偶発債務として注記している場合も，連結財務諸表上は，保証対象である子会社の銀行借入が貸借対照表において連結外部からの借入金として表示されるため，偶発債務としての注記は不要となるためである。連結財務諸表における債務保証残高の注記金額は，連結会社が連結外部（持分法適用会社を含む）に対して行っている保証残高を注記することとなる（後記「第2章第8節　保証債務の注記の消去」参照）。なお，親会社の個別財務諸表上，連結子会社に対する保証債務について債務保証損失引当金を計上している場合は，連結財務諸表上は連結子会社に対する保証債務は消滅するため，後記「(4)　引当金の調整」に記載のとおり引当金の取崩処理を行う必要がある。この場合には税効果の検討も必要となる。

④　リース取引

連結会社間でファイナンス・リース取引を行っている場合には，通常の売買取引に係る方法に準じた会計処理を行うこととなるため，リース債権とリース債務を相殺消去する（会計制度委員会報告第5号「連結財務諸表におけるリース取引の会計処理に関する実務指針」2）。また，連結会社間でオペレーティング・リース取引を行っている場合または重要性が乏しいファイナンス・リースについて通常の賃貸借取引に係る方法に準じて会計処理を行っている場合には，リース料に関連する債権債務を相殺消去する。

⑤　その他の取引

連結会社相互間で不動産賃貸等や業務委託のような役務提供取引，有価証券や固定資産の売買取引についても，それに関連する債権債務を相殺消去する。

(3)　連結会社が振り出した手形の割引

連結会社が振り出した手形を他の連結会社が銀行割引した場合には，連結貸借対照表上，これを借入金に振り替えることとされている。手形は，取引の決済手段として振り出されるが，受け取った手形を資金調達の手段として銀行で割り引いたり，第三者に裏書譲渡したりするなど数種の取引形態がある。連結会社間で振り出した手形を受け取った会社が期末日時点でそのまま保有してい

れば，受取手形と支払手形を連結手続上相殺消去することとなる。

前記のとおり，連結会社の振り出した手形を受け取った会社が銀行割引している場合には，連結グループ全体では自己宛の手形による銀行借入とみなすことになる。したがって，個別財務諸表上注記されている受取手形割引高のうち当該金額を連結財務諸表の注記上減額するとともに，同額を借入金として連結貸借対照表上で計上することとなる（連結会計基準（注10）(2)）（後記「第2章第4節　手形取引に係る相殺消去」参照）。

(4)　引当金の調整

引当金のうち，連結会社を対象として引き当てられたことが明らかなものは，これを調整することとされている。個別貸借対照表上，連結会社間取引から生じた売掛金などの金銭債権に対し，貸倒引当金が計上されている場合には，連結会社間の売上債権の相殺消去と同時に，当該債権に対応する貸倒引当金を修正する必要がある（連結会計基準（注10）(3)）（後記「第2章第3節　貸倒引当金の消去」参照）。

個別財務諸表において債権全体に対して貸倒実績率等を用いて貸倒引当金を設定している場合には，相殺消去された連結会社に対する債権額に対応する貸倒引当金を取り消し，連結財務諸表上も貸倒実績率等に基づく貸倒引当金残高となるように貸倒引当金を減額する必要がある。また，連結会社の業績悪化に伴い，個別財務諸表上で連結会社の債権に対して個別に貸倒引当金を設定している場合は，連結財務諸表上は対象債権が相殺消去されるため，対応する貸倒引当金の全額を取り消す必要がある。

また，連結財務諸表上で貸倒引当金の調整を行う場合，それに伴う税効果の修正が必要となるが，各連結会社における貸倒引当金の税務上の取扱いに応じた検討が必要である。減額修正される貸倒引当金が無税処理されたものである場合，連結会社の個別財務諸表における一時差異はないが，連結財務諸表上の貸倒引当金が税務上の貸倒引当金より小さくなることで将来加算一時差異が生じ，繰延税金負債を計上することとなる。

一方，貸倒引当金が有税処理されている場合，個別財務諸表上は将来減算一時差異が発生しているが，連結修正仕訳で貸倒引当金の減額修正が行われると，

図表Ⅰ-1-4　貸倒引当金調整に伴う税効果

税務処理	個別財務諸表		連結財務諸表	
	一時差異	税効果	一時差異	税効果調整
無税処理	なし	なし	将来加算一時差異	繰延税金負債を計上
有税処理	将来減算一時差異	（回収可能性あり）繰延税金資産	なし	繰延税金資産を取崩し
		（回収可能性なし）なし	なし	なし

結果として税務上の貸倒引当金に一致し，個別財務諸表上で発生した将来減算一時差異は消滅する。このため，個別財務諸表上で繰延税金資産が計上されている場合には，連結財務諸表上それを取り崩すことになる（連結税効果実務指針18項から20項）。

これらをまとめると図表Ⅰ-1-4のとおりとなる。なお，個別貸借対照表上，連結会社に対する保証債務について債務保証損失引当金を計上している場合にも，連結財務諸表上は引当金の減額をすることになる。この場合も，税効果の修正が必要である。

（5）　連結会社が発行した社債

連結会社が社債を発行し，連結グループ内の他の連結会社がこれを取得した場合，連結グループ全体としては，社債を発行し，その後社債の買入償還を行ったと考えられるため，連結財務諸表上は相殺消去が必要となる。また，社債の当初発行時に他の連結会社がそれを引き受けたときは，連結グループとして当初から社債を発行していなかったものと考えられるため，この場合にも連結財務諸表上の相殺消去が必要となる。

ただし，連結会社が発行した社債で一時所有のものは相殺消去の対象としないことができるとされている（連結会計基準（注10）(4)）。これは，個別財務諸表上は原則として自己社債を社債と相殺せず有価証券として会計処理すること（複合金融商品処理23項，46項）を考慮したものと考えられる。

なお，連結会社が発行した社債を一時所有する場合の連結会計方針は，継続適用する必要があると考えられる（監査委員会研究報告第13号監査マニュアル作成ガイド「連結財務諸表の作成に関する監査手続編」（中間報告）参照）。

3 ▎子会社の決算日が連結決算日と異なる場合

連結決算日は親会社の会計期間に基づき決定されるが（連結会計基準15項），子会社の決算日が親会社と異なる場合もある。子会社の決算日が連結決算日と異なる場合には，子会社は，連結決算日に正規の決算に準ずる合理的な手続により決算を行うことが原則となる（連結会計基準16項）。この決算手続は，実務上「仮決算」と呼ばれることがある。

ただし，子会社の決算日と連結決算日の差異が3か月を超えない場合には，子会社の正規の決算を基礎として連結決算を行うことが許容されている。この場合には，子会社の決算日と連結決算日が異なることから生じる連結会社間の取引に係る会計記録の重要な不一致について，必要な整理を行うものとされている（連結会計基準（注4））。

したがって，連結会社間の取引高および債権債務については決算日が異なる場合であっても，連結財務諸表上重要な差異を解消した後に相殺消去することとなる。なお，後記「第Ⅲ部第12節　重要性の考え方（取引高・債権債務の相殺消去）」に記載のとおり，連結財務諸表上重要性の乏しい差異については調整を行わないことも許容される。

また，決算日が連結決算日と異なる在外子会社等の外貨建財務諸表項目の換算については，貸借対照表項目は在外子会社等の決算日の為替相場，損益計算書項目は原則として在外子会社等の会計期間に基づく期中平均相場を用いることとなる。ただし，連結決算日との差異期間内において為替相場に重要な変動があった場合には，連結決算日に在外子会社等の仮決算を行い，貸借対照表項目を連結決算日の為替相場で換算する必要がある（外貨建取引実務指針33項，34項）。

4 ▎連結キャッシュ・フロー計算書における取引高の相殺消去

　連結キャッシュ・フロー計算書の作成にあたり，各連結会社の「キャッシュ・フロー計算書」を連結する方法（原則法）にて作成する場合には，連結会社相互間のキャッシュ・フローは相殺消去しなければならない。また，連結会社相互間において，現金および現金同等物の未達取引がある場合には，これを調整した上で連結会社相互間のキャッシュ・フローを相殺消去しなければならないとされている（「連結キャッシュ・フロー計算書作成基準」第二　三，連結キャッシュ・フロー実務指針19項）。なお，連結決算日と決算日が異なる子会社について仮決算を行わず正規の決算を基礎として連結決算を行う場合には，連結貸借対照表や連結損益計算書と同様に，連結財務諸表上，重要な差異を解消した後に相殺消去することとなる。

　前記の原則法に対して，簡便的に連結損益計算書ならびに連結貸借対照表の期首残高と期末残高の増減額の分析およびその他の情報から連結キャッシュ・フロー計算書を作成する方法（簡便法）も認められる。この場合には，すでに連結会社間の取引高や債権債務の相殺消去後の財務数値を基礎に作成することとなるが，原則法を採用した場合と同様のキャッシュ・フローに関する情報が得られるよう留意する必要がある（連結キャッシュ・フロー実務指針47項）。

　なお，前記「2（3）　連結会社が振り出した手形の割引」で記載のとおり，連結会社間で取引した手形を銀行割引している場合には，連結グループ全体では自己宛の手形による銀行借入とみなすことになるため，連結キャッシュ・フロー計算書作成上も調整が必要となる。具体的には，連結会社振出しの手形を他の連結会社が金融機関で割り引いた場合，割引を行った連結会社の個別ベースのキャッシュ・フロー計算書では，当該収入を「営業活動によるキャッシュ・フロー」の区分に記載するが，連結財務諸表上は手形借入と同様の効果があるため，連結キャッシュ・フロー計算書においては，「財務活動によるキャッシュ・フロー」の区分に記載することとなる（連結キャッシュ・フロー実務指針20項）。

5 ▎セグメント情報における取引高および債権債務の相殺消去

　セグメント情報においては，報告セグメントの利益（損失）および資産を必ず開示すべきとされているほか，一定の要件を満たす場合には負債，外部顧客への売上高，事業セグメント間の内部売上高または振替高，受取利息および支払利息，特別利益および特別損失などを開示することとなる。

　セグメント情報の開示においては，マネジメント・アプローチの考え方が導入されており，財務諸表の作成にあたって行った修正や相殺消去などは，最高経営意思決定機関が使用する事業セグメントの利益（または損失），資産または負債の算定に含まれている場合にのみ，報告セグメントの各項目の額に含めることができるとされる。ただし，最高経営意思決定機関の意思決定情報を基礎としている場合であっても，当該情報が財務諸表利用者の判断を誤らせる可能性があると考えられるときには，これを開示することは適当ではないとされている。例えば，同一セグメント内の連結会社間の取引高や債権債務（資産負債）の単純合算数値が報告される場合には，セグメント情報の各項目が実態よりも過大に開示される可能性があることから，通常は同一セグメント内の連結会社間の取引高や債権債務（資産および負債）を相殺消去するものと考えられる。

　一方，各報告セグメントの数値には反映されていないセグメント間の取引高の相殺消去額は，「事業セグメント間の内部売上高又は振替高」や「報告セグメント合計額と連結財務諸表計上額の差異の調整」の内訳として開示されることとなる（企業会計基準第17号「セグメント情報等の開示に関する会計基準」19項，20項，21項，23項，25項）。

　なお，セグメント情報における実務上の論点は，後記「第Ⅲ部第9節　取引高・債権債務の相殺消去および未実現利益の消去とセグメント情報」を参照のこと。

第2章

取引パターン別の相殺消去方法

第1節 売上・仕入取引に係る相殺消去

　連結会社相互間で商品の売買を行っている場合，通常，売上側の連結会社では個別財務諸表上，売上高が計上され，仕入側の連結会社では個別財務諸表上，仕入高が計上される。しかし，企業集団の観点では，商品の保管場所が連結会社相互間で移動しているだけにすぎないため，何も取引が行われていないことになる。

　以上より，連結財務諸表上，連結会社相互間での商品の売買について，取引がなかったことにするため，連結修正仕訳において，売上高と売上原価（仕入高）の相殺消去を行う（連結会計基準35項）（図表Ⅰ-2-1参照）。

　なお，第三者を通じて行われる取引の取扱いについては，後記「第Ⅲ部第3節　第三者を通じて行われる取引の取扱い」を参照されたい。

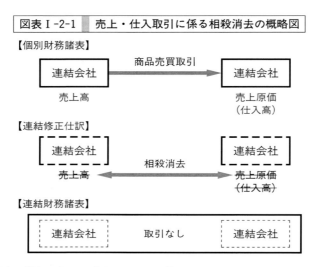

連結会社相互間の商品の売買は，企業集団の観点では，何も取引が行われていないことになるため，連結会社に対する売上債権（売掛金・受取手形），仕入債務（買掛金・支払手形），前渡金，前受金の期末残高についても，売上高や売上原価（仕入高）と同様に相殺消去を行う（連結会計基準31項）（図表Ⅰ-2-2参照）。連結会社から仕入れた商品が期末時点においても保有されている場合は，通常，連結財務諸表上において未実現利益の消去が行われるが，これについては後記「第Ⅱ部　連結手続における未実現利益の消去の実務」にて解説する。

図表Ⅰ-2-2　売上・仕入取引に係る相殺消去のまとめ

	個別財務諸表		連結財務諸表
	売上側	仕入側	
貸借対照表	受取手形	支払手形	― （相殺消去）
	売掛金	買掛金	
	前受金	前渡金	
損益計算書	売上高	売上原価 （仕入高）	

ここで，一般的な売上・仕入取引に係る相殺消去に関して，設例Ⅰ-2-1を用いて解説する。

設例 I-2-1　売上・仕入取引に係る相殺消去

前提条件

① X1年度において，親会社P社（3月決算）は，子会社S社（3月決算）に40,000の商品を掛売上した。
② X1年度において，S社は，P社に対する買掛金のうち30,000を決済しており，期末においてP社に対する買掛金が10,000残っている。
③ X1年度において，S社は，P社から購入した商品すべてを連結外部に50,000で販売している。
④ 消費税等は考慮しないものとする。
⑤ X2年3月31日における個別財務諸表（一部）は以下のとおりである。

個別貸借対照表

借方科目	P社	S社	貸方科目	P社	S社
売掛金	10,000	12,000	買掛金	8,000	10,000

個別損益計算書

借方科目	P社	S社	貸方科目	P社	S社
売上原価	32,000	40,000	売上高	40,000	50,000

会計処理

［個別財務諸表上の処理］

(1) P社の会計処理

| （借） | 売掛金 | (※1)40,000 | （貸） | 売上高 | (※1)40,000 |
| （借） | 現金預金 | (※2)30,000 | （貸） | 売掛金 | (※2)30,000 |

（※1）40,000……X1年度対S社売上高（前提条件①参照）
（※2）30,000……X1年度決済高（前提条件②参照）

(2) S社の会計処理

| （借） | 売上原価(仕入高) | (※1)40,000 | （貸） | 買掛金 | (※1)40,000 |
| （借） | 買掛金 | (※2)30,000 | （貸） | 現金預金 | (※2)30,000 |

（※1）40,000……X1年度対S社売上高（前提条件①参照）

（※2） 30,000……X1年度決済高（前提条件②参照）

[連結財務諸表上の処理]

(1) 連結財務諸表上あるべき処理

連結の観点では，商品の保管場所が連結会社相互間で移動しているだけにすぎないため，何も取引が行われていないことになる。

仕訳なし
----

(2) 連結修正仕訳

連結財務諸表上，連結会社相互間での商品の売買について，取引がなかったことにするため，連結修正仕訳において，売上・仕入取引に係る相殺消去を行う。なお，相殺消去される金額については，損益計算書項目は対象となる会計期間で発生した取引高を消去すればよく，貸借対照表項目は期末残高を消去すればよい。

（借）売　　上　　高　(※1)40,000　（貸）売上原価(仕入高)　(※1)40,000
（借）買　　掛　　金　(※2)10,000　（貸）売　　掛　　金　(※2)10,000

（※1） 40,000……X1年度対S社売上高（前提条件①参照）
（※2） 10,000……対S社売掛金期末残高，または対P社買掛金期末残高（前提条件②参照）

(3) 連結財務諸表（一部）

連結貸借対照表

借方科目	金額	貸方科目	金額
売掛金	12,000	買掛金	8,000

連結損益計算書

借方科目	金額	貸方科目	金額
売上原価	32,000	売上高	50,000

第2節 貸付・借入取引に係る相殺消去

　連結会社相互間で資金の貸し借りを行っている場合，通常，貸付側の連結会社では，個別財務諸表上貸付金が計上され，借入側の連結会社では，個別財務諸表上借入金が計上される。しかし，企業集団の観点では，資金の保管場所が連結会社相互間で移動しているだけにすぎないため，何も取引が行われていないことになる。

　以上より，連結会社相互間での資金の貸し借りについては，連結財務諸表上，取引がなかったことにするため，連結修正仕訳において貸付金と借入金の相殺消去を行う（連結会計基準31項）（図表Ⅰ-2-3参照）。

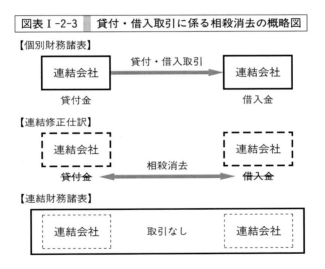

図表Ⅰ-2-3　貸付・借入取引に係る相殺消去の概略図

　なお，連結会社相互間の利息の受払いも，企業集団の観点では，何も取引が行われていないことになるため，利息の受払いにより発生した受取利息，支払利息，経過勘定（未収利息・未払利息・前受利息・前払利息）についても，相殺消去を行う（連結会計基準31項，35項，同基準(注10)(1)）（図表Ⅰ-2-4参照）。

図表Ⅰ-2-4　貸付・借入取引に係る相殺消去のまとめ

	個別財務諸表		連結財務諸表
	貸付側	借入側	
貸借対照表	貸付金	借入金	― （相殺消去）
	未収利息	未払利息	
	前受利息	前払利息	
損益計算書	受取利息	支払利息	

　ここで，一般的な貸付・借入取引に係る相殺消去に関して，設例Ⅰ-2-2を用いて解説する。

設例Ⅰ-2-2　貸付・借入取引に係る相殺消去

前提条件

① 親会社Ｐ社（３月決算）は，X2年１月１日に子会社Ｓ社（３月決算）に40,000の貸付を行った。
② 貸付条件は以下のとおりである。
　・貸付期間：３年
　・利率：１％
　・利払日：毎年12月31日
③ X2年３月31日における個別財務諸表（一部）は以下のとおりである。

個別貸借対照表

借方科目	Ｐ社	Ｓ社	貸方科目	Ｐ社	Ｓ社
貸付金	40,000	―	借入金	―	40,000
未収利息	100	―	未払利息	―	100

個別損益計算書

借方科目	Ｐ社	Ｓ社	貸方科目	Ｐ社	Ｓ社
支払利息	―	100	受取利息	100	―

会計処理

[個別財務諸表上の処理]

(1) P社の会計処理

(借)	貸　付　金	(※1)40,000	(貸)	現　金　預　金	(※1)40,000
(借)	未　収　利　息	(※2)100	(貸)	受　取　利　息	(※2)100

(※1) 40,000……貸付金額（前提条件①参照）
(※2) 100＝40,000(※1)×利率1％×（3か月（X2.1～X2.3）÷12か月）

(2) S社の会計処理

(借)	現　金　預　金	(※1)40,000	(貸)	借　入　金	(※1)40,000
(借)	支　払　利　息	(※2)100	(貸)	未　払　利　息	(※2)100

(※1) 40,000……貸付金額（前提条件①参照）
(※2) 100＝40,000(※1)×利率1％×（3か月（X2.1～X2.3）÷12か月）

[連結財務諸表上の処理]

(1) 貸付金と借入金の相殺消去

(i) 連結財務諸表上あるべき処理

　企業集団の観点では，資金の保管場所が連結会社相互間で移動しているだけにすぎないため，何も取引が行われていないことになる。

> 仕訳なし

(ii) 連結修正仕訳

　連結財務諸表上，連結会社相互間での資金の貸し借りについて，取引がなかったことにするため，連結修正仕訳において，「貸付金」と「借入金」の相殺消去を行う。

(借)	借　入　金	(※)40,000	(貸)	貸　付　金	(※)40,000

(※) 40,000……貸付金額（前提条件①参照）

(2) 受取利息と支払利息および未収利息と未払利息の相殺消去
(i) 連結財務諸表上あるべき処理
　企業集団の観点では，利息の受払いも資金の貸し借りと同様，何も取引が行われていないことになる。

> 仕訳なし

(ii) 連結修正仕訳
　受取利息，支払利息，経過勘定（未収利息・未払利息・前受利息・前払利息）についても，貸付金や借入金と同様に相殺消去を行う。

> (借) 受 取 利 息 (※1)100　(貸) 支 払 利 息 (※1)100
> (借) 未 払 利 息 (※1)100　(貸) 未 収 利 息 (※1)100

（※1） 100＝40,000(※2)×利率1％×（3か月（X2.1〜X2.3）÷12か月）
（※2） 40,000……貸付金額（前提条件①参照）

(3) 連結財務諸表（一部）

連結貸借対照表

借方科目	金額	貸方科目	金額
貸付金	0	借入金	0
未収利息	0	未払利息	0

連結損益計算書

借方科目	金額	貸方科目	金額
支払利息	0	受取利息	0

第3節　貸倒引当金の消去

1 ▎概　要

　連結会社が他の連結会社に対する債権（売掛金や貸付金等）に貸倒引当金を設定することがある。しかし，連結修正仕訳において当該債権が他の連結会社の債務と相殺消去された場合，当該債権に対して設定した貸倒引当金もこれに伴い減額修正される（連結会計基準（注10）(3)）（図表Ⅰ-2-5参照）。

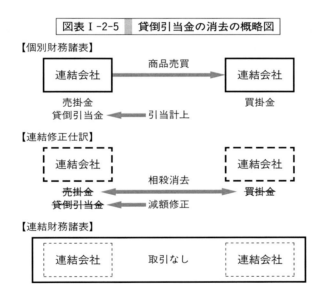

図表Ⅰ-2-5　貸倒引当金の消去の概略図

　ここで，貸倒引当金の消去に関して，親会社が引当金を設定しているケースを設例Ⅰ-2-3で，子会社が引当金を設定しているケースを設例Ⅰ-2-4で解説する。

設例Ⅰ-2-3　貸倒引当金の消去（設定者：親会社Ｐ社，税効果会計なし）

前提条件

① X1年度から親会社Ｐ社（3月決算）と子会社Ｓ社（3月決算）とで取引を開始している。X1年度末において，Ｐ社は，Ｓ社に対する売掛金が10,000あり，当該売掛金に貸倒引当金を300設定している。

② X2年度におけるＰ社の状況は，以下のパターンⅰおよびⅱであった。

　パターンⅰ　Ｐ社は，Ｓ社に対する売掛金が11,000あり，当該売掛金に貸倒引当金を330設定している。

　パターンⅱ　Ｐ社は，Ｓ社に対する売掛金が8,000あり，当該売掛金に貸倒引当金を240設定している。

③ 貸倒引当金は，差額補充法により期末売掛金残高に対して毎期3％を設定している。なお，X2年度において貸し倒れた債権はなかった。

④ 税効果は考慮しないものとする。

⑤ X2年3月31日における個別財務諸表（一部）は以下のとおりである。

個別貸借対照表

借方科目	Ｐ社	Ｓ社	貸方科目	Ｐ社	Ｓ社
売掛金	10,000	12,000	買掛金	8,000	10,000
貸倒引当金	△300	△360			

個別損益計算書

借方科目	Ｐ社	Ｓ社	貸方科目	Ｐ社	Ｓ社
貸倒引当金繰入額	300	360			

⑥ X3年3月31日における個別財務諸表（一部）は以下のとおりである。

個別貸借対照表

借方科目	Ｐ社	Ｓ社	貸方科目	Ｐ社	Ｓ社
売掛金	30,000	15,000	買掛金	24,000	11,000
貸倒引当金	△900	△450			

個別損益計算書

借方科目	P社	S社	貸方科目	P社	S社
貸倒引当金繰入額	600	90			

会計処理

[X1年度]

(1) 個別財務諸表上の処理（貸倒引当金の設定（P社））

(借) 貸倒引当金繰入額　　(※)300　(貸) 貸倒引当金　　(※)300

(※) 300＝P社売掛金10,000×3％

(2) 連結財務諸表上の処理

(i) 売掛金と買掛金の相殺消去

(借) 買　　掛　　金　　(※)10,000　(貸) 売　　掛　　金　　(※)10,000

(※) 10,000……対S社売掛金，または対P社買掛金（前提条件①参照）

(ii) 貸倒引当金の減額修正（P社）

　(a) 連結財務諸表上あるべき処理

　　P社はS社以外に対して売掛金がないため，仕訳なしとなる。

仕訳なし

　(b) 連結修正仕訳

(借) 貸　倒　引　当　金　　(※)300　(貸) 貸倒引当金繰入額　　(※)300

(※) 300＝P社売掛金10,000×3％

(iii) 連結財務諸表（一部）

連結貸借対照表

借方科目	金額	貸方科目	金額
売掛金	12,000	買掛金	8,000
貸倒引当金	△360		

連結損益計算書

借方科目	金額	貸方科目	金額
貸倒引当金繰入額	360		

[X2年度]

パターンi

(1) 個別財務諸表上の処理（貸倒引当金の設定（P社））

(借)　貸倒引当金繰入額　　　(＊)600　　(貸)　貸倒引当金　　　(＊)600

(＊)　600＝P社売掛金30,000×3％－X1年度貸倒引当金300

(2) 連結財務諸表上の処理

(ⅰ) 売掛金と買掛金の相殺消去

(借)　買　　掛　　金　　(＊)11,000　　(貸)　売　　掛　　金　　(＊)11,000

(＊)　11,000……対S社売掛金，または対P社買掛金（前提条件②参照）

(ⅱ) 貸倒引当金の減額修正（P社）

(a) 連結財務諸表上あるべき処理

(借)　貸倒引当金繰入額　　　(＊1)570　　(貸)　貸倒引当金　　　(＊1)570

(＊1)　570＝P社対外部売掛金（30,000－11,000(＊2)）×3％－X1年度対外部貸倒引当金0

(＊2)　11,000……対S社売掛金，または対P社買掛金（前提条件②参照）

(b) 連結修正仕訳

イ　前期の引継ぎ

(借)　貸　倒　引　当　金　　(＊)300　　(貸)　利益剰余金(期首)　　(＊)300

(＊)　300……前期仕訳（[X1年度] (2)(ⅱ)b参照）の引継ぎ

ロ　当期の修正（連結財務諸表上あるべき処理と個別財務諸表上の処理の差額）

(借)　貸　倒　引　当　金　　(＊)30　　(貸)　貸倒引当金繰入額　　(＊)30

(＊)　△30＝連結財務諸表上の繰入額570－個別財務諸表上の繰入額600

ハ　連結修正仕訳（イ＋ロ）

| （借）　貸　倒　引　当　金　　　　(※1)330　　（貸）　利益剰余金(期首)　　　(※3)300 |
| 　　　　　　　　　　　　　　　　　　　　　　　　　貸倒引当金繰入額　　　　(※4)30 |

(※1)　330＝11,000(※2)×3％
(※2)　11,000……対S社売掛金，または対P社買掛金（前提条件②参照）
(※3)　300……前期の引継仕訳
(※4)　30……当期の修正仕訳

(iii)　連結財務諸表（一部）

連結貸借対照表

借方科目	金額	貸方科目	金額
売掛金 貸倒引当金	34,000 △1,020	買掛金	24,000

連結損益計算書

借方科目	金額	貸方科目	金額
貸倒引当金繰入額	660		

パターンⅱ

(1)　個別財務諸表上の処理（貸倒引当金の設定（P社））

| （借）　貸倒引当金繰入額　　　(※)600　　（貸）　貸　倒　引　当　金　　　(※)600 |

(※)　600＝P社売掛金30,000×3％－X1年度貸倒引当金300

(2)　連結財務諸表上の処理

(i)　売掛金と買掛金の相殺消去

| （借）　買　　掛　　金　　　(※)8,000　　（貸）　売　　掛　　金　　　(※)8,000 |

(※)　8,000……対S社売掛金，または対P社買掛金（前提条件②参照）

(ii)　貸倒引当金の減額修正（P社）

　(a)　連結財務諸表上あるべき処理

| （借）　貸倒引当金繰入額　　　(※1)660　　（貸）　貸　倒　引　当　金　　　(※1)660 |

(※1) 660＝P社対外部売掛金（30,000－8,000(※2)）×3％－X1年度対外部貸倒引当金0
(※2) 8,000……対S社売掛金，または対P社買掛金（前提条件②参照）

(b) 連結修正仕訳

イ 前期の引継ぎ

| （借） | 貸 倒 引 当 金 | (※)300 | （貸） | 利益剰余金(期首) | (※)300 |

(※) 300……前期仕訳（[X1年度](2)(ii)b)参照）の引継ぎ

ロ 当期の修正（連結財務諸表上あるべき処理と個別財務諸表上の処理の差額）

| （借） | 貸倒引当金繰入額 | (※)60 | （貸） | 貸 倒 引 当 金 | (※)60 |

(※) 60＝連結財務諸表上の繰入額660－個別財務諸表上の繰入額600

ハ 連結修正仕訳（イ＋ロ）

| （借） | 貸 倒 引 当 金
貸倒引当金繰入額 | (※1)240
(※4)60 | （貸） | 利益剰余金(期首) | (※3)300 |

(※1) 240＝8,000(※2)×3％
(※2) 8,000……対S社売掛金，または対P社買掛金（前提条件②参照）
(※3) 300……前期の引継仕訳
(※4) 60……当期の修正仕訳

(iii) 連結財務諸表（一部）

連結貸借対照表

借方科目	金額	貸方科目	金額
売掛金 貸倒引当金	37,000 △1,110	買掛金	27,000

連結損益計算書

借方科目	金額	貸方科目	金額
貸倒引当金繰入額	750		

設例Ⅰ-2-4　貸倒引当金の消去（設定者：子会社S社，税効果会計なし）

前提条件

① X1年度から親会社P社（3月決算）と子会社S社（3月決算，P社の持分比率80％）とで取引を開始している。X1年度末において，S社は，P社に対する売掛金が10,000あり，当該売掛金に貸倒引当金を300設定している。
② 貸倒引当金は，差額補充法により期末売掛金残高に対して毎期3％を設定している。
③ 税効果は考慮しないものとする。
④ X2年3月31日における個別財務諸表（一部）は以下のとおりである。

個別貸借対照表

借方科目	P社	S社	貸方科目	P社	S社
売掛金	12,000	10,000	買掛金	10,000	8,000
貸倒引当金	△360	△300			

個別損益計算書

借方科目	P社	S社	貸方科目	P社	S社
貸倒引当金繰入額	360	300			

会計処理

［X1年度］

(1) 個別財務諸表上の処理（貸倒引当金の設定（S社））

（借）貸倒引当金繰入額　(※)300　（貸）貸倒引当金　(※)300

(※) 300＝S社売掛金10,000×3％

(2) 連結財務諸表上の処理

(i) 売掛金と買掛金の相殺消去

（借）買　掛　金　(※)10,000　（貸）売　掛　金　(※)10,000

(※) 10,000……対P社売掛金，または対S社買掛金（前提条件①参照）

(ii) 貸倒引当金の減額修正（S社）
(a) 連結財務諸表上あるべき処理

S社はP社以外に対して売掛金がないため，仕訳なしとなる。

仕訳なし

(b) 連結修正仕訳

（借）貸倒引当金	（※）300	（貸）貸倒引当金繰入額	（※）300

（※） 300＝S社売掛金10,000×3％

(iii) 非支配株主持分への配分

子会社S社が設定した貸倒引当金が減額修正された結果，子会社S社の利益が300増加することになる。ここで，子会社S社には非支配株主（持分比率20％）が存在するため，当該減額修正による利益の変動を非支配株主持分にも配分する。

（借）非支配株主に帰属する当期純利益	（※1）60	（貸）非支配株主持分（当期変動額）	（※1）60

（※1） 60＝300（※2）×非支配株主持分比率20％
（※2） 300＝S社売掛金10,000×3％

(iv) 連結財務諸表（一部）

連結貸借対照表

借方科目	金額	貸方科目	金額
売掛金	12,000	買掛金	8,000
貸倒引当金	△360	非支配株主持分	60

連結損益計算書

借方科目	金額	貸方科目	金額
貸倒引当金繰入額	360		
非支配株主に帰属する当期純利益	60		

2 税効果会計との関係

(1) 概　要

　連結修正仕訳を計上することにより，法人税等の額が税金等調整前当期純利益と期間的に対応しなくなり，また，将来の法人税等の支払額に対する影響が表示できないことがある。このような場合には，連結財務諸表の作成段階において税効果会計を適用し，法人税等の額と税金等調整前当期純利益を期間的に対応させる手続を行う。

　特に，貸倒引当金の減額修正を行うことで，個別財務諸表上の一時差異が修正されるため，繰延税金資産または繰延税金負債も連結修正仕訳において以下のように修正することになる（連結税効果実務指針18項）。

①　個別上の貸倒引当金＞連結上の貸倒引当金＞税務上の損金算入限度額の場合

　個別財務諸表上の貸倒引当金＞連結財務諸表上の貸倒引当金＞税務上の損金算入限度額の場合（パターン①），個別財務諸表上は，個別財務諸表上の貸倒引当金と税務上の損金算入限度額の差額が将来減算一時差異となり，当該一時差異に係る繰延税金資産が計上されるが，連結財務諸表上は，減額修正後の連結財務諸表上の貸倒引当金と税務上の損金算入限度額の差額が将来減算一時差異となり，当該一時差異に係る繰延税金資産が計上される（連結税効果実務指針20項）。

②　個別上の貸倒引当金＞税務上の損金算入限度額＞連結上の貸倒引当金の場合

　個別財務諸表上の貸倒引当金＞税務上の損金算入限度額＞連結財務諸表上の貸倒引当金の場合（パターン②），個別財務諸表上は，パターン①同様，個別財務諸表上の貸倒引当金と税務上の損金算入限度額の差額が将来減算一時差異となり，当該一時差異に係る繰延税金資産が計上されるが，連結財務諸表上は，減額修正後の連結財務諸表上の貸倒引当金と税務上の損金算入限度額の差額が

図表Ⅰ-2-6　貸倒引当金に関する一時差異

【パターン①：個別上の引当額＞連結上の引当額＞税務上の損金算入限度額】

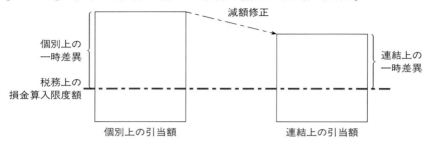

【パターン②：個別上の引当額＞税務上の損金算入限度額＞連結上の引当額】

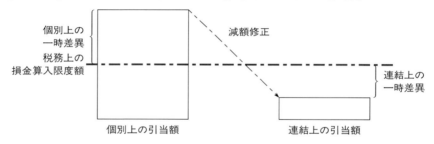

将来加算一時差異となり，当該一時差異に係る繰延税金負債が計上される（連結税効果実務指針19項）（図表Ⅰ-2-6参照）。

（2）　平成23年度税制改正の影響

平成23年12月の税制改正により，一部の法人（①中小法人等（資本金の額が5億円以上である法人等による完全支配関係がある法人以外で，資本金の額が1億円以下である普通法人，資本または出資を有しない普通法人，公益法人等，協同組合等，人格のない社団等），②銀行，保険その他これらに類する法人，③売買があったものとされるリース資産の対価の額に係る金銭債権を有する法人等）を除き，貸倒引当金の繰入れが税務上の損金として認められなくなった（法法52条1項，2項，法令96条4項，5項）。この場合，上記税制改正の対象となる法人は，貸倒引当金繰入額の税務上の損金算入限度額がゼロとなるが，説明の理解に資するために，以下の設例では貸倒引当金繰入額の税務上の損金算入

が認められるものとする。

ここでは，税効果も考慮した貸倒引当金の消去を，設例Ⅰ-2-5でみていく。

設例Ⅰ-2-5　貸倒引当金の消去（税効果会計あり）

前提条件

① X1年度から親会社P社（3月決算）と子会社S社（3月決算）とで取引を開始している。X1年度末において，P社は，S社に対する売掛金が10,000あり，当該売掛金に貸倒引当金を300設定している。
② 貸倒引当金は，P社のみ差額補充法により期末売掛金残高に対して3％を設定している。なお，S社においては，過去に貸倒実績がないため，貸倒引当金を設定していない。
③ 法定実効税率は30％とし，繰延税金資産の回収可能性には問題がないものとする。
④ X2年3月31日における個別財務諸表（一部）は以下のパターンⅰおよびⅱであった。

パターンⅰ 税務上の貸倒引当金の損金算入限度額が100であった場合

個別貸借対照表

借方科目	P社	S社	貸方科目	P社	S社
売掛金	16,000	12,000	買掛金	8,000	10,000
貸倒引当金	△480	—			
繰延税金資産	114	—			

個別損益計算書

借方科目	P社	S社	貸方科目	P社	S社
貸倒引当金繰入額	480	—	法人税等調整額	114	—

パターンⅱ 税務上の貸倒引当金の損金算入限度額が400であった場合

個別貸借対照表

借方科目	P社	S社	貸方科目	P社	S社
売掛金	16,000	12,000	買掛金	8,000	10,000
貸倒引当金	△480	—			
繰延税金資産	24	—			

個別損益計算書

借方科目	P社	S社	貸方科目	P社	S社
貸倒引当金繰入額	480	—	法人税等調整額	24	—

会計処理

パターンⅰ：個別上の貸倒引当金＞連結上の貸倒引当金＞税務上の損金算入限度額

(1) 個別財務諸表上の処理（貸倒引当金の設定（P社））

(借)	貸倒引当金繰入額	(※1)480	(貸)	貸倒引当金	(※1)480
(借)	繰延税金資産	(※2)114	(貸)	法人税等調整額	(※2)114

(※1) 480＝P社売掛金16,000×3％
(※2) 114＝(480(※1)－損金算入限度額100)×法定実効税率30％

(2) 連結財務諸表上の処理

(ⅰ) 売掛金と買掛金の相殺消去

(借)	買　掛　金	(※)10,000	(貸)	売　掛　金	(※)10,000

(※) 10,000……対S社売掛金，または対P社買掛金（前提条件①参照）

(ⅱ) 貸倒引当金の減額修正（P社）

(借)	貸倒引当金	(※1)300	(貸)	貸倒引当金繰入額	(※1)300

(※1) 300＝10,000(※2)×3％
(※2) 10,000……対S社売掛金，または対P社買掛金（前提条件①参照）

(iii) 税効果会計（P社）

| （借） | 法人税等調整額 | (※1)90 | （貸） | 繰延税金資産 | (※1)90 |

(※1) 300(※2)×法定実効税率30％＝90＜P社個別上の繰延税金資産計上額114　∴90
(※2) 300＝10,000(※3)×3％
(※3) 10,000……対S社売掛金，または対P社買掛金（前提条件①参照）

(iv) 連結財務諸表（一部）

連結貸借対照表

借方科目	金額	貸方科目	金額
売掛金	18,000	買掛金	8,000
貸倒引当金	△180		
繰延税金資産	24		

連結損益計算書

借方科目	金額	貸方科目	金額
貸倒引当金繰入額	180	法人税等調整額	24

> パターンⅱ：個別上の貸倒引当金＞税務上の損金算入限度額＞連結上の貸倒引当金

(1) 個別財務諸表上の処理（貸倒引当金の設定（P社））

| （借） | 貸倒引当金繰入額 | (※1)480 | （貸） | 貸倒引当金 | (※1)480 |
| （借） | 繰延税金資産 | (※2)24 | （貸） | 法人税等調整額 | (※2)24 |

(※1) 480＝P社売掛金16,000×3％
(※2) 24＝(480(※1)－損金算入限度額400)×法定実効税率30％

(2) 連結修正仕訳

(i) 売掛金と買掛金の相殺消去

| （借） | 買掛金 | (※)10,000 | （貸） | 売掛金 | (※)10,000 |

(※) 10,000……対S社売掛金，または対P社買掛金（前提条件①参照）

(ii) 貸倒引当金の減額修正（P社）

| （借） | 貸倒引当金 | (※1)300 | （貸） | 貸倒引当金繰入額 | (※1)300 |

（※1） 300＝10,000(※2)×3％
（※2） 10,000……対S社売掛金，または対P社買掛金（前提条件①参照）

(iii) 税効果会計（P社）

| （借） | 法人税等調整額 | (※1)90 | （貸） | 繰延税金資産 | (※2)24 |
| | | | | 繰延税金負債 | (※3)66 |

（※1） 90＝300(※4)×法定実効税率30％
（※2） 90(※1)＞P社個別上の繰延税金資産計上額24 ∴24
（※3） 66＝90(※1)－24(※2)
（※4） 300＝10,000(※5)×3％
（※5） 10,000……対S社売掛金，または対P社買掛金（前提条件①参照）

(iv) 連結財務諸表（一部）

連結貸借対照表

借方科目	金額	貸方科目	金額
売掛金	18,000	買掛金	8,000
貸倒引当金	△180	繰延税金負債	66

連結損益計算書

借方科目	金額	貸方科目	金額
貸倒引当金繰入額	180		
法人税等調整額	66		

第4節 手形取引に係る相殺消去

1 連結会社が振り出した約束手形を他の連結会社が保有している場合

　連結会社相互間で約束手形の振出しや受取りを行っている場合，通常，受取側の連結会社では，個別財務諸表上受取手形が計上され，振出側の連結会社では，個別財務諸表上支払手形が計上される。しかし，企業集団の観点では，約束手形の保管場所が連結会社相互間で移動しているだけにすぎないため，何も取引が行われていないことになる。

　以上より，連結会社相互間で振り出された約束手形が未決済の場合，連結財務諸表上，当該手形取引をなかったことにするため，連結修正仕訳において，受取手形と支払手形の相殺消去を行う（連結会計基準31項）（図表Ⅰ-2-7参照）。

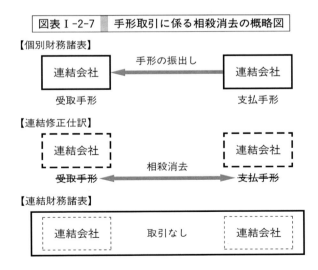

図表Ⅰ-2-7　手形取引に係る相殺消去の概略図

2 他の連結会社が振り出した約束手形を外部の第三者に裏書譲渡している場合

　他の連結会社が振り出した約束手形を外部の第三者に裏書譲渡している場合，裏書人となる連結会社では，個別財務諸表上受取手形が減少し，期末時に当該手形が未決済であれば「受取手形の裏書高」の注記が行われる（振出側の連結会社では，裏書時に特段処理は行われない）。しかし，企業集団の観点では，手形の裏書譲渡ではなく，単に外部の第三者に約束手形を振り出したにすぎない。

　以上より，他の連結会社が振り出した約束手形を外部の第三者に裏書譲渡しており，期末時に当該手形が未決済である場合，連結財務諸表上，単に約束手形を振り出したことにするため，「受取手形の裏書高」の注記を消去する。なお，手形の裏書譲渡を行うことで，外部の第三者に支払義務が生じることになるため，手形の振出しを行った連結会社が計上している支払手形の消去は行われない（連結修正仕訳は行われない）（図表Ⅰ-2-8参照）。

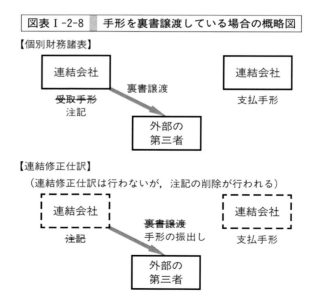

図表Ⅰ-2-8　手形を裏書譲渡している場合の概略図

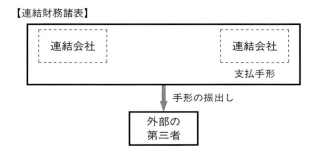

3 ▎他の連結会社が振り出した手形を銀行割引している場合

　他の連結会社が振り出した手形を銀行割引している場合，割引依頼人となる連結会社では，個別財務諸表上受取手形が減少し，割引料は手形売却損として処理される（振出側の連結会社では，割引時に特段処理は行われない）。また，期末時に当該手形が未決済であれば，割引依頼人となる連結会社において「受取手形の割引高」の注記が行われる。しかし，企業集団の観点では，当該手形取引は銀行割引ではなく，資金を借り入れるための借用証書の代わりに手形を振り出した取引と同じ取引と考えられる。

　以上より，他の連結会社が振り出した手形を銀行割引しており，当該手形が期末時に未決済である場合は，連結財務諸表上，当該銀行割引行為を手形による借入れに振り替えるため，以下の処理を行う（連結会計基準（注10）(2)）（図表Ⅰ-2-9参照）。

- 支払手形の借入金への振替
- 手形売却損の支払利息への振替（期末時に決済済みでも，当該処理は行う）
- 翌期以降に帰属する支払利息（割引料）の繰延べ
- 注記（「受取手形の割引高」）の修正

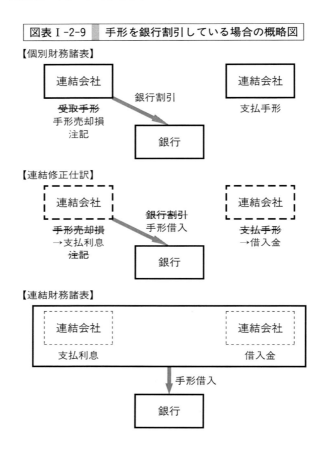

図表Ⅰ-2-9　手形を銀行割引している場合の概略図

ここで、手形取引に係る連結財務諸表上の相殺消去について、設例Ⅰ-2-6を用いて確認する。

設例Ⅰ-2-6　手形取引に係る相殺消去

前提条件

① X1年度において、子会社S社（3月決算）は買掛金を決済するため、親会社P社（3月決算）に約束手形10,000（満期日：X2年4月30日）を振り出した。

② P社におけるその後の対応は、以下のパターンⅰ〜ⅲであった。

パターンⅰ	X1年度末においても，当該手形を依然として保有していた。
パターンⅱ	X2年2月1日において，外部の第三者に当該手形を裏書譲渡した。
パターンⅲ	X2年2月1日において，銀行で当該手形を割り引き，割引料300（X2年度に帰属する利息相当額100）を差し引いた残額9,700を受け取った。

③　税効果は考慮しないものとする。

会計処理

|パターンⅰの連結修正仕訳：他の連結会社が期末も保有している場合|

連結会社相互間で振り出された約束手形が未決済の場合，当該手形取引をなかったことにするため，連結修正仕訳において，受取手形と支払手形の相殺消去を行う。

```
（借）支 払 手 形 　(*)10,000　（貸）受 取 手 形 　(*)10,000
```

（※）　10,000……前提条件①および②のパターンⅰ参照

|パターンⅱの連結修正仕訳：裏書譲渡している場合|

手形の裏書譲渡を行うことで，外部の第三者に支払義務が生じることになるため，手形の振出しを行ったS社が計上している支払手形の消去は行われない（連結修正仕訳は行われない）。

```
　　　　　　　　　　仕訳なし(*)
```

（※）　連結財務諸表上，単に約束手形を振り出したことにするため，P社が注記している「受取手形の裏書高」を10,000減額する。

|パターンⅲ：銀行割引している場合|

(I)　個別財務諸表上の処理

(i)　P社の会計処理

```
（借）受 取 手 形 (*1)10,000　（貸）売 　掛 　金 (*1)10,000
（借）現 金 預 金 (*2)9,700　（貸）受 取 手 形 (*1)10,000
　　　手 形 売 却 損 (*3)300
```

（※1）　10,000……前提条件①参照

（※2）　9,700……割引による受取額（前提条件②パターンiii参照）
（※3）　300……割引料（前提条件②パターンiii参照）

(ii)　S社の会計処理

| （借）買　掛　金 | (※)10,000 | （貸）支　払　手　形 | (※)10,000 |

（※）　10,000……前提条件①参照

(2)　連結財務諸表上の処理
(i)　連結財務諸表上あるべき処理

　企業集団の観点では，当該手形取引は銀行割引ではなく，資金を借り入れるための借用証書の代わりに手形を振り出した取引と同じ取引と考えられる。
　また，割引料は利息の前払いと考えられるため，割引料を支払利息として処理する。

（借）現　金　預　金	(※1)9,700	（貸）短　期　借　入　金	(※2)10,000
支　払　利　息	(※3)300		
（借）前　払　利　息	(※4)100	（貸）支　払　利　息	(※4)100

（※1）　9,700……割引による受取額（前提条件②パターンiii参照）
（※2）　10,000……手形を振り出した額（前提条件①参照）
（※3）　300……割引料（前提条件②パターンiii参照）
（※4）　100＝300(※3)×1か月（X2.4）÷3か月（X2.2〜X2.4），またはX2年度に帰属する利息相当額（前提条件②参照）

(ii)　連結修正仕訳

（借）支　払　手　形	(※1)10,000	（貸）短　期　借　入　金	(※1)10,000
（借）支　払　利　息	(※2)300	（貸）手　形　売　却　損	(※2)300
（借）前　払　利　息	(※2)100	（貸）支　払　利　息	100

（※1）　10,000……手形を振り出した額（前提条件①参照）
（※2）　300……割引料（前提条件②パターンiii参照）
（※3）　100＝300(※2)×1か月（X2.4）÷3か月（X2.2〜X2.4），またはX2年度に帰属する利息相当額（前提条件②参照）
（※4）　連結財務諸表上，資金を借り入れるための借用証書の代わりに手形を振り出したことにするため，P社が注記している「受取手形の割引高」は10,000減額することとなる。

第5節　社債に係る相殺消去

1　連結会社が発行した社債を，発行時に他の連結会社が取得している場合

　連結会社が発行した社債を，発行時に他の連結会社が取得している場合，発行側の連結会社では，個別財務諸表上社債が計上され，取得側の連結会社では，個別財務諸表上「（投資）有価証券」（詳細後記）が計上される。しかし，企業集団の観点では，資金の保管場所が連結会社相互間で移動しているだけにすぎないため，何も取引が行われていないことになる。

　なお，前記の有価証券の表示科目名に関し，取得側の連結会社において，当該社債の保有目的(売買目的有価証券，満期保有目的の債券，その他有価証券)や1年基準により有価証券または投資有価証券[1]となる（図表Ⅰ-2-10参照）。

図表Ⅰ-2-10　「（投資）有価証券」と「社債」の表示科目対応表

取得側			発行側	
区分		勘定科目	1年以内に満期が到来するもの	1年を超えて満期が到来するもの
売買目的有価証券		有価証券	1年内償還社債	社債
満期保有目的の債券	1年以内に満期が到来するもの	有価証券		
	1年を超えて満期が到来するもの	投資有価証券		
その他有価証券	1年以内に満期が到来するもの	有価証券		
	1年を超えて満期が到来するもの	投資有価証券		

1　なお，財務諸表等の用語，様式及び作成方法に関する規則第32条第1項第3号では，関係会社が発行した社債につき，特例財務諸表提出会社以外の会社において「関係会社社債」として表示することとされている。

以上より，連結会社が発行した社債を発行時に他の連結会社が取得している場合は，連結財務諸表上，当該取引をなかったことにするため，連結修正仕訳において，社債と（投資）有価証券の相殺消去を行う（図表Ⅰ-2-11参照）。

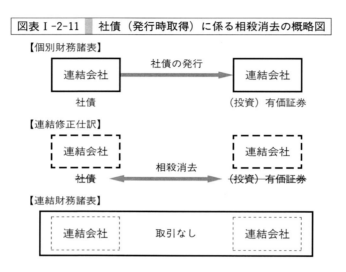

なお，貸付・借入取引に係る相殺消去と同様に，利払いにより発生した社債利息，有価証券利息，経過勘定（未収利息・未払利息・前受利息・前払利息）についても相殺消去を行うほか，償却原価法により発生した社債利息，有価証券利息についても相殺消去を行う（設例Ⅰ-2-7参照）。

設例Ⅰ-2-7　社債（発行時取得）に係る相殺消去

前提条件

① 親会社Ｐ社（3月決算）はX2年4月1日に社債を発行し，その全部を子会社Ｓ社（3月決算）が満期保有目的の債券として取得した。
② Ｐ社が発行した社債の内容は以下のとおりである。

額面金額	100,000
払込金額	95,000
償還期間	5年
利息	年3％
利払日	毎年3月31日

③ 当該社債については、P社およびS社ともに償却原価法（定額法）を採用している。
④ 税効果は考慮しないものとする。
⑤ X3年3月31日における個別財務諸表（一部）は以下のとおりである。

個別貸借対照表

借方科目	P社	S社	貸方科目	P社	S社
投資有価証券	－	96,000	社債	96,000	－

個別損益計算書

借方科目	P社	S社	貸方科目	P社	S社
社債利息	4,000	－	有価証券利息	－	4,000

会計処理

［個別財務諸表上の処理］

(1) P社の会計処理

(i) 社債発行時

（借）現 金 預 金 (※)95,000 （貸）社　　　債 (※)95,000

(※) 95,000……払込金額（前提条件②参照）

(ii) 利払日

（借）社 債 利 息 (※)3,000 （貸）現 金 預 金 (※)3,000

(※) 3,000＝額面金額100,000×3％

(iii) 決算整理仕訳(償却原価法)

| （借） 社 債 利 息 | (※)1,000 | （貸） 社 債 | (※)1,000 |

（※） 1,000＝(額面金額100,000－払込金額95,000)×12か月（X2.4～X3.3）÷60か月

(2) S社の会計処理

(i) 取得時

| （借） 投 資 有 価 証 券 | (※)95,000 | （貸） 現 金 預 金 | (※)95,000 |

（※） 95,000……払込金額（前提条件②参照）

(ii) 利払日

| （借） 現 金 預 金 | (※)3,000 | （貸） 有 価 証 券 利 息 | (※)3,000 |

（※） 3,000＝額面金額100,000×3％

(iii) 決算整理仕訳(償却原価法)

| （借） 投 資 有 価 証 券 | (※)1,000 | （貸） 有 価 証 券 利 息 | (※)1,000 |

（※） 1,000＝(額面金額100,000－払込金額95,000)×12か月（X2.4～X3.3）÷60か月

[連結財務諸表上の処理]

(1) 連結財務諸表上あるべき処理

　企業集団の観点では，資金の保管場所が連結会社相互間で移動しているだけにすぎないため，何も取引が行われていないことになる。

| 仕訳なし |

(2) 連結修正仕訳

(i) 社債と投資有価証券の相殺消去

| （借） 社　　　　債 | (※1)96,000 | （貸） 投 資 有 価 証 券 | (※1)96,000 |
| （借） 有 価 証 券 利 息 | (※2)1,000 | （貸） 社 債 利 息 | (※2)1,000 |

（※1） 96,000＝払込金額95,000＋1,000(※2)
（※2） 1,000＝(額面金額100,000－払込金額95,000)×12か月（X2.4～X3.3）÷60か月

(ii) 社債利息と有価証券利息の相殺消去

（借）有価証券利息　　（※）3,000　（貸）社　債　利　息　　（※）3,000

（※）　3,000＝額面金額100,000×3％

（参考）　ⅰとⅱをまとめて以下のように仕訳を行ってもよい。

（借）社　　　　債　　（※1）96,000　（貸）投資有価証券　　（※1）96,000
（借）有価証券利息　　（※2）4,000　（貸）社　債　利　息　　（※2）4,000

（※1）　96,000＝払込金額95,000＋1,000（※3）
（※2）　4,000＝3,000（※4）＋1,000（※3）
（※3）　1,000＝（額面金額100,000－払込金額95,000）×12か月（X2.4～X3.3）÷60か月
（※4）　3,000＝額面金額100,000×3％

(3) 連結財務諸表（一部）

連結貸借対照表

借方科目	金額	貸方科目	金額
投資有価証券	0	社債	0

連結損益計算書

借方科目	金額	貸方科目	金額
社債利息	0	有価証券利息	0

2 連結会社が発行した社債を，発行後に他の連結会社が取得している場合

　連結会社が発行した社債を，発行後に他の連結会社が外部の第三者から取得している場合，取得側の連結会社では個別財務諸表上，（投資）有価証券が計上される（発行側の連結会社では，依然として社債が計上される）。しかし，企業集団の観点では，外部の第三者に社債を発行し，その後，当該社債を買い戻す行為となるため，社債の臨時買入償還取引と同じ取引と考えられる。
　以上より，連結会社が発行した社債を発行後に他の連結会社が取得している

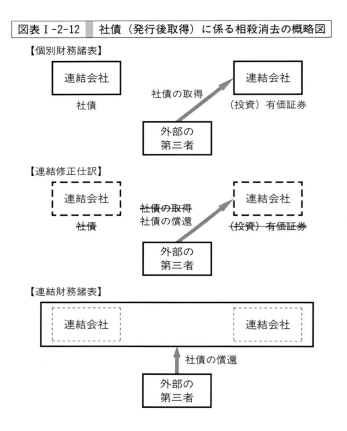

図表Ⅰ-2-12　社債（発行後取得）に係る相殺消去の概略図

場合は，連結財務諸表上，当該取引を社債の臨時買入償還取引と同様の処理となるように連結修正仕訳を行う（図表Ⅰ-2-12参照）。

このとき，発行側の連結会社における社債の帳簿価額（取得時点における償却原価）と，取得側の連結会社における社債の取得価額に差額が生じる場合は，当該差額を社債償還損益として処理する。

ここでは，連結会社が発行した社債を発行後に他の連結会社が取得したケースの会計処理を設例Ⅰ-2-8でみていく。

設例 I-2-8　社債（発行後取得）に係る相殺消去

前提条件

① 親会社P社（3月決算）はX1年4月1日に外部の第三者に社債を発行した。
② P社が発行した社債の内容は以下のとおりである。

額面金額	100,000
払込金額	95,000
償還期間	5年
利息	年3％
利払日	毎年3月31日

③ 子会社S社（3月決算）はX2年4月1日に当該社債の全部を97,200で満期保有目的の債券として取得した。
④ 当該社債については，P社およびS社ともに償却原価法（定額法）を採用している。
⑤ 税効果は考慮しないものとする。
⑥ X3年3月31日における個別財務諸表（一部）は以下のとおりである。

個別貸借対照表

借方科目	P社	S社	貸方科目	P社	S社
投資有価証券	－	97,900	社債	97,000	－

個別損益計算書

借方科目	P社	S社	貸方科目	P社	S社
社債利息	4,000	－	有価証券利息	－	3,700

会計処理

[X1年度]

(1) 個別財務諸表上の処理

(i) P社の会計処理

(a) 社債発行時

| (借) 現 金 預 金 (※)95,000 | (貸) 社　　　　債 (※)95,000 |

(※) 95,000……払込金額（前提条件②参照）

(b) 利払日

| (借) 社 債 利 息 (※)3,000 | (貸) 現 金 預 金 (※)3,000 |

(※) 3,000＝額面金額100,000×3％

(c) 決算整理仕訳（償却原価法）

| (借) 社 債 利 息 (※)1,000 | (貸) 社　　　　債 (※)1,000 |

(※) 1,000＝（額面金額100,000－払込金額95,000）×12か月（X1.4～X2.3）÷60か月

(ii) S社の会計処理

| 仕訳なし |

[X2年度]

(1) 個別財務諸表上の処理

(i) P社の会計処理

(a) 利払日

| (借) 社 債 利 息 (※)3,000 | (貸) 現 金 預 金 (※)3,000 |

(※) 3,000＝額面金額100,000×3％

(b) 決算整理仕訳（償却原価法）

| (借) 社 債 利 息 (※)1,000 | (貸) 社　　　　債 (※)1,000 |

(※) 1,000＝(額面金額100,000－払込金額95,000)×12か月 (X2.4～X3.3)÷60か月

(ii) S社の会計処理

(a) 取得時

(借) 投 資 有 価 証 券　　(※)97,200　(貸) 現 金 預 金　　(※)97,200

(※) 97,200……取得原価（前提条件③参照）

(b) 利払日

(借) 現 金 預 金　　(※)3,000　(貸) 有 価 証 券 利 息　　(※)3,000

(※) 3,000＝額面金額100,000×3％

(c) 決算整理仕訳（償却原価法）

(借) 投 資 有 価 証 券　　(※)700　(貸) 有 価 証 券 利 息　　(※)700

(※) 700＝(額面金額100,000－取得原価97,200)×12か月 (X2.4～X3.3)÷48か月

(2) 連結財務諸表上の処理

(i) 連結財務諸表上あるべき処理

企業集団の観点では、外部の第三者に社債を発行し、その後、当該社債を買い戻す行為となるため、社債の臨時買入償還取引と同じ取引と考えられる。

(借) 社　　　　　債　　(※1)96,000　(貸) 現 金 預 金　　(※2)97,200
　　　社 債 償 還 損　　(※3)1,200

(※1) 96,000＝払込金額95,000＋1,000(※4)
(※2) 97,200……取得原価（前提条件③参照）
(※3) 差額で算出
(※4) 1,000＝(額面金額100,000－払込金額95,000)×12か月 (X1.4～X2.3)÷60か月

(ii) 連結修正仕訳

(a) 社債と投資有価証券の相殺消去

```
(借) 社      債      (※1)96,000  (貸) 投資有価証券   (※2)97,200
    社 債 償 還 損   (※3)1,200
(借) 社      債      (※4)1,000   (貸) 社 債 利 息   (※4)1,000
(借) 有 価 証 券 利 息 (※5)700    (貸) 投資有価証券   (※5)700
```

(※1) 96,000＝払込金額95,000＋1,000(※6)
(※2) 97,200……取得原価（前提条件③参照）
(※3) 差額で算出
(※4) 1,000＝(額面金額100,000－払込金額95,000)×12か月（X2.4～X3.3）÷60か月
(※5) 700＝(額面金額100,000－取得原価97,200)×12か月（X2.4～X3.3）÷48か月
(※6) 1,000＝(額面金額100,000－払込金額95,000)×12か月（X1.4～X2.3）÷60か月

（参考） 上記をまとめて以下のように仕訳を行ってもよい。

```
(借) 社      債      (※1)97,000  (貸) 投資有価証券   (※2)97,900
    有 価 証 券 利 息 (※3)700         社 債 利 息   (※4)1,000
    社 債 償 還 損   (※5)1,200
```

(※1) 97,000＝払込金額95,000＋2,000(※6)
(※2) 97,900＝取得原価97,200＋700(※3)
(※3) 700＝(額面金額100,000－取得原価97,200)×12か月（X2.4～X3.3）÷48か月
(※4) 1,000＝(額面金額100,000－払込金額95,000)×12か月（X2.4～X3.3）÷60か月
(※5) 差額で算出
(※6) 2,000＝(額面金額100,000－払込金額95,000)×24か月（X1.4～X3.3）÷60か月

(b) 社債利息と有価証券利息の相殺消去

```
(借) 有 価 証 券 利 息 (※)3,000   (貸) 社 債 利 息   (※)3,000
```

(※) 3,000＝額面金額100,000×3％

(iii) 連結財務諸表（一部）

連結貸借対照表

借方科目	金額	貸方科目	金額
投資有価証券	0	社債	0

連結損益計算書

借方科目	金額	貸方科目	金額
社債利息	0	有価証券利息	0
社債償還損	1,200		

3 連結会社が発行した社債を，他の連結会社が一時的に所有している場合

　連結会社が発行した社債を，他の連結会社が一時的に所有している場合は，社債と（投資）有価証券の相殺消去の対象としないことが認められている（連結会計基準（注10）(4)）。

第6節　配当金の相殺消去

1 ┃ 子会社から親会社へ剰余金の配当が行われた場合

　子会社において利益剰余金を原資とした剰余金の配当が行われた場合，親会社では個別損益計算書上，原則として受取配当金が計上され，子会社では個別株主資本等変動計算書上，剰余金の配当（繰越利益剰余金の減少）が計上される。しかし，企業集団の観点では，現金の保管場所が連結会社相互間で移動しているだけにすぎないため，何も取引が行われていないことになる。

　以上より，子会社から親会社へ利益剰余金を原資とした剰余金の配当が行われた場合は，連結財務諸表上，取引がなかったことにするため，連結修正仕訳において，受取配当金と剰余金の配当（繰越利益剰余金の減少・親会社持分相当分）の相殺消去を行う（図表Ⅰ-2-13参照）。

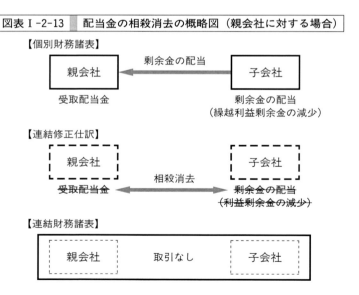

図表Ⅰ-2-13　配当金の相殺消去の概略図（親会社に対する場合）

　なお，子会社において資本剰余金を原資とした剰余金の配当が行われる場合もある。この場合，資本剰余金を原資とした剰余金の配当は，払込資本の払戻

しの性格を有するため，親会社の個別財務諸表上，原則として関係会社株式の帳簿価額が減額される。しかし，企業集団の観点では，現金の保管場所が連結会社相互間で移動しているだけにすぎないため，何も取引が行われていないことになる。

以上より，子会社から親会社へ資本剰余金を原資とした剰余金の配当が行われた場合は，連結財務諸表上，取引がなかったことにするため，連結修正仕訳において，関係会社株式の帳簿価額の減額処理の戻入れと剰余金の配当（その他資本剰余金の減少・親会社持分相当分）の消去を行う。

2 ▎子会社から非支配株主へ剰余金の配当が行われた場合

非支配株主が存在する子会社において剰余金の配当が行われた場合，通常，非支配株主にも持分比率に応じて剰余金の配当が行われる。

ここで，連結財務諸表上の剰余金の配当は，親会社からの剰余金の配当に限定されている。このため，子会社の剰余金の配当は，非支配株主への配当であっても，連結財務諸表上の剰余金の配当とならない。一方で，子会社が剰余金の配当を行うことで，子会社の剰余金が減少するため，企業集団の観点では，非支配株主の持分と引換えに資金を支出しているものと考えられる。

以上より，子会社から非支配株主へ剰余金の配当が行われた場合は，連結財務諸表上，連結修正仕訳において，剰余金の配当（剰余金の減少・非支配株主相当分）を減少させ，非支配株主持分を減少させる処理を行う（図表Ⅰ-2-14参照）。

図表Ⅰ-2-14　配当金の相殺消去の概略図（非支配株主に対する場合）

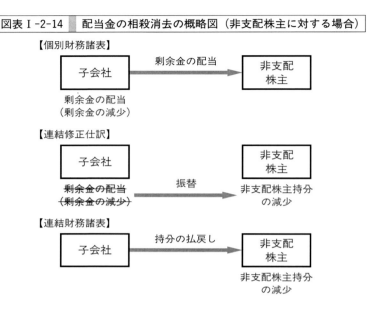

3 ┃まとめ

子会社の剰余金の配当について，まとめると図表Ⅰ-2-15のとおりとなる（設例Ⅰ-2-9参照）。

図表Ⅰ-2-15　配当金の相殺消去のまとめ

	子会社	親会社	非支配株主
親会社相当分	剰余金の配当の消去	（利益剰余金の場合）受取配当金の消去 （資本剰余金の場合）関係会社株式の減額処理の戻入れ	－
非支配株主相当分		－	非支配株主持分の減少

設例Ⅰ-2-9　配当金の相殺消去（子会社から親会社への配当）

前提条件

① X1年度において，親会社P社は，S社株式の80％を取得し，S社を子会社とした。
② X4年度において，子会社S社は，1,000の剰余金の配当を行った。

| パターンⅰ | 利益剰余金を原資とした配当の場合 |
| パターンⅱ | 資本剰余金を原資とした配当の場合 |

会計処理

| パターンⅰ | 利益剰余金を原資とした配当の場合 |

(1) 個別財務諸表上の処理

(i) P社の会計処理

(借) 現 金 預 金　　(※)800　(貸) 受 取 配 当 金　　(※)800

(※) 800＝剰余金の配当1,000×P社持分比率80％

(ii) S社の会計処理

(借) 利 益 剰 余 金　　(※)1,000　(貸) 現 金 預 金　　(※)1,000
　　　（剰余金の配当）

(※) 1,000……前提条件②参照

(2) 連結財務諸表上の処理

(i) 連結財務諸表上あるべき処理

(a) P社持分相当分

企業集団の観点では，現金の保管場所が連結会社相互間で移動しているだけにすぎないため，何も取引が行われていないことになる。

仕訳なし

(b) 非支配株主持分相当分

S社の利益剰余金が減少するため，非支配株主持分を減少させる。

```
(借) 非支配株主持分      (※)200   (貸) 現 金 預 金      (※)200
     (当期変動額)
```

(※) 200＝剰余金の配当1,000×非支配株主持分比率20％

(ii) 連結修正仕訳

```
(借) 受 取 配 当 金    (※1)800   (貸) 利 益 剰 余 金    (※3)1,000
                                     (剰余金の配当)
     非支配株主持分    (※2)200
     (当期変動額)
```

(※1) 800＝剰余金の配当1,000×P社持分比率80％
(※2) 200＝剰余金の配当1,000×非支配株主持分比率20％
(※3) 1,000……前提条件②参照

パターンⅱ 資本剰余金を原資とした配当の場合

(1) 個別財務諸表上の処理

(i) P社の会計処理

```
(借) 現 金 預 金      (※)800   (貸) 子 会 社 株 式     (※)800
                                     (S 社 株 式)
```

(※) 800＝剰余金の配当1,000×P社持分比率80％

(ii) S社の会計処理

```
(借) 資 本 剰 余 金    (※)1,000  (貸) 現 金 預 金     (※)1,000
     (剰余金の配当)
```

(※) 1,000……前提条件②参照

(2) 連結財務諸表上の処理

(i) 連結財務諸表上あるべき処理

(a) P社持分相当分

　企業集団の観点では，現金の保管場所が連結会社相互間で移動しているだけにすぎないため，何も取引が行われていないことになる。

```
                          仕訳なし
```

(b) 非支配株主持分相当分

　　S社の資本剰余金が減少するため，非支配株主持分を減少させる。

| （借） | 非支配株主持分
（当期変動額） | (※)200 | （貸） | 現　金　預　金 | (※)200 |

（※）　200＝剰余金の配当1,000×非支配株主持分比率20％

　(ii) 連結修正仕訳

| （借） | 子 会 社 株 式
（S 社 株 式）
非支配株主持分
（当期変動額） | (※1)800

(※2)200 | （貸） | 資 本 剰 余 金
（剰余金の配当） | (※3)1,000 |

（※1）　800＝剰余金の配当1,000×P社持分比率80％
（※2）　200＝剰余金の配当1,000×非支配株主持分比率20％
（※3）　1,000……前提条件②参照

4 孫会社から子会社へ剰余金の配当が行われた場合

　非支配株主が存在する孫会社において利益剰余金を原資とした剰余金の配当が行われた場合，通常，持分比率に応じて剰余金の配当が行われ，配当の受取側である子会社の個別財務諸表上，受取配当金が計上される。

　ここで，上記のとおり，孫会社の非支配株主に対する配当は非支配株主持分の減少として処理する。一方で，子会社が計上した受取配当金も消去されるが，これに伴い，子会社の利益も減少するため，子会社の非支配株主持分にも当該消去に係る影響を配分する（設例Ⅰ-2-10参照）。

設例Ⅰ-2-10　配当金の相殺消去（孫会社から子会社への配当）

前提条件

① X1年度において，親会社P社は，S1社株式の80％を取得し，S1社をP社の子会社とした。また，同時にS1社は，S2社株式の70％を取得し，S2社をS1社の子会社（P社の孫会社）とした。

② その後，X4年度において，孫会社S2社は，1,000の剰余金の配当を

行った。

会計処理

[個別財務諸表上の処理]

(1) P社の会計処理

仕訳なし

(2) S1社の会計処理

(借) 現 金 預 金	(※)700	(貸) 受 取 配 当 金	(※)700

(※) 700＝剰余金の配当1,000×S1社持分比率70%

(3) S2社の会計処理

(借) 利 益 剰 余 金 （剰余金の配当）	(※)1,000	(貸) 現 金 預 金	(※)1,000

(※) 1,000……前提条件②参照

[連結財務諸表上の処理]

(1) 連結修正仕訳

(i) S2社

　企業集団の観点では，現金の保管場所がS1社とS2社間で移動しているだけにすぎないため，何も取引が行われていないことになる。また，剰余金の配当によりS2社の利益剰余金が減少するため，非支配株主持分を減少させる。

(借) 受 取 配 当 金	(※1)700	(貸) 利 益 剰 余 金 （剰余金の配当）	(※3)1,000
非支配株主持分 　　（当期変動額）	(※2)300		

(※1) 700＝剰余金の配当1,000×S1社持分比率70%
(※2) 300＝剰余金の配当1,000×S2社非支配株主持分比率30%
(※3) 1,000……前提条件②参照

(ii) S1社

S1社が計上した受取配当金が消去されることにより，S1社の利益が減少するため，S1社の非支配株主持分にも当該消去に係る影響を配分する。

| (借) | 非支配株主持分
（当期変動額） | (※1)140 | (貸) | 非支配株主に帰属
する当期純利益 | (※1)140 |

(※1) 140＝700(※2)×S1社非支配株主持分比率20%
(※2) 700＝剰余金の配当1,000×S1社持分比率70%

（参考） (i)と(ii)をまとめて以下のように仕訳を行ってもよい。

| (借) | 受 取 配 当 金 | (※1)700 | (貸) | 利 益 剰 余 金
（剰余金の配当） | (※3)1,000 |
| | 非支配株主持分
（当期変動額） | (※2)440 | | 非支配株主に帰属
する当期純利益 | (※4)140 |

(※1) 700＝剰余金の配当1,000×S1社持分比率70%
(※2) 440＝剰余金の配当1,000×44%(※5)
(※3) 1,000……前提条件②参照
(※4) 140＝700(※1)×S1社非支配株主持分比率20%
(※5) 44%＝S2社非支配株主持分比率30%＋S1社持分比率70%×S1社非支配株主持分比率20%

第7節 新株予約権およびストック・オプションに係る連結修正仕訳

1 ▎新株予約権に係る相殺消去

(1) 連結会社が発行した新株予約権を他の連結会社が取得している場合

　連結会社が発行した新株予約権を他の連結会社が取得している場合，発行側の連結会社では個別財務諸表上，新株予約権が計上され，取得側の連結会社では個別財務諸表上，（投資）有価証券[2]が計上される。しかし，企業集団の観点では，資金の保管場所が連結会社相互間で移動しているだけにすぎないため，何も取引が行われていないことになる。

　以上より，連結会社が発行した新株予約権を，他の連結会社が保有している場合は，連結財務諸表上，当該取引をなかったことにするため，連結修正仕訳において，連結会社相互間の債権と債務の相殺消去に準じて，新株予約権と（投資）有価証券の相殺消去を行う（複合金融商品処理15項）（図表Ⅰ-2-16参照）。

　なお，外部の第三者から新株予約権を購入するなどにより，取得した新株予約権の取得価額と，これに対応する新株予約権の発行価額に差異が生じている場合は，取得した新株予約権の取得価額をベースに相殺消去を行う。これは，連結会社が発行した新株予約権を他の連結会社が取得する取引は，自己新株予約権の取得と同様の取引であると考えられるためである。

　なお，連結会社が発行した新株予約権が失効した場合，発行側の連結会社で

2　取得側の連結会社において，当該新株予約権の保有目的（売買目的有価証券，その他有価証券）により有価証券または投資有価証券となる。なお，財務諸表等の用語，様式及び作成方法に関する規則第32条第1項第4号では，関係会社が発行した新株予約権につき，特例財務諸表提出会社以外の会社において「その他の関係会社有価証券」として表示することとされている。

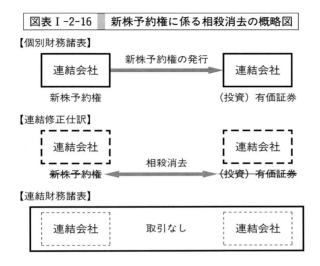

図表Ⅰ-2-16　新株予約権に係る相殺消去の概略図

は個別財務諸表上，新株予約権戻入益が計上され，取得側の連結会社では，個別財務諸表上，損失（本書では，「新株予約権失効損」とする）が計上される（複合金融商品処理6項，10項）。しかし，企業集団の観点では，そもそも新株予約権の発行自体がなかったことになるため，連結修正仕訳において，新株予約権戻入益と新株予約権失効損の相殺消去を行う（設例Ⅰ-2-11参照）。

（2）　連結会社が発行した新株予約権を外部の第三者が取得している場合

　連結会社が発行した新株予約権を外部の第三者が取得している場合は，企業集団の観点からも外部の新株予約権者との取引となり，当該新株予約権は連結財務諸表に計上される。このため，外部の第三者が取得した新株予約権に関して，連結修正仕訳は特段不要である。

　なお，当該処理は親会社が新株予約権を発行した場合のみならず，子会社が新株予約権を発行した場合も同様である。

設例Ⅰ-2-11　新株予約権に係る相殺消去

前提条件

① X1年度に，子会社S社（3月決算）は新株予約権10,000を発行し，そのうち60％分の6,000を親会社P社（3月決算）が取得（投資有価証券として計上），残り40％分の4,000を外部の第三者が取得した。
② X2年度に，S社が発行した新株予約権がすべて失効した。

会計処理

[X1年度]

(1) 個別財務諸表上の処理

(i) P社の会計処理（新株予約権の取得）

（借）投資有価証券	(※)6,000	（貸）現 金 預 金	(※)6,000

(※) 6,000……取得原価（前提条件①参照）

(ii) S社の会計処理（新株予約権の発行）

（借）現 金 預 金	(※)10,000	（貸）新 株 予 約 権	(※)10,000

(※) 10,000……発行価額（前提条件①参照）

(2) 連結財務諸表上の処理

(i) 連結財務諸表上あるべき処理

　企業集団の観点では，外部の第三者にのみ新株予約権を発行したものと考える。

（借）現 金 預 金	(※)4,000	（貸）新 株 予 約 権	(※)4,000

(※) 4,000……外部の第三者に対する新株予約権（前提条件①参照）

(ii) 連結修正仕訳

（借）新 株 予 約 権	(※)6,000	（貸）投資有価証券	(※)6,000

(※) 6,000……P社に対する新株予約権（前提条件①参照）

［X2年度］
(1) 個別財務諸表上の処理
(i) P社の会計処理（新株予約権の失効）

(借) 新株予約権失効損 (※)6,000 (貸) 投資有価証券 (※)6,000

(※) 6,000……取得原価（前提条件①参照）

(ii) S社の会計処理（新株予約権の失効）

(借) 新 株 予 約 権 (※)10,000 (貸) 新株予約権戻入益 (※)10,000

(※) 10,000……発行価額（前提条件①参照）

(2) 連結財務諸表上の処理
(i) 連結財務諸表上あるべき処理

　企業集団の観点では、外部の第三者に発行した新株予約権のみが失効したものと考える。

(借) 新 株 予 約 権 (※)4,000 (貸) 新株予約権戻入益 (※)4,000

(※) 4,000……外部の第三者に対する新株予約権（前提条件①参照）

(ii) 連結修正仕訳

(借) 新株予約権戻入益 (※)6,000 (貸) 新株予約権失効損 (※)6,000

(※) 6,000……P社に対する新株予約権（前提条件①参照）

2 ストック・オプションに係る連結修正仕訳

　親会社が子会社の従業員等に、親会社株式を原資産とした株式オプションが付与される場合がある。この場合、個別財務諸表上の処理と連結財務諸表上の処理は以下のとおりとなる。

(1) 個別財務諸表上の処理

① 親会社

親会社が子会社の従業員等に自社株式オプションを付与するのは，子会社の従業員等に対し，親会社自身の子会社に対する投資の価値を高めるようなサービス提供を期待しているためと考えられる（ストック・オプション等会計基準24項）。したがって，親会社が，自社株式オプションを子会社の従業員等に付与することには対価性が認められるため，親会社が子会社において享受したサービスの消費を，親会社の個別財務諸表においても費用（株式報酬費用等）として計上する（ストック・オプション等適用指針22項(1)）。

② 子会社

子会社の個別財務諸表上の処理は，子会社の従業員等に対する当該親会社株式オプションの付与が子会社の報酬体系に組み込まれている等，子会社においても従業員等に対する報酬として位置付けられているか否かで会計処理が異なる。

なお，子会社の従業員等に対する親会社株式オプションの付与が，子会社において報酬として位置付けられているか否かの判断規準はストック・オプション等会計基準やストック・オプション等適用指針に明確に示されていない。このとき，「親会社である持株会社が，子会社である事業会社の従業員等に対して親会社株式オプションを付与する場合」や，「他社との合弁出資による子会社の役員のうち，親会社から出向している役員に対してのみ，親会社株式オプションを付与する場合」では，それぞれ以下のような整理が考えられる[3]。

- 親会社である持株会社が，子会社である事業会社の従業員等に対して親会社株式オプションを付与する場合
  子会社の経営者が知らないところで，親会社が子会社の従業員等に対して親会社株式オプションが付与されることは考えにくく，子会社の報酬体系に当該親会社株式オプションの付与が組み込まれていることが通常であると考えられる。

---

[3] 「ストック・オプションの会計実務－会計・税務・評価の方法」新日本監査法人調査研究部編　中央経済社 P.93。

> - 他社との合弁出資による子会社の役員のうち，親会社から派遣している役員に対してのみ，親会社株式オプションを付与する場合
> 親会社から派遣された役員のみへの親会社株式オプションの付与は，子会社の役員としての立場で付与されたわけではなく，親会社の役員も兼務していることに対する付与であることが多いと考えられる。この場合では，子会社の報酬体系に当該親会社株式オプションの付与が組み込まれていないものとみるのが適当であると考えられる。

i 子会社において従業員等に対する報酬として位置付けられている場合

親会社株式オプションの付与と引換えに従業員等から提供されたサービスの消費を，子会社の個別財務諸表において費用（給与手当等）として計上する。ただし，子会社は，自らその報酬の負担をしているわけではないので，同時に，報酬の負担を免れたことによる利益（株式報酬受入益等）として特別利益を計上する（ストック・オプション等適用指針22項(2)）。

ii 子会社において従業員等に対する報酬として位置付けられていない場合

親会社株式オプションの付与と引換えに子会社が従業員からサービスを受領したという関係にはないため，子会社の個別財務諸表において会計処理を要しない（ストック・オプション等適用指針22項(3)，63項）。

（2） 連結財務諸表上の処理

親会社が子会社の従業員等に親会社株式を原資産とした株式オプションを付与する取引は，企業集団の観点では，単なる従業員等へのストック・オプションの付与であると考えられる。このため，連結修正仕訳における処理は，以下のとおりとなる（設例Ⅰ-2-12参照）。

> ① 子会社において従業員等に対する報酬として位置付けられている場合
> ➡子会社が計上した給与手当と株式報酬受入益の相殺消去を行う。
> ② 子会社において従業員等に対する報酬として位置付けられていない場合
> ➡子会社の個別財務諸表において，会計処理が行われていないため，連結修正仕訳も特段処理を要しない。

設例Ⅰ-2-12　ストック・オプションに係る連結修正仕訳

前提条件

① 親会社P社（3月決算）はX1年6月開催の株主総会において，子会社S社（3月決算）の従業員10名に対して，以下の条件のストック・オプションを付与することを決議し，X1年7月に付与した。

付与数	従業員1名当たり100個（合計1,000個）
行使により与えられる株式の数	1個につき1株（合計1,000株）
行使時の払込金額	1株当たり100
権利確定日	X3年6月末日
権利行使期間	X3年7月1日～X5年7月1日
付与日における公正な評価単価	@50／1個

② 年度ごとのストック・オプション数の実績は以下のとおりである（X2年度まで）。

	未行使数（残数）	失効分（累計）	行使分（累計）
付与時	1,000	—	—
X1年度	1,000	—	—
X2年度	1,000	—	—

なお，従業員の退職による失効見込みはゼロである。

会計処理

［S社において従業員等に対する報酬として位置付けられている場合］

(1) X1年度

(i) 個別財務諸表上の処理

　(a) P社の会計処理（決算整理仕訳）

（借）　株式報酬費用　(※)18,750	（貸）　新株予約権　(※)18,750

（※）　18,750＝@50×100個×10名×9か月（X1.7～X2.3）÷24か月（X1.7～X3.6）

(b) S社の会計処理（決算整理仕訳）

P社株式オプションの付与と引換えに従業員等から提供されたサービスの消費を，S社の個別財務諸表において給与手当として計上する。ただし，S社は，自らその報酬の負担をしているわけではないので，同時に，報酬の負担を免れたことによる株式報酬受入益として特別利益を計上する。

| (借) 給 与 手 当 | (※)18,750 | (貸) 株式報酬受入益 | (※)18,750 |

(※) 18,750＝＠50×100個×10名×9か月（X1.7～X2.3）÷24か月（X1.7～X3.6）

(ii) 連結財務諸表上の処理

(a) 連結財務諸表上あるべき処理

企業集団の観点では，単なる従業員等へのストック・オプションの付与であると考えられる。

| (借) 株式報酬費用 | (※)18,750 | (貸) 新株予約権 | (※)18,750 |

(※) 18,750＝＠50×100個×10名×9か月（X1.7～X2.3）÷24か月（X1.7～X3.6）

(b) 連結修正仕訳

S社が計上した「給与手当」と「株式報酬受入益」の相殺消去を行う。

| (借) 株式報酬受入益 | (※)18,750 | (貸) 給 与 手 当 | (※)18,750 |

(※) 18,750＝＠50×100個×10名×9か月（X1.7～X2.3）÷24か月（X1.7～X3.6）

(2) X2年度

(i) 個別財務諸表上の処理

(a) P社の会計処理（決算整理仕訳）

| (借) 株式報酬費用 | (※1)25,000 | (貸) 新株予約権 | (※1)25,000 |

(※1) 25,000＝＠50×100個×10名×21か月（X1.7～X3.3）
　　　　　　　　　÷24か月（X1.7～X3.6）－18,750(※2)

(※2) 18,750＝＠50×100個×10名×9か月（X1.7～X2.3）÷24か月（X1.7～X3.6）

(b) S社の会計処理（決算整理仕訳）

| （借）給　与　手　当 | (※1)25,000 | （貸）株式報酬受入益 | (※1)25,000 |

（※1）　25,000＝@50×100個×10名×21か月（X1.7～X3.3）
　　　　　　　　　　　　　　　　　　÷24か月（X1.7～X3.6）－18,750(※2)
（※2）　18,750＝@50×100個×10名×9か月（X1.7～X2.3）÷24か月（X1.7～X3.6）

(ii) 連結財務諸表上の処理
　(a) 連結財務諸表上あるべき処理

| （借）株式報酬費用 | (※1)25,000 | （貸）新株予約権 | (※1)25,000 |

（※1）　25,000＝@50×100個×10名×21か月（X1.7～X3.3）
　　　　　　　　　　　　　　　　　　÷24か月（X1.7～X3.6）－18,750(※2)
（※2）　18,750＝@50×100個×10名×9か月（X1.7～X2.3）÷24か月（X1.7～X3.6）

　(b) 連結修正仕訳

| （借）株式報酬受入益 | (※1)25,000 | （貸）給　与　手　当 | (※1)25,000 |

（※1）　25,000＝@50×100個×10名×21か月（X1.7～X3.3）
　　　　　　　　　　　　　　　　　　÷24か月（X1.7～X3.6）－18,750(※2)
（※2）　18,750＝@50×100個×10名×9か月（X1.7～X2.3）÷24か月（X1.7～X3.6）

［S社において従業員等に対する報酬として位置付けられていない場合］

(1) X1年度

(i) 個別財務諸表上の処理
　(a) P社の会計処理（決算整理仕訳）

| （借）株式報酬費用 | (※)18,750 | （貸）新株予約権 | (※)18,750 |

（※）　18,750＝@50×100個×10名×9か月（X1.7～X2.3）÷24か月（X1.7～X3.6）

　(b) S社の会計処理（決算整理仕訳）

　P社株式オプションの付与と引換えにS社が従業員からサービスを受領したという関係にはないため，会計処理を要しない。

| 仕訳なし |

(ii) 連結財務諸表上の処理

(a) 連結財務諸表上あるべき処理

企業集団の観点では，単なる従業員等へのストック・オプションの付与であると考えられる。

| (借) 株式報酬費用 (※)18,750 (貸) 新株予約権 (※)18,750 |

(※) 18,750＝＠50×100個×10名×9か月（X1.7～X2.3）÷24か月（X1.7～X3.6）

(b) 連結修正仕訳

S社の個別財務諸表において，会計処理が行われていないため，連結修正仕訳も特段処理を要しない。

| 仕訳なし |

(2) X2年度

(i) 個別財務諸表上の処理

(a) P社の会計処理（決算整理仕訳）

| (借) 株式報酬費用 (※1)25,000 (貸) 新株予約権 (※1)25,000 |

(※1) 25,000＝＠50×100個×10名×21か月（X1.7～X3.3）
　　　　　　　　　　　　　　÷24か月（X1.7～X3.6）－18,750(※2)

(※2) 18,750＝＠50×100個×10名×9か月（X1.7～X2.3）÷24か月（X1.7～X3.6）

(b) S社の会計処理（決算整理仕訳）

| 仕訳なし |

(ii) 連結財務諸表上の処理

(a) 連結財務諸表上あるべき処理

| (借) 株式報酬費用 (※1)25,000 (貸) 新株予約権 (※1)25,000 |

(※1) 25,000＝＠50×100個×10名×21か月（X1.7～X3.3）
　　　　　　　　　　　　　　÷24か月（X1.7～X3.6）－18,750(※2)

(※2) 18,750＝＠50×100個×10名×9か月（X1.7～X2.3）÷24か月（X1.7～X3.6）

(b) 連結修正仕訳

仕訳なし

第8節 保証債務の注記の消去

　連結会社が他の連結会社の銀行借入に対して債務保証を行っている場合，連結会社の個別財務諸表上，他の連結会社の銀行借入に対する保証債務が偶発債務として注記される。しかし，企業集団の観点では，グループベースの信用力で単に銀行から借入を行っただけにすぎず，返済すべき金額は借入金として連結貸借対照表に表示されることになる。

　以上より，連結財務諸表上，連結会社が注記した他の連結会社の銀行借入に対する保証債務の金額を減額修正する（図表Ⅰ-2-17，設例Ⅰ-2-13参照）。

図表Ⅰ-2-17　保証債務の注記の消去の概略図

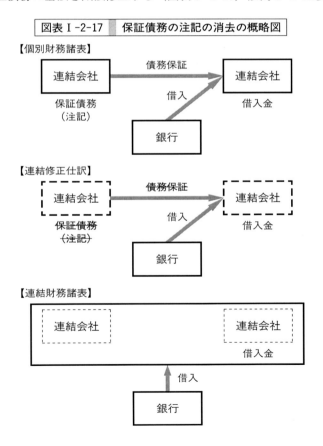

なお，親会社の決算日が3月31日，子会社の決算日が12月31日と決算期に差異がある場合がある。この場合において，当該子会社が1月から3月まで（子会社決算日から親会社決算日）の間に銀行借入を行い，親会社が当該借入に対して債務保証を行うことがある。

ここで，子会社の決算日後において連結財務諸表に取り込むことができる取引は，連結会社間の重要な取引のみとなるため（連結会計基準（注4）ただし書き），子会社と外部との取引である当該銀行借入は，連結財務諸表に取り込まれない。このため，当該銀行借入が連結貸借対照表に計上されないこととなるので，当該保証債務は連結財務諸表上の注記対象になるものと考えられる。

以上より，親会社の個別財務諸表上で注記した子会社の銀行借入に対する保証債務は，減額修正せずにそのまま計上すべきと考えられる。

設例Ⅰ-2-13　保証債務の注記の消去

前提条件

① 子会社S社は，X1年4月1日に10,000の銀行借入を行った。
② 親会社P社は，上記のS社の借入に対して全額債務保証を行っており，個別財務諸表上，当該保証債務を偶発債務として注記している。

会計処理

[個別財務諸表上の処理]

(1) P社の会計処理

> 仕訳なし

(※) 債務保証損失引当金を計上しなければならない状況（保証債務の履行に伴う損失の発生の程度が高く，損失金額の見積りが可能な場合）でなければ，P社での会計処理は特段行われない。しかし，個別財務諸表上，偶発債務の注記として保証債務の金額が注記される。

(2) S社の会計処理

> (借) 現 金 預 金 　(※)10,000 　(貸) 借 　入 　金 　(※)10,000

(※) 10,000……前提条件①参照

［連結財務諸表上の処理］

(1) 連結修正仕訳

仕訳なし

（※） S社が行った銀行借入は，外部の第三者との取引であるため，連結修正仕訳は行われない。しかし，連結財務諸表上，返済すべき金額は借入金として連結貸借対照表に表示されることになるため，P社が注記したS社の銀行借入に対する保証債務の金額を10,000だけ減額修正する。

第9節 取引高の相殺消去で片側の会社しか認識されない取引

これまでは，ある連結会社で計上した勘定科目と他の連結会社で計上した勘定科目との相殺消去を主に解説してきたが，ある連結会社で識別された連結会社間取引を相殺消去しないパターンもある。

例えば，親会社から子会社に従業員が出向しており，退職時には親会社で退職金が支払われるため退職給付引当金を親会社で計上しているが，出向期間中

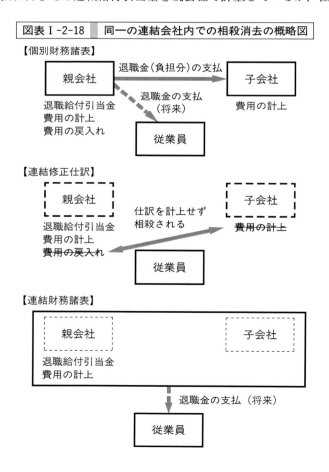

図表Ⅰ-2-18　同一の連結会社内での相殺消去の概略図

は応分の負担を子会社に求めるようなケースがこれにあたる。この場合，親会社では退職金規程に従った退職給付引当金と退職給付費用が計上されるとともに，子会社に負担させた退職金（退職給付費用）相当が費用戻しとして計上される。一方，子会社では自社負担分の退職給付費用が計上され，当該子会社ではこの取引を対親会社の取引として捉えていることが通例と思われる。しかしながら，子会社の費用に対応する親会社側の会計処理は費用戻しとなっているため，当該親子会社間の取引に関して，取引高の相殺消去は行われず，債権債務が残っている場合に当該債権債務の相殺消去が行われるのみである（図表Ⅰ-2-18，設例Ⅰ-2-14参照）。

設例Ⅰ-2-14　親会社から子会社への出向に係る退職給付の取扱い（いわゆる立替経費）

前提条件

① 親会社P社（3月決算）から子会社S社（3月決算）に出向している従業員につき，親会社P社において，X1年3月期に退職給付費用1,000を計上した。

② 親会社P社では，当該従業員に係る退職給付費用に関して，出向中は出向先の給与水準なども勘案して応分の負担を求めることとしており，X1年3月期の負担分は800と算定された。なお，期末時点では当該負担分は未決済となっている。

③ 税効果は考慮しないものとする。

会計処理

[個別財務諸表上の処理]

(1) P社の会計処理

（借）	退 職 給 付 費 用	(※1)1,000	（貸）	退職給付引当金	(※1)1,000
（借）	未 収 入 金	(※2)800	（貸）	退 職 給 付 費 用	(※2)800

（※1） 1,000……出向従業員の退職給付費用（前提条件①参照）
（※2） 800……X1年3月期のS社負担の退職給付費用（前提条件②参照）

(2) S社の会計処理

| （借） | 退職給付費用 | (※)800 | （貸） | 未　払　金 | (※)800 |

（※）　800……X1年3月期のS社負担の退職給付費用（前提条件②参照）

[連結財務諸表上の処理]

(1) 連結財務諸表上あるべき処理

　企業集団の観点では，単に親会社が計上している退職給付引当金から支払いが行われているものと考えられる。

| （借） | 退職給付費用 | (※1)1,000 | （貸） | 退職給付に係る負債 | (※1)1,000 |

（※1）　1,000……出向従業員の退職給付費用（前提条件①参照）
（※2）　ここでは，個別財務諸表上の退職給付引当金を連結財務諸表上の退職給付に係る負債へと振り替える仕訳は無視している。

(2) 連結修正仕訳

　S社で計上された退職給付費用800は，P社において費用戻しとして処理されているため，取引高の相殺消去の対象とはならない。ここでは，両社間の債権債務の相殺消去のみが行われる。

| （借） | 未払金（S社） | (※)800 | （貸） | 未収入金（P社） | (※)800 |

（※）　800……X1年3月期のS社負担の退職給付費用（前提条件②参照）

第10節　勘定科目の振替

　ある連結会社が，営業外の活動として他の連結会社に不動産を賃貸し，当該他の連結会社が，当該不動産を連結財務諸表上の主たる営業（販売）活動に利用しているケースがある。この場合，不動産を賃貸している連結会社では，当該不動産は投資不動産（投資その他の資産），賃貸料は受取賃貸料（営業外収益），当該不動産の減価償却費は投資不動産減価償却費（営業外費用）として計上し，一方で，不動産を賃借している連結会社では，賃貸料は支払賃借料（販売費及び一般管理費）として計上しているものと考えられる。しかし，企業集団の観点では，当該不動産を主たる営業活動に利用していることから，連結会社間の賃貸料取引の相殺消去のほか，不動産を賃貸している連結会社の勘定科目を振り替えることが考えられる。具体的には，受取賃貸料と支払賃借料の相殺消去，投資不動産（投資その他の資産）から固定資産（有形固定資産）への振替，投資不動産減価償却費（営業外費用）から減価償却費（販売費及び一般管理費）への振替を行うことが考えられる。

　このように，連結修正仕訳では，連結会社間取引の相殺消去のみならず，企業集団の観点を踏まえて適切な勘定科目への振替を行うことがある。上記では，投資不動産を例に挙げたが，他には図表Ⅰ-2-19のケースも考えられる。

　同図表はあくまでも例示であり，他のケースも考えられる。このような場合には，複数の連結会社で構成されている企業集団を「１つの会社」と捉えて考えると，適切な勘定科目への振替処理が容易に行うことができるものと考えられる。

図表Ⅰ-2-19　勘定科目の振替の例示

ケース	個別財務諸表上の処理	連結財務諸表上あるべき処理	考えられる連結修正仕訳
企業集団としての主たる営業活動は，商品の製造および販売であるが，子会社A社は当該企業集団の物流部門のみを担っている場合	子会社A社では，他の連結会社から受け取った手数料は売上高，当該収益の獲得に寄与した人件費や減価償却費は売上原価に計上しているものと考えられる。	物流部門で発生した費用については，販売費及び一般管理費に計上すべきと考えられる。	● 他の連結会社から受け取った手数料は相殺消去 ● A社が計上した売上原価を販売費及び一般管理費へ振替え
子会社A社が他の連結会社の管理・運営を行っている場合	子会社A社では，他の連結会社から受け取った手数料は売上高，当該収益の獲得に寄与した人件費や減価償却費は売上原価に計上しているものと考えられる。	連結会社の管理・運営に係る費用については，販売費及び一般管理費に計上すべきと考えられる。	● 他の連結会社から受け取った手数料は相殺消去 ● A社が計上した売上原価を販売費及び一般管理費へ振替え
企業集団内で利用する予定の設備を，子会社A社で製造している場合	［工事完成基準の場合］ 子会社A社では，設備の製造に要した支出は未成工事支出金に計上しているものと考えられる。 ［工事進行基準の場合］ A社では，工事の進捗度に応じて完成工事高（売上高）が計上され，当該工事収益に対応する原価として完成工事原価（売上原価）が計上されるものと考えられる。	設備の製造に要した支出は建設仮勘定に計上すべきと考えられる。	［工事完成基準の場合］ A社が計上した未成工事支出金を建設仮勘定に振替え ［工事進行基準の場合］ ● A社が計上した完成工事高，完成工事原価の振戻し ● 設備の製造に要した支出（未成工事支出金）を建設仮勘定に計上

第Ⅱ部

連結手続における
未実現利益の消去の実務

第1章

未実現利益の消去に係る基本的な取扱い

第1節 未実現利益の消去（ダウンストリーム・アップストリーム）

1 | 会計処理の概要

(1) 未実現利益消去の必要性

図表Ⅱ-1-1は親会社であるP社から連結子会社であるS社に対して棚卸資産を売却し，その後，グループ外部のX社に売却するケースである。

図表Ⅱ-1-1　未実現損益の発生（親会社P社から子会社S社へ棚卸資産を売却したケースを想定）

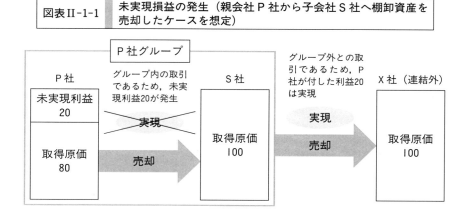

P社はS社に対して取得原価80の棚卸資産を売却する際，20の利益を付して100で売却したと仮定する。この場合，P社の個別財務諸表上は20の売却益が計上され[1]，S社の個別財務諸表上は100の棚卸資産が計上されることになる。しかし，当該取引はP社グループ全体の観点ではグループ内での棚卸資産の移動にすぎず，いまだ売却取引に係る利益は実現しないことになるため，連結決算に際して売却取引がなかったものとして取引高の相殺消去を行わなければならないことについては前記「第Ⅰ部　連結手続における取引高・債権債務の相殺消去の実務」で述べたとおりである。

　期末時点までにS社がP社グループ外部のX社にP社から仕入れた資産を売却した場合（図表Ⅱ-1-1では簡便化するため，S社は取得原価100でX社に売却したと仮定する），当該取引はグループ外との取引であるため，S社で保有していた資産100に含まれるP社が付した利益20は連結財務諸表上も実現することになる。

　一方で，買手であるS社が，期末時点までP社グループ外部に当該資産を売却せずに保有している場合，P社が棚卸資産を売却した際に資産に付された利益20は連結財務諸表上は実現していないため，資産に含まれた未実現利益の全額を消去する必要がある（連結会計基準36項）[2]。この未実現利益の消去手続は，P社から仕入れた当該資産がP社グループ外部の第三者に売却され，連結財務諸表上その売上が実現するまで継続されることになる。

　P社から資産を仕入れた期よりも後の会計期間において，S社がP社グループ外部の第三者に当該資産を売却した場合，S社の個別財務諸表上，売却した期の期首の在庫の未実現利益20だけ売上原価が多額に計上される。したがって，売却した期にこの未実現利益が実現したものとして，未実現利益分の20を売上原価から減額する仕訳を計上することになる。

　具体的な仕訳を，設例Ⅱ-1-1でみていく。

---

[1] 監査委員会報告第27号「関係会社間の取引に係る土地・設備等の売却益の計上についての監査上の取扱い」等で示された実現利益である。
[2] ただし，未実現損益の金額に重要性が乏しい場合にはこれを消去しないことができる（連結会計基準37項）。

設例Ⅱ-1-1　親会社P社から連結子会社S社の棚卸資産売却取引

前提条件

① P社（3月決算）グループは，親会社であるP社が，販売会社である100％子会社S社（3月決算）へ商品を売却し，S社が連結グループ外部へ売却する商流である。
② X1年3月期において，P社はS社に対して，取得原価80の商品を100で売却した。
③ X1年3月末時点において，S社はP社から仕入れた100の商品を保有している。
④ 取引高，債権債務の相殺消去は考慮しないものとする。
⑤ 税効果は考慮しないものとする。

会計処理

［連結修正仕訳］

S社の期末在庫に含まれている未実現利益の消去

（借）売上原価 (期末棚卸資産棚卸高)	(※)20	（貸）棚卸資産	(※)20

（※）　20＝P社売却価額100－P社取得原価80

（2）　未実現利益の消去および配分の決定

　連結会社相互間の取引によって売買した棚卸資産，固定資産等の資産に含まれる未実現損益を全額消去する必要性があることについては，前記「（1）　未実現利益消去の必要性」のとおりであるが，資産の売手が子会社であり非支配株主が存在する場合には，親会社と非支配株主の持分比率に応じて，消去した未実現利益を親会社持分と非支配株主持分とに配分する必要がある（連結会計基準38項）。

　実際には取引形態によって，消去した未実現利益の配分方法が異なる。取引形態別に分類すると，図表Ⅱ-1-2のとおりとなる。

　図表Ⅱ-1-2の取引のうち，種類①のように，親会社から子会社へ資産を売却

図表Ⅱ-1-2　取引形態別未実現利益の消去と配分

種類	取引形態		未実現利益の消去額	未実現利益の配分額
	売手	買手		
①	親会社	連結子会社	全額	すべて親会社負担
②	連結子会社	親会社		売却側の持分比率で按分負担
③	連結子会社	連結子会社		

する取引をダウンストリーム，種類②，③のように子会社から親会社あるいは他の子会社に資産を売却する取引をアップストリームという。ダウンストリームの場合は親会社，アップストリームの場合は子会社に生じた利益が未実現利益となっている。

それぞれの取引における未実現利益の消去と配分方法について，設例をもとに検討する。

①　親会社から連結子会社に売却する取引（ダウンストリーム）

ダウンストリームの場合，図表Ⅱ-1-3のとおり，資産の売却側である親会社に未実現利益が生じている。このため，未実現利益の全額を消去した上で，売却側の親会社がすべて負担する。

具体的な会計処理は，前記の設例Ⅱ-1-1を参照されたい。

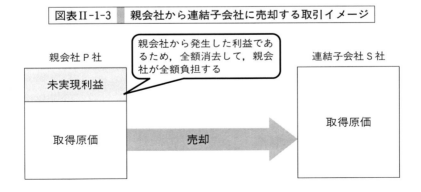

図表Ⅱ-1-3　親会社から連結子会社に売却する取引イメージ

② 連結子会社から親会社に売却する取引（アップストリーム）

アップストリームの場合，図表Ⅱ-1-4のとおり，資産の売却側である連結子会社に未実現利益が生じている。このため，未実現利益の全額を消去した上で，連結子会社の親会社と非支配株主の持分比率とに応じて親会社持分と非支配株主持分に配分する。

具体的な会計処理は，設例Ⅱ-1-2を参照されたい。

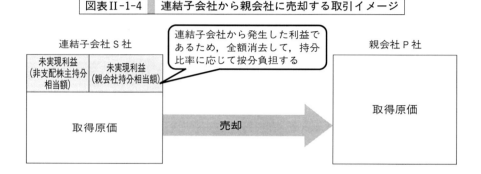

図表Ⅱ-1-4　連結子会社から親会社に売却する取引イメージ

設例Ⅱ-1-2　連結子会社から親会社に売却する取引

前提条件

① P社（3月決算）グループは，P社の連結子会社であるS社（3月決算）が，販売会社である親会社P社へ商品を売却し，P社が連結グループ外部へ売却する商流である。なお，S社に対するP社の持分比率は80％である。
② X1年3月期において，S社はP社に対して，取得原価200の商品を300で売却した。
③ X1年3月末時点において，P社はS社から仕入れた300の商品を保有している。
④ 取引高，債権債務の相殺消去は考慮しないものとする。
⑤ 税効果は考慮しないものとする。

会計処理

［連結修正仕訳］

(1) P社の期末在庫に含まれている未実現利益の消去

(借)	売 上 原 価	(※)100	(貸)	棚 卸 資 産	(※)100
	(期末棚卸資産棚卸高)				

(※) 100＝S社売却価額300－S社取得原価200

(2) 消去した未実現利益の配分

(1)で消去した未実現利益を売手の子会社S社の非支配株主持分に配分する。

(借)	非支配株主持分	(※)20	(貸)	非支配株主に帰属	(※)20
	(当期発生額)			する当期純利益	

(※) 20＝未実現利益100×非支配株主持分比率20％

③ 連結子会社から連結子会社に売却する取引

図表Ⅱ-1-5のとおり，同じ連結グループの連結子会社から別の連結子会社に資産を売却する取引の場合も，資産の売手側である連結子会社に未実現利益が生じている。このため，未実現利益の全額を消去した上で，売手側の連結子会社の親会社持分と非支配株主持分の持分比率とに応じて親会社持分と非支配株主持分に配分する。

具体的な会計処理は，設例Ⅱ-1-3を参照されたい。

図表Ⅱ-1-5 連結子会社から連結子会社に売却する取引イメージ

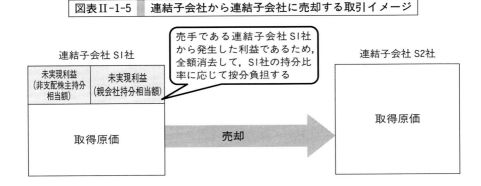

設例 II-1-3　連結子会社から他の連結子会社に売却する取引

前提条件

① P社（3月決算）グループは，P社の連結子会社であるS1社（3月決算）が，販売会社であるP社の連結子会社S2社へ商品を売却し，S2社が連結グループ外部へ売却する商流である。なお，S1社に対するP社の持分は80％，S2社に対するP社の持分は70％である。
② X1年3月期において，S1社はS2社に対して，取得原価200の商品を300で売却した。
③ X1年3月末時点において，S2社はS1社から仕入れた300の商品を保有している。
④ 取引高，債権債務の相殺消去は考慮しないものとする。
⑤ 税効果は考慮しないものとする。

会計処理

［連結修正仕訳］

(1) S2社の期末在庫に含まれている未実現利益の消去

（借）売上原価 （期末棚卸資産棚卸高）	(※)100	（貸）棚卸資産	(※)100

（※）　100＝S1社売却価額300－S1社取得原価200

(2) 消去した未実現利益の配分

　(1)で消去した未実現利益を売手の子会社S1社の非支配株主持分に配分する。

（借）非支配株主持分 （当期発生額）	(※)20	（貸）非支配株主に帰属 する当期純利益	(※)20

（※）　20＝未実現利益100×S1社非支配株主持分比率20％

2 ▎棚卸資産の未実現利益に関する会計処理

(1) 会計処理のポイント

　未実現利益が生じる取引のうち発生頻度が高いと思われるものが棚卸資産の売買取引である。棚卸資産の未実現利益を把握するために必要な情報は，棚卸資産の売手側で把握する資産を売却した際の利益率や，買手側で把握する期末に保有する棚卸資産の金額の2点が特に重要な情報といえる。

　棚卸資産の実務上の論点については，後記「第2章第1節　棚卸資産の未実現利益の消去に係る実務ポイント（税効果会計を含む）」において記載するため，ここでは一般的な会計処理の説明に留める。

(2) 実際の会計処理

　棚卸資産の会計処理については，前記の設例Ⅱ-1-1から設例Ⅱ-1-3において，さまざまなパターンを記載している。そこで，ここでは，設例Ⅱ-1-2（アップストリーム）に，グループ外部に棚卸資産を売却した翌期の会計処理を含めて，設例Ⅱ-1-4として説明する。

設例Ⅱ-1-4　棚卸資産の未実現利益の消去に係る一連の会計処理

前提条件

① P社（3月決算）グループは，P社の連結子会社であるS社（3月決算）が，販売会社である親会社P社へ商品を売却し，P社が連結グループ外部へ売却する商流である。なお，S社に対するP社の持分比率は80％である。

② X1年3月期において，S社はP社に対して，取得原価200の商品を300で売却した。

③ X1年3月末時点において，P社はS社から仕入れた300の商品を保有している。

④ X2年3月期において，P社は，X1年3月期にS社から仕入れた商品のうち150を，連結外部のX社に350で売却した。このため，X2年3月期末

時点における S 社から仕入れた商品の残高は150となった。
⑤ S 社から仕入れた商品に含まれる未実現利益は，前年度と同じ利益率で消去する。
⑥ 取引高，債権債務の相殺消去は考慮しないものとする。
⑦ 税効果は考慮しないものとする。

会計処理

［X1年3月期の連結修正仕訳］

(1) P 社の期末在庫に含まれている未実現利益の消去

（借）売上原価 (期末棚卸資産棚卸高)	(※)100	（貸）棚卸資産	(※)100

（※） 100＝S 社売却価額300－S 社取得原価200

(2) 消去した未実現利益の配分

(1)で消去した未実現利益を売手の子会社 S 社の非支配株主持分に配分する。

（借）非支配株主持分 (当期発生額)	(※)20	（貸）非支配株主に帰属する当期純利益	(※)20

（※） 20＝未実現利益100×非支配株主持分比率20％

［X2年3月期の連結修正仕訳］

(1) 開始仕訳

（借）利益剰余金(期首)	(※1)100	（貸）棚卸資産	(※1)100
（借）非支配株主持分(期首)	(※2)20	（貸）利益剰余金(期首)	(※2)20

（※1） 100……［X1年3月期の連結修正仕訳］(1)の仕訳より
（※2） 20……［X1年3月期の連結修正仕訳］(2)の仕訳より

前期の損益項目である売上原価，非支配株主に帰属する当期純利益については，利益剰余金の期首残高となることに留意する。

(2) 未実現利益の実現および非支配株主持分への配分

買手が前期末に保有していた資産が連結グループ外部に売却され未実現利益が実現した場合，反対仕訳を行う（当該設例の場合，X1年3月期の反対仕訳が計上される）。固定資産と異なり，流動性の高い棚卸資産の場合，翌期に売却されているケースが大半であると考えられるため，通常は，前期末に買った棚卸資産がいったんすべて外部に売却されたとみなし，当期末に保有している棚卸資産について，改めて未実現損益の消去および非支配株主持分への配分を行う洗替法によって行われる。

（借）棚 卸 資 産 (※1)100	（貸）売 上 原 価 (※1)100
	（期首棚卸資産棚卸高）
（借）非支配株主に帰属 (※2)20	（貸）非支配株主持分 (※2)20
する当期純利益	（当期発生額）

（※1） 100……［X1年3月期の連結修正仕訳］(1)の仕訳より
（※2） 20……［X1年3月期の連結修正仕訳］(2)の仕訳より

なお，実務上，(1)と(2)の仕訳を合算して下記の仕訳を計上することも多い（非支配株主持分に係る仕訳は省略している）。

（借）利益剰余金(期首) 100	（貸）売 上 原 価 100
	（期首棚卸資産棚卸高）

(3) 当期末時点でP社保有のS社から仕入れた商品に係る未実現損益の消去

（借）売 上 原 価 (※)50	（貸）棚 卸 資 産 (※)50
（期末棚卸資産棚卸高）	

（※） 50＝(S社売却額300－S社取得原価200)÷300×P社期末在庫150

(4) 非支配株主持分への配分

（借）非支配株主持分 (※)10	（貸）非支配株主に帰属 (※)10
（当期発生額）	する当期純利益

（※） 10＝当期未実現利益50×非支配株主持分比率20％

3 ▎固定資産の未実現利益に関する会計処理

(1) 会計処理のポイント

　基本的な考え方は棚卸資産と変わらないものの，固定資産の場合，長期にわたって使用することを前提として取得するため，取得から連結グループ外部に売却されるまで，ないし除却までの期間が長期にわたる点や，償却資産の場合，減価償却を通じて未実現利益が実現していく点が大きな特徴となっている。

　固定資産に係る未実現利益の消去の実務上の論点については，後記の「第2章第2節　固定資産の未実現利益の消去に係る実務ポイント（税効果会計を含む）」において記載するため，ここでは一般的な会計処理の説明に留める。

(2) 実際の会計処理

① 非償却資産の場合

　例えば，土地のような非償却資産の場合，連結グループ間で行った売買取引で生じた未実現利益が売手側（固定資産売却益），買手側（固定資産の取得価額）の各々の個別財務諸表で計上される。このため，連結グループ外部に売却されるまで，または減損されるまで，当該未実現利益の消去を連結修正仕訳として計上し続けることになる。

② 償却資産の場合

　建物や機械装置などの償却資産の場合，連結グループ間で行った売買取引で生じた未実現利益は，減価償却，減損や連結グループ外部への売却によって実現していく。図表Ⅱ-1-6のとおり，非償却資産の場合と同様，連結グループ間で行った売買取引で生じた未実現利益は，連結修正仕訳にて消去される（図表Ⅱ-1-6の網掛け部分）。この結果，固定資産の個別上の簿価（図表Ⅱ-1-6，S社取得価額600）と，連結上の簿価（図表Ⅱ-1-6，P社取得価額500）が異なることになる。

　償却資産の場合，買手の個別財務諸表上未実現利益分が過大となった固定資産の取得価額に基づいた減価償却費が計上されるため，減価償却費の計算も，

図表Ⅱ-1-6　償却資産の未実現利益の調整イメージ

[前提条件]
- X1年3月期期首に親会社P社から子会社S社への建物の売却を想定
- 親会社P社の取得価額は500，子会社S社への売却価額は600
- 建物の耐用年数は5年，償却方法は残存価額ゼロの定額法

	P社取得価額500 （連結上の簿価）	未実現利益　100	
X1年3月期	減価償却費　100	減価償却費　20	連結修正仕訳によって，未実現利益部分を修正
X2年3月期	減価償却費　100	減価償却費　20	
X3年3月期	減価償却費　100	減価償却費　20	
X4年3月期	減価償却費　100	減価償却費　20	
X5年3月期	減価償却費　100	減価償却費　20	
	S社取得価額600 （個別上の簿価）		

連結修正仕訳において，毎期未実現利益部分を修正する必要がある（図表Ⅱ-1-6，網掛け減価償却費部分20）。この結果，耐用年数到来時点において，個別上の簿価と連結上の簿価が等しくなる。

ここでは，ダウンストリームの取引，かつ，翌期における固定資産の未実現利益の会計処理について，設例Ⅱ-1-5で説明する。

設例Ⅱ-1-5　固定資産の未実現利益の消去に係る一連の会計処理

前提条件

① 親会社P社（3月決算）は，連結子会社であるS社（3月決算）に対して，X1年3月期期首に土地付建物を売却した。なお，S社に対するP社の持分は100％である。
② X3年3月期末日に，S社は連結グループ外のX社に土地付建物を売却した。
③ 税効果は考慮しないものとする。
④ 土地付建物に関する情報は，以下のとおりである。

	P社帳簿価額	S社購入価額	X社への売却価額
土地	1,200	1,800	2,000
建物	500	600	400

⑤　S社は当該建物の減価償却方法を定額法とし，残存耐用年数5年，残存価額ゼロとしている。

会計処理

[X1年3月期の連結修正仕訳]

(1)　S社が取得した固定資産に含まれている未実現利益の消去

(借)　固定資産売却益　　(※1)700　　(貸)　土　　　　地　　(※2)600
　　　　　　　　　　　　　　　　　　　　　　建　　　　物　　(※3)100

(※1)　700＝(S社土地購入価額1,800－P社土地帳簿価額1,200)＋(S社建物購入価額600－P社建物帳簿価額500)
(※2)　600＝S社土地購入価額1,800－P社土地帳簿価額1,200
(※3)　100＝S社建物購入価額600－P社建物帳簿価額500

(2)　減価償却計算を通じた未実現利益の実現仕訳

　S社の個別財務諸表上は，連結上の未実現利益(当該設例では，(1)の仕訳で示した固定資産売却益700) を含んだ固定資産の取得原価が減価償却によって費用化されることとなる。このため，過大となっている減価償却費について，未実現利益部分に関する減価償却費の修正仕訳を計上する。

(借)　減価償却累計額　　(※)20　　(貸)　減　価　償　却　費　　(※)20

(※)　20＝建物に係る未実現利益100÷残存耐用年数5年

[X2年3月期の連結修正仕訳]

(1)　開始仕訳

(借)　利益剰余金(期首)　(※1)700　　(貸)　土　　　　地　　(※1)600
　　　　　　　　　　　　　　　　　　　　　　建　　　　物　　(※1)100
(借)　減価償却累計額　　(※2)20　　(貸)　利益剰余金(期首)　(※2)20

(※1)　700，600，100……[X1年3月期の連結修正仕訳] (1)の仕訳より

(※2) 20……［X1年3月期の連結修正仕訳］(2)の仕訳より

　前期の損益項目については，利益剰余金の期首残高となることに留意する。

(2) 減価償却計算を通じた未実現利益の実現仕訳

| (借) | 減価償却累計額 | (※)20 | (貸) | 減価償却費 | (※)20 |

(※) 20＝建物に係る未実現利益100÷残存耐用年数5年

［X3年3月期の連結修正仕訳］

(1) 開始仕訳

(借)	利益剰余金(期首)	(※1)700	(貸)	土　　　　地	(※1)600
				建　　　　物	(※1)100
(借)	減価償却累計額	(※2)40	(貸)	利益剰余金(期首)	(※2)40

(※1) 700, 600, 100……［X1年3月期の連結修正仕訳］(1)の仕訳より
(※2) 40＝(建物に係る未実現利益100÷残存耐用年数5年)×2年（X1年，X2年）

(2) 減価償却費計算を通じた未実現利益の実現仕訳

| (借) | 減価償却累計額 | (※)20 | (貸) | 減価償却費 | (※)20 |

(※) 20＝建物に係る未実現利益100÷残存耐用年数5年

(3) X社への売却に伴う未実現利益の実現仕訳

(借)	土　　　　地	(※1)600	(貸)	固定資産売却益	(※1)700
	建　　　　物	(※1)100			
(借)	固定資産売却益	(※2)60	(貸)	減価償却累計額	(※2)60

(※1) 600, 100, 700……(1)の仕訳の戻し仕訳
(※2) 60＝期首減価償却累計額40＋当期減価償却費20

第2節　未実現損失の取扱い

連結会社間取引において売買損失が発生した場合，連結会社間の取引においてその損失は実現していないため，連結修正仕訳において消去する必要がある。しかし，未実現損失の場合，未実現利益の場合と異なり，単純に連結上の内部振替損失として全額を消去するのではなく，売却側の帳簿価額のうち回収不能と認められる部分については消去しないこととされている（連結会計基準36項）。

つまり，回収可能と認められる金額までは未実現損失も消去対象となるが，消去されない部分については，簿価切下げされたものと同様に取り扱われるということになる（図表II-1-7参照）。

図表II-1-7　未実現損失の消去イメージ

親会社P社から，連結子会社S社へ外部から仕入れた取得原価2,000の商品を1,300で売却しており，当該商品の正味売却価額が1,500である場合

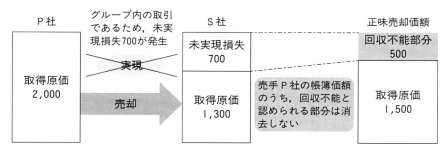

図表II-1-7の場合，P社とS社の連結会社間取引で発生した未実現損失の金額は700であるが，正味売却価額が1,500であるため，P社の取得価額2,000のうち500は回収不能である。したがって，この500については未実現損失の消去の対象とはせず，実質的にP社の取得価額が連結財務諸表上，正味売却価額の1,500まで切り下げられたことになる。

設例II-1-6で，具体的な連結仕訳を確認する。

設例Ⅱ-1-6　未実現損失の消去

前提条件

① 親会社P社（3月決算）は，連結子会社であるS社（3月決算）に対して，X1年3月31日に取得原価2,000の商品を1,300で売却した。なお，S社に対するP社の持分は100％である。
② X1年3月31日における当該商品の正味売却価額は1,500である。
③ 税効果は考慮しないものとする。

会計処理

[X1年3月期の連結修正仕訳]

(1) 取引高の相殺消去

| （借）売　上　高 | (※)1,300 | （貸）売上原価(仕入高) | (※)1,300 |

(※) 1,300……前提条件①参照

(2) 商品に係る未実現損失の消去

期末日時点において子会社S社に含まれる未実現損失の金額は700であるが，当該商品の正味売却価額は1,500であるため，売手側のP社の帳簿価額2,000のうち，500は回収不能である。この部分については，連結仕訳上未実現損失の消去の対象とはしない。

| （借）棚　卸　資　産 | (※)200 | （貸）売　上　原　価
(期末棚卸資産棚卸高) | 200 |

(※) 200＝未実現損失700－回収不能部分500

[X2年3月期の連結修正仕訳]

開始仕訳

| （借）棚　卸　資　産 | (※)200 | （貸）利益剰余金(期首) | 200 |

(※) 200……[X1年3月期の連結修正仕訳] (2)の仕訳より

ここで，連結会社間における棚卸資産や固定資産などの資産の取引における未実現損失の取扱いについては注意が必要である。

　棚卸資産の場合，連結会社間において取引された，棚卸資産の売手側の取得原価よりも売却時点における正味売却価額が低下した場合，売手の個別財務諸表上において商品に係る売却損が計上される。連結財務諸表においても，棚卸資産会計基準において正味売却価額が取得原価よりも下落している場合において，正味売却価額まで計上額が切り下げられ，商品評価損を計上することになるため，当該商品売却損から商品評価損への科目の変更となり，基本的には連結会社間での取引で発生した未実現損失を消去しない会計処理と平仄が合う結果となっている。

　固定資産の場合，連結会社間において固定資産の売手側の取得原価より売却時点の正味売却価額が下回り，売手の個別財務諸表上において売却損が計上される。連結財務諸表においては，固定資産が連結グループ内に留まっていることから，固定資産の減損の計上という論点に変わるが，減損適用指針において，減損損失の測定の際に用いられるべき回収可能価額が正味売却価額と使用価値のいずれか高いほうの金額と定義されていることから，連結会社間の取引において用いられた正味売却価額を，使用価値が上回っている場合に回収可能として減損の戻入れを行うべきであるという考え方がある。しかし，基本的には取引時点での正味売却価額（＝時価）で取引を行っている限り，合理的な価格に基づいた取引であることから，この場合においては，未実現損失を取り消さないのではないかと考えられる。

第1章 未実現利益の消去に係る基本的な取扱い 99

第3節　未実現利益の消去に伴う税効果会計

1 ▎連結財務諸表における税効果会計の基礎

(1) 概　要

　連結財務諸表における税効果会計とは，連結税効果実務指針第2項の定めのとおり，個別財務諸表において財務諸表上の一時差異等に係る税効果会計を適用した後，連結財務諸表作成手続において連結財務諸表固有の一時差異に係る税金の額を期間配分する手続のことをいう。

　連結財務諸表固有の一時差異は，課税所得の計算には関係しないものの，連結した結果として連結貸借対照表上の資産の額が，連結会社の個別貸借対照表上の資産額を下回っており，将来，連結貸借対照表上の資産が回収または決済されるなど当該差異が解消されるときに，連結財務諸表上の利益が減額されることによって，その減額後の利益額がその連結会社の個別財務諸表上の利益額と一致する関係をもたらすものであるため，将来減算一時差異に該当する（連結税効果実務指針6項）。

　連結会社相互間の取引から生じる未実現利益の消去は，連結財務諸表固有の一時差異として例示されており（連結税効果実務指針3項(2)），将来減算一時差異に該当する。

　個別財務諸表の場合，売手である連結会社が資産を売却した際に発生した利益に対し課税され，法人税等が計上される。一方で，連結財務諸表上は連結会社相互間の資産売却取引からから生じた未実現利益は相殺消去されるが，税務上は資産売却益に対して課税され，逆に当該利益が連結外に実現した際には課税されないことになる。

　連結財務諸表上で未実現利益の消去が行われると，売却された資産の連結貸借対照表上の価額と買手側の連結会社の個別貸借対照表上の資産額との間に一時差異が生じる。一方，個別財務諸表上では，未実現利益が発生した連結会社と一時差異の対象となった資産を保有している連結会社が異なる点で他の一時

差異と性質が異なる。

　未実現利益が発生した連結会社においては，個別財務諸表における課税関係は完了しており，未実現利益の消去に係る将来の税金の減額効果は存在しないことになる。同様に，資産を保有する連結会社の個別財務諸表においても，購入した資産の計上額と税務上の資産の額とは原則として一致しており，一時差異は発生しない。しかしながら，連結手続上消去された未実現利益は連結財務諸表固有の一時差異に該当するため，税効果を認識することになる（連結税効果実務指針12項）。

（2） 会計処理

　税効果会計においては繰延法と資産負債法の2つの考え方が存在する。この2つの考え方の相違点については図表II-1-8のとおりである。

　税効果会計基準や個別税効果実務指針は，資産負債法の考え方を基本に制度化されている（個別税効果実務指針33項）。

　一方，前記のとおり，連結手続上消去された未実現利益に関する税効果は，未実現利益が発生した連結会社と一時差異の対象となった資産を保有する連結会社が異なるという特殊性や，従来からの実務慣行を勘案し，繰延法の考え方に基づいた会計処理を定めている（IFRSにおける考え方については，後記「第III部第11節　IFRSにおける未実現利益の税効果」を参考にされたい）。

図表II-1-8　繰延法と資産負債法

	繰延法	資産負債法
税効果の対象となる差異	会計上の収益または費用の金額と税務上の益金または損金の期間帰属の額の相違のうち，損益の期間帰属の相違に基づく期間差異	会計上の資産または負債の金額と税務上の資産または負債との間に差異があり，当該差異が将来解消されるときに税金を減額または増額させる効果がある場合の差異
税率	期間差異が発生した年度の課税所得に適用された税率	一時差異が解消される将来の年度に適用される税率

具体的には，売却元において未実現利益の金額に対して売却年度の課税所得に適用された法定実効税率を使用して計算した税金の額を繰延税金資産として計上することになる（連結税効果実務指針13項）。売却元に適用される税率がその後変更されても，前記図表Ⅱ-1-8のとおり，繰延法の考え方においては，期間差異が発生した年度の課税所得に適用された税率を使用するため，税率変更の影響を受けることがない。したがって，繰延税金資産の金額も修正されずにそのまま計上されることになる（連結税効果実務指針13項）。

また，非支配株主が存在する場合，未実現利益の消去に係る法人税等調整額は，未実現利益の消去額に対応して親会社持分と非支配株主持分に配分しなければならない（連結税効果実務指針17項）。

未実現利益の連結税効果について，棚卸資産，固定資産の売買取引における具体的な設例で見ていくことにする（設例Ⅱ-1-7，Ⅱ-1-8参照）。

設例Ⅱ-1-7　棚卸資産に係る未実現利益の消去

前提条件

① P社（3月決算）グループは，P社の連結子会社であるS社（3月決算）が，販売会社である親会社P社へ商品を売却し，P社が連結グループ外部へ売却する商流である。なお，S社に対するP社の持分は80％である。

② X1年3月期に，S社はP社に対して，取得原価200の商品を300で売却した。

③ X1年3月末時点において，P社はS社から仕入れた300の商品を保有している。

④ P社は，X1年3月期にS社から仕入れた商品のうち150を，連結外部のX社に売却した。このため，X2年3月期末時点におけるS社から仕入れた商品の残高は150となった。

⑤ P社から仕入れた商品の利益率はX1年3月期より変更がないものとする。

⑥ 法定実効税率は30％とする。

会計処理

[X1年3月期の連結修正仕訳]

(1) P社の期末在庫に含まれている未実現利益の消去

（借）	売上原価 （期末棚卸資産棚卸高）	(※1)100	（貸）	棚卸資産	(※1)100
（借）	繰延税金資産	(※2)30	（貸）	法人税等調整額	(※2)30

（※1） 100＝S社売却価額300－S社取得原価200
（※2） 30＝未実現利益100×法定実効税率30％（未実現利益消去額100に対する税効果仕訳）

(2) 消去した未実現利益の非支配株主持分への配分

(1)で消去した未実現利益を売手の子会社S社の非支配株主持分に配分するとともに、法人税等調整額についても非支配株主持分に配分する。

（借）	非支配株主持分 （当期発生額）	(※1)20	（貸）	非支配株主に帰属 する当期純利益	(※1)20
（借）	非支配株主に帰属 する当期純利益	(※2)6	（貸）	非支配株主持分 （当期発生額）	(※2)6

（※1） 20＝未実現利益100×非支配株主持分比率20％
（※2） 6＝法人税等調整額30×非支配株主持分比率20％

[X2年3月期の連結修正仕訳]

(1) 開始仕訳

（借）	利益剰余金(期首)	(※1)100	（貸）	棚卸資産	(※1)100
（借）	繰延税金資産	(※1)30	（貸）	利益剰余金(期首)	(※1)30
（借）	非支配株主持分 （期首）	(※2)14	（貸）	利益剰余金(期首)	(※2)14

（※1） 100，30……[X1年3月期の連結修正仕訳](1)の仕訳より
（※2） 14……[X1年3月期の連結修正仕訳](2)の仕訳より

前期の損益項目である売上原価、法人税等調整額、非支配株主に帰属する当期純利益については、利益剰余金の期首残高となることに留意する。

(2) 未実現利益の実現および非支配株主持分への配分

未実現利益の消去の対象となる資産が連結外部に売却された場合、連結

固有の一時差異は解消されることになるため，未実現利益に対応する繰延税金資産が取り崩されることとなる。

（借）	棚 卸 資 産	(※1)100	（貸）	売 上 原 価 （期首棚卸資産棚卸高）	(※1)100
（借）	法人税等調整額	(※1)30	（貸）	繰 延 税 金 資 産	(※1)30
（借）	非支配株主に帰属 する当期純利益	(※2)20	（貸）	非支配株主持分 （当期発生額）	(※2)20
（借）	非支配株主持分 （当期発生額）	(※2)6	（貸）	非支配株主に帰属 する当期純利益	(※2)6

(※1) 100，30……[X1年3月期の連結修正仕訳] (1)の仕訳より
(※2) 20， 6……[X1年3月期の連結修正仕訳] (2)の仕訳より

(3) 当期末時点でP社保有のS社から仕入れた商品に係る未実現利益の消去

（借）	売 上 原 価 （期末棚卸資産棚卸高）	(※1)50	（貸）	棚 卸 資 産	(※1)50
（借）	繰 延 税 金 資 産	(※2)15	（貸）	法人税等調整額	(※2)15

(※1) 50＝(S社売却額300－S社取得原価200)÷300×P社期末在庫150
(※2) 15＝未実現利益50×法定実効税率30％

(4) 非支配株主持分への配分

（借）	非支配株主持分 （当期発生額）	(※1)10	（貸）	非支配株主に帰属 する当期純利益	(※1)10
（借）	非支配株主に帰属 する当期純利益	(※2)3	（貸）	非支配株主持分 （当期発生額）	(※2)3

(※1) 10＝当期未実現利益50×非支配株主持分比率20％
(※2) 3＝法人税等調整額15×非支配株主持分比率20％

設例Ⅱ-1-8　固定資産に係る未実現利益の消去

前提条件

① 親会社P社（3月決算）は，連結子会社であるS社（3月決算）に対して，X1年3月期首に土地付建物を売却した。なお，S社に対するP社の持分は100％である。
② X3年3月期末に，S社は連結グループ外のX社に土地付建物を売却した。
③ 法定実効税率は30％とする。
④ 土地付建物に関する情報は，以下のとおりである。

	P社帳簿価額	S社購入価額	X社への売却価額
土地	1,200	1,800	2,000
建物	500	600	400

⑤ S社は当該建物の減価償却方法を定額法とし，残存耐用年数5年，残存価額ゼロとしている。

会計処理

[X1年3月期の連結修正仕訳]

(1) S社が取得した固定資産に含まれている未実現利益の消去

（借）固定資産売却益	(※1)700	（貸）土地	(※2)600
		建物	(※3)100
（借）繰延税金資産	(※4)210	（貸）法人税等調整額	(※4)210

（※1） 700＝（S社土地購入価額1,800－P社土地帳簿価額1,200）＋（S社建物購入価額600－P社建物帳簿価額500）
（※2） 600＝S社土地購入価額1,800－P社土地帳簿価額1,200
（※3） 100＝S社建物購入価額600－P社建物帳簿価額500
（※4） 210＝未実現利益700×法定実効税率30％

(2) 減価償却費計算を通じた未実現利益の実現仕訳

(1)で修正された建物の帳簿価額に基づき，減価償却費を再計算し未実現利益の実現仕訳を計上する。

（借）	減価償却累計額	(※1)20	（貸）	減　価　償　却　費	(※1)20
（借）	法人税等調整額	(※2)6	（貸）	繰 延 税 金 資 産	(※2)6

(※1)　20＝建物に係る未実現利益100÷残存耐用年数5年
(※2)　 6 ＝減価償却費20×法定実効税率30％

[X2年3月期の連結修正仕訳]

(1)　開始仕訳

（借）	利益剰余金(期首)	(※1)700	（貸）	土　　　　　地	(※1)600
				建　　　　　物	(※1)100
（借）	繰 延 税 金 資 産	(※1)210	（貸）	利益剰余金(期首)	(※1)210
（借）	減価償却累計額	(※2)20	（貸）	利益剰余金(期首)	(※2)20
（借）	利益剰余金(期首)	(※2)6	（貸）	繰 延 税 金 資 産	(※2)6

(※1)　700, 600, 100, 210……[X1年3月期の連結修正仕訳] (1)の仕訳より
(※2)　20, 6 ……[X1年3月期の連結修正仕訳] (2)の仕訳より

　前期の損益項目については，利益剰余金の期首残高となることに留意する。

(2)　減価償却費計算を通じた未実現利益の実現仕訳

（借）	減価償却累計額	(※1)20	（貸）	減　価　償　却　費	(※1)20
（借）	法人税等調整額	(※2)6	（貸）	繰 延 税 金 資 産	(※2)6

(※1)　20＝建物に係る未実現利益100÷残存耐用年数5年
(※2)　 6 ＝減価償却費20×法定実効税率30％

[X3年3月期]

(1)　開始仕訳

（借）	利益剰余金(期首)	(※1)700	（貸）	土　　　　　地	(※1)600
				建　　　　　物	(※1)100
（借）	繰 延 税 金 資 産	(※1)210	（貸）	利益剰余金(期首)	(※1)210
（借）	減価償却累計額	(※2)40	（貸）	利益剰余金(期首)	(※2)40
（借）	利益剰余金(期首)	(※3)12	（貸）	繰 延 税 金 資 産	(※3)12

(※1)　[X1年3月期] i の仕訳より
(※2)　40＝(建物に係る未実現利益100÷残存耐用年数5年)×2年（X1年，X2年）
(※3)　12＝40(※2)×法定実効税率30％

(2) 減価償却費計算を通じた未実現利益の実現仕訳

（借）	減価償却累計額	(※1)20	（貸）	減価償却費	(※1)20
（借）	法人税等調整額	(※2)6	（貸）	繰延税金資産	(※2)6

（※1） 20＝建物に係る未実現利益100÷残存耐用年数5年
（※2） 6＝減価償却費20×法定実効税率30％

(3) X社への売却に伴う未実現利益の実現仕訳

（借）	土　　　　地	(※1)600	（貸）	固定資産売却益	(※1)700
	建　　　　物	(※1)100			
（借）	固定資産売却益	(※2)60	（貸）	減価償却累計額	(※2)60
（借）	法人税等調整額	(※3)192	（貸）	繰延税金資産	(※3)192

（※1） 600，100，700……(1)の仕訳の戻し仕訳
（※2） 60＝期首減価償却累計額40＋当期減価償却費20
（※3） 192＝期首繰延税金資産198－当期減少額6

（3） 連結税効果における繰延税金資産の回収可能性の判断

　繰延税金資産の回収可能性は，納税主体ごとに個別財務諸表上の繰延税金資産の計上額（繰越外国税額控除に係る繰延税金資産を除く）と連結手続上生じた一時差異に係る税効果額を合算した上で，回収可能性を検討することとなる（連結税効果実務指針41項）。

　一般的な税効果の認識は，期末時点の税務申告書上の加算・減算額について計上されるものであり，将来の課税関係を会計上反映させるものであるが，未実現利益の消去に係る税効果については，すでに課税関係が終了した過去の事象に対する税金費用を将来に繰り延べるところにその特殊性がある。したがって，未実現利益の消去に伴う税効果は例外的に繰延法で認識される。

　未実現利益の消去に係る繰延税金資産の場合，すでに決済が終了している税金について，未実現利益に対応させて翌期以降に配分していることから，回収可能性の判断要件に基づいた検討は必要ではなく，未実現利益の実現において取り崩されることに留意する（連結税効果実務指針16項，13項，個別税効果実務指針21項）。

2 ▎未実現損益に係る税効果の論点

(1) 未実現損失に係る一時差異と会計処理

　連結会社間の取引から生じた未実現損失が連結手続上消去された場合，未実現利益の消去と同様に連結財務諸表固有の一時差異が発生する。消去された未実現損失に係る税効果は，売手側の課税所得の計算上，未実現損失が損金処理されたことによる税金軽減額を繰延税金負債として計上し，当該未実現損失の実現に対応させて取り崩すこととなる（連結税効果実務指針14項）。

　未実現損失の場合も，非支配株主が存在する場合には，未実現損失の消去に係る法人税等調整額は，未実現損失の消去額に対応して親会社持分と非支配株主持分に配分しなければならない（連結税効果実務指針17項）。

(2) 未実現損益に係る一時差異の認識の限度額

　未実現利益の消去に係る将来減算一時差異の額は，売手側の売却年度における課税所得額を超えてはならない。また，未実現損失の消去に係る将来加算一時差異の額は，売却元の当該未実現損失に係る損金を計上する前の課税所得額を超えてはならない（連結税効果実務指針15項，47項）。

　これは，消去された未実現利益が売手側の売却年度における課税所得額を超過している場合，当該未実現利益が仮になかった場合に，売手側の課税所得がマイナスであることを意味しているためである。

　図表Ⅱ-1-9のとおり，一時差異の金額は買手側の税務上の帳簿価額（買手側の個別財務諸表上の帳簿価額）と売手の取得原価（連結財務諸表上の帳簿価額）との差額である。売手側の課税所得が消去された未実現利益を下回っている場合，当該未実現利益がなければ，売手側においてマイナスの課税所得が生じたことになってしまう。連結税効果実務指針においては，連結会計処理の上で生じた，想定上の税務上の繰越欠損金について，繰延税金資産の認識を原則として認めていない。

　一方で，売却元の課税所得をもともと上回る繰越欠損金を買手側で有しており，繰越欠損金の繰越控除の制限がある場合，課税所得から繰越控除の制限内

図表II-1-9　一時差異の認識の限度額

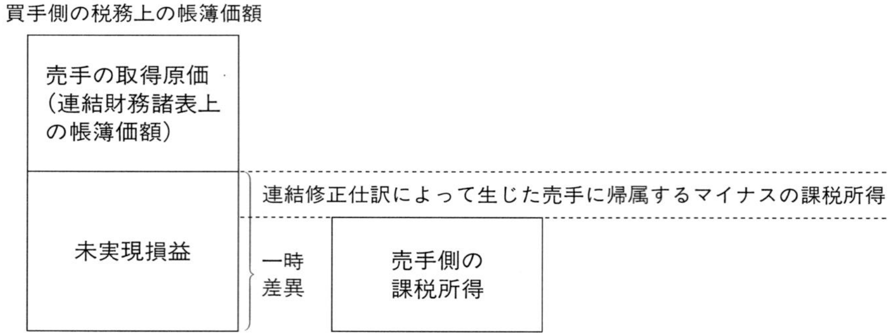

買手側の税務上の帳簿価額

```
┌─────────────┐
│ 売手の取得原価  │
│ （連結財務諸表上 │
│ の帳簿価額）   │
├─────────────┤─ ─ ─ ─ ─ ─ ─ ─ ─ ─ ─ ─ ─ ─ ─ ─ ─ ─
│             │ 連結修正仕訳によって生じた売手に帰属するマイナスの課税所得
│             │ ┐   ┌──────────┐
│  未実現損益   │ │一時 │          │
│             │ │差異 │ 売手側の    │
│             │ │    │ 課税所得    │
│             │ ┘   │          │
│             │     └──────────┘
└─────────────┘
```

の繰越欠損金を控除した額に対して課税されるため，課税所得から控除割合相当の繰越欠損金を控除した後の額の範囲内で，繰延税金資産を計上することになると考えられる。

第4節　持分法適用会社と未実現利益

1 ┃ 持分法適用会社における未実現利益の消去

　連結会社と持分法適用会社との取引により発生した未実現利益は，連結会社間の場合と同様に消去を行う必要がある（持分法会計基準13項）。しかし，連結子会社と異なり持分法適用会社の個別財務諸表は合算されず，また，他の支配株主または主要株主が存在する場合がある。このため，未実現利益の消去に使用する勘定科目や消去する未実現利益の額が，連結会社間における未実現利益消去の場合と異なることに留意する必要がある。

（1）　未実現利益の消去パターン

　持分法適用会社との取引で生じた未実現利益の消去は，連結会社間の未実現利益消去と同様に，ダウンストリームとアップストリームに分けて会計処理を行う必要がある。取引がダウンストリームとアップストリームのどちらに分類されるかの判定は，未実現利益が生じた会社を基準に判定を行う（持分法実務指針12項，13項）（図表Ⅱ-1-10参照）。

　未実現利益の消去額が持分法適用会社に対する投資勘定の額を超えた場合，持分法適用会社に対して貸付けを行っていれば，当該超過額を持分法適用会社に対する貸付金から減額する。当該超過額が持分法適用会社に対する貸付金の額を超える場合や貸付金がない場合には，当該超過額を「持分法適用に伴う負債」等の適切な科目で負債の部に計上する。この処理は持分法適用会社ごとに行う必要があり，ある持分法適用会社との取引消去の結果生じた持分法適用に伴う負債を，他の持分法適用会社に対する投資や貸付金の額と相殺することは認められない（持分法実務指針12項）。持分法適用に伴う負債は，解消が長期にわたる場合や解消見込時期が明確でないことから固定負債の区分に計上する場合が多いが，解消が1年内に行われることが明確であるときは，流動負債の区分に計上する場合もあると考えられる。

図表Ⅱ-1-10　持分法適用会社に係る未実現利益消去パターン

未実現利益が生じた会社	取引の形態	消去に使用する勘定科目	
		貸借対照表勘定科目	損益計算書勘定科目
連結会社[※1][※2]	ダウンストリーム	持分法適用会社株式	売上高等の損益項目[※3]
持分法適用会社[※5]	アップストリーム	未実現利益が含まれている資産[※4]	持分法による投資損益

（※1）　連結会社とは，投資会社または投資会社の子会社を意味する（持分法実務指針11項）。
（※2）　連結子会社に非支配株主が存在する場合，消去した未実現利益のうち連結子会社の非支配株主持分に係る部分は，非支配株主持分に負担させる。
（※3）　利害関係者の判断を著しく誤らせない場合には持分法による投資損益に加減できる。
（※4）　利害関係者の判断を著しく誤らせない場合には持分法適用会社に対する投資の額に加減できる。
（※5）　持分法適用会社間で行われた取引に係る未実現利益は，原則として持分法による投資損益と持分法適用会社に対する投資の額に加減する。

（2）　未実現利益の消去割合

　連結会社間の取引から生じた未実現利益は全額消去されるが（連結会計基準36項），持分法適用会社との取引から生じた未実現利益は必ずしも全額消去されない。具体的には，図表Ⅱ-1-11のとおり持分法適用会社が非連結子会社か関連会社か，およびダウンストリームかアップストリームかで消去割合が異なる。

　関連会社の場合，投資会社以外の支配株主または主要株主が存在することから，未実現利益のうち投資会社以外の持分に帰属する部分については実現したものと考えられるため，原則として投資会社の持分相当額部分を消去する（持分法実務指針11項，37項本文）。なお，この場合でも例外的な状況においては，未実現利益の全額を消去する必要があることに留意する必要がある。例外的な状況とは，投資会社以外の他の株主に資金力または資産がなく，投資会社のみが借入金に対して債務保証を行っている場合のように，他の株主に実質的な支

第1章 未実現利益の消去に係る基本的な取扱い 111

図表II-1-11 未実現利益の消去割合

取引の形態	持分法適用会社の形態		未実現利益の消去割合
ダウンストリーム	関連会社	（原則）	投資会社の持分相当額(※1)
		（例外）	100%
	非連結子会社		100%
アップストリーム	関連会社・非連結子会社		投資会社の持分相当額(※2)

（※1） 連結子会社の関連会社に売却した場合の消去割合は，当該連結子会社の持分相当額となる。
（※2） 非連結子会社とのアップストリームの取引の場合は，ダウンストリームの場合と異なり，未実現利益のうち連結会社の持分相当額を消去する。

配力や影響力がない場合などが該当する（持分法実務指針37項ただし書き）。

2 ▎未実現利益に係る税効果

連結会社間の取引で生じた未実現利益の消去に対して税効果会計を適用することと同様に，持分法適用会社の場合でも，連結会社と持分法適用会社間の取引で生じた未実現利益の消去にあたっては，個別税効果実務指針および連結税効果実務指針に基づき税効果会計を適用しなければならない（持分法実務指針22項）。持分法により生じた未実現利益に係る税効果会計の固有の論点としては，(1)一時差異の帰属会社の判定，(2)繰延税金資産の計上，(3)会計処理の方法の3つがある。

(1) 一時差異の帰属会社の判定

持分法適用会社の未実現利益消去に伴う一時差異は，後記「(2) 繰延税金資産の計上」における一時差異の認識限度額の判定を行うために，一時差異が帰属する会社を明確にする必要がある。一時差異の帰属は，投資会社に帰属する場合と持分法適用会社に帰属する場合に分けられる（持分法実務指針23項）。一般的に，資産の売却により売却元で生じた未実現利益に係る一時差異は，資産の売却元に帰属する。

（2） 繰延税金資産の計上

　未実現利益の消去に伴い連結財務諸表固有の将来減算一時差異が生じる（連結税効果実務指針3項(2)，6項）。持分法適用会社が売手である場合には，当該一時差異は持分法適用会社に帰属するものとして，持分法適用会社の貸借対照表で繰延税金資産の計上を検討する（持分法実務指針25項）。このとき，持分法適用会社で計上した繰延税金資産を関連会社株式勘定に反映させる連結会社が売手である場合には，当該一時差異は連結会社に帰属するものとして税効果を認識し（持分法実務指針26項），繰延税金資産の計上を検討する。

　なお，未実現利益消去に係る一時差異の額は，一時差異の帰属会社における売却年度の課税所得額を超えてはならないことに留意する必要がある（持分法実務指針25項，26項）。これをまとめると図表Ⅱ-1-12のとおりである。

図表Ⅱ-1-12　未実現利益に係る税効果の認識判定

一時差異の帰属	判定に使用する課税所得	一時差異と課税所得の関係	税効果を認識する一時差異の額
売却元の会社	売却元の売却年度の課税所得	一時差異≦課税所得	一時差異の全額
		一時差異＞課税所得	課税所得の範囲内
		課税所得がゼロ，または欠損	なし

（3） 会計処理の方法

　未実現利益が連結会社で生じるダウンストリームの場合，未実現利益の消去に係る将来減算一時差異は連結会社に帰属する（持分法実務指針26項）。このため，未実現利益に係る税効果の会計処理は，連結子会社との未実現利益の消去に係る税効果の会計処理と同様である。一方で，未実現利益が持分法適用会社で生じるアップストリームの場合には，持分法適用会社で一時差異を認識し，持分法適用会社の貸借対照表で繰延税金資産が計上される（持分法実務指針25項）。このとき，持分法適用会社の貸借対照表は連結財務諸表に取り込まれない

ことから，税効果による持分法適用会社の純資産額の増加を反映させるために，持分法適用会社に対する投資勘定と持分法による投資損益勘定を用いて会計処理を行う。これらを要約すると，図表Ⅱ-1-13のとおりである。

図表Ⅱ-1-13　持分法に係る未実現利益消去に伴う税効果の会計処理

取引の形態	一時差異の帰属	税効果仕訳	
		貸借対照表 勘定科目	損益計算書 勘定科目
ダウンストリーム	連結会社	繰延税金資産	法人税等調整額
アップストリーム	持分法適用会社	関連会社株式(※)	持分法による投資損益

（※）　非連結子会社の場合は，非連結子会社株式勘定を用いて会計処理を行う。

　持分法適用会社における未実現利益の消去に係る実務上の論点は，後記「第Ⅲ部第8節　持分法適用会社における実務上の論点」を参照されたい。

第2章

取引パターン別の相殺消去と実現処理

第1節 棚卸資産の未実現利益の消去に係る実務ポイント（税効果会計を含む）

1 ┃ 棚卸資産の未実現利益の消去における金額の算定方法

（1） 未実現利益の金額の算定方法

　連結会社間の取引により生じた棚卸資産に含まれる未実現利益は全額消去することとされているが（連結会計基準36項），未実現利益の金額の算出方法は会計基準上明記されておらず，各社の実態に合わせて算出方法を決定する必要がある。

　固定資産の売買など取引頻度が少ない取引では，個別取引ごとの利益額が明確であり，当該利益額に基づき未実現利益を消去できるが，棚卸資産の販売は取引頻度が多く，個別取引ごとの利益額を把握することが困難ないし煩雑な場合がある。また，売手側の会社では買手側の在庫がどの時点で販売された商品であるかを把握することが通常困難である。このため，棚卸資産の未実現利益の金額の算定にあたっては，取引時点の利益額を個別に把握するのではなく，期末時点で外部に売却されていない在庫に対し，合理的な利益率を乗じて算出する方法を採用することが一般的である。

(2) 合理的な利益率の算定方法

合理的な利益率は、すべての企業で共通の算定手法が用いられるものではなく、各企業が自社の実態に合わせて決定する。合理的な利益率の算出にあたっては、主に図表Ⅱ-2-1に例示した検討ポイントを考慮して決定することになると考えられる。

図表Ⅱ-2-1　合理的な利益率の算定における検討事項

検討ポイント	検討内容
棚卸資産の評価方法	個別法、先入先出法、平均原価法、売価還元法のそれぞれの特徴を考慮する。
棚卸資産のグルーピング	セグメント、商品および製品の種類、販売先などに区分する。
利益率の算出期間	月次・四半期・年次の区分や、回転期間を考慮する。

なお、四半期財務諸表における簡便的な会計処理については、後記「第Ⅲ部第5節2　棚卸資産の未実現利益の消去に係る会計処理」を参照されたい。

商品ごとの利益率や、年度を通じての利益率に大きな変動が生じない業種などは、年間を通じて一定の利益率を用いて未実現利益の額を計算する場合がある。これ以外の場合の合理的な利益率の算定における検討例を、設例Ⅱ-2-1および設例Ⅱ-2-2で解説する。

設例Ⅱ-2-1　合理的な利益率の算定例（1）

前提条件
① 買手の棚卸資産の評価方法は個別法である。
② 売手は個別受注生産を行っており、個別品目ごとに利益率を管理している。個別品目の利益率は、年間を通して一定である。

合理的な利益率

買手は個別法を採用していることから，個々の品目ごとに利益率を算出することが適している。また，売手の個別品目の利益率は年間を通して一定であることから，買手は個別品目の在庫回転期間を考慮する必要はないと考えられる。

設例 II-2-2　合理的な利益率の算定例（2）

前提条件

① 買手の棚卸資産の評価方法は先入先出法である。
② 買手の在庫回転期間は3か月である。
③ 売手は多品種少量生産である。同種の個別商品をグルーピングした単位（商品群）で利益率を管理している。
④ 買手は，商品群 α，β，γ に属する棚卸資産をそれぞれ1,000保有している。
⑤ 売手の商品群ごとの利益率は以下のとおりである。なお，取得に関する付随費用はゼロである。

	商品群 α	商品群 β	商品群 γ
年間利益率	20%	15%	10%
直近3か月利益率	13%	20%	10%

合理的な利益率

買手は先入先出法で評価しており，在庫回転期間は3か月であることから，買手の期末在庫は直近3か月に仕入れた商品で構成されていると考えられる。このため，利益率の算出は，売手の直近3か月の利益率をもとに算出することが考えられる。また，売手は商品群で利益率を管理していることから，個別法の場合と異なり，商品群内の個別品目は同じ利益率（商品群の利益率）を使用することが考えられる。

計算例

	在庫金額(A)	利益率(B)(※)	未実現利益額 (C)＝(A)×(B)
商品群 α	1,000	13%	130
商品群 β	1,000	20%	200
商品群 γ	1,000	10%	100

（※） 前提条件②のとおり，在庫回転期間が3か月であるため，各商品群の直近3か月利益率を使用している。

（3） 未実現利益の金額の算定におけるその他の実務上の留意事項

　未実現利益の金額の算出にあたって，買手側で取得に関する付随費用を負担し棚卸資産の取得原価に算入している場合には，売手の利益率では当該付随費用の影響を通常は考慮していないため，当該付随費用を控除した取得原価に利益率を乗じて未実現利益の金額を算出する必要があることに留意する必要がある。

2 ▎棚卸資産の未実現利益の消去に係る税効果会計の適用

　連結財務諸表における未実現利益の消去に係る将来減算一時差異は，売却元の売却年度における課税所得額を認識の限度としている（連結税効果実務指針15項，47項）。また，未実現利益の消去に伴い認識した将来減算一時差異に対して繰延税金資産を計上した場合，当該繰延税金資産については，回収可能性を検討するための個別税効果実務指針第21項の要件は適用しないと定められている（連結税効果実務指針16項）。ここで，「未実現利益の消去に係る将来減算一時差異の額は，売却元の売却年度における課税所得額を超えてはならない」という連結税効果実務指針第15項の定めについて，棚卸資産の場合の具体的な会計処理を設例Ⅱ-2-3で解説する。

設例Ⅱ-2-3　棚卸資産の未実現利益の消去に係る税効果

前提条件

① P社（3月決算）は国内子会社S社（3月決算，持分比率100％）を保有している。
② X2年3月期にP社はS社に対し，商品α（取得原価90,000）を100,000で販売した。X2年3月末までにS社は商品αを外部に売却していないが，X3年3月期の期中に商品を外部に売却した。
③ 取引高，債権債務の相殺消去は考慮しないものとする。
④ 法定実効税率は30％とし，税務上の繰越欠損金はないものとする。

ケース1　課税所得額が未実現利益消去に係る一時差異を上回る場合

P社の当期の課税所得額は50,000であった。

会計処理

[X2年3月期の連結修正仕訳]

(1) 未実現利益の消去仕訳

（借）売上原価　　　　(※)10,000	（貸）棚　卸　資　産　　(※)10,000
（期末棚卸資産棚卸高）	

(※) 10,000＝商品α販売額100,000－取得原価90,000

(2) 未実現利益消去に係る一時差異に対する繰延税金資産の計上仕訳

P社の課税所得は50,000であり，未実現利益の消去により生じた一時差異10,000は課税所得を下回っている。このため，一時差異の全額を認識することが可能であり，一時差異の10,000に法定実効税率30％を乗じた3,000を繰延税金資産として計上することとなる。

（借）繰延税金資産　　(※)3,000	（貸）法人税等調整額　　(※)3,000

(※) 3,000＝未実現利益消去に係る一時差異10,000×法定実効税率30％

[X3年3月期の連結修正仕訳]

(1) 開始仕訳

| （借） | 利 益 剰 余 金(期首) | (※)10,000 | （貸） | 棚 卸 資 産 | (※)10,000 |
| （借） | 繰 延 税 金 資 産 | (※)3,000 | （貸） | 利 益 剰 余 金(期首) | (※)3,000 |

（※） 前期の連結修正仕訳の引継ぎ

(2) 未実現利益の実現および繰延税金資産の取崩し

| （借） | 棚 卸 資 産 | (※1)10,000 | （貸） | 売 上 原 価
(期首棚卸資産棚卸高) | (※1)10,000 |
| （借） | 法人税等調整額 | (※2)3,000 | （貸） | 繰 延 税 金 資 産 | (※2)3,000 |

（※1） 10,000……開始仕訳参照
（※2） 3,000……開始仕訳参照

ケース2　課税所得額がゼロの場合

P社の当期の課税所得額はゼロであった。

会計処理

[X2年3月期の連結修正仕訳]

(1) 未実現利益の消去仕訳

| （借） | 売 上 原 価
(期末棚卸資産棚卸高) | (※)10,000 | （貸） | 棚 卸 資 産 | (※)10,000 |

（※） 10,000＝商品α販売額100,000－取得原価90,000

(2) 未実現利益消去に係る一時差異に対する繰延税金資産の計上仕訳

　　　　　　　　　　　　仕訳なし(※)

（※） P社の課税所得はゼロであるため、一時差異を認識されない。このため、繰延税金資産を計上することはできない。

［X3年3月期の連結修正仕訳］

(1) 開始仕訳

| （借） | 利益剰余金(期首) | (※)10,000 | （貸） | 棚　卸　資　産 | (※)10,000 |

(※) 前期の連結修正仕訳の引継ぎ

(2) 未実現利益の実現

| （借） | 棚　卸　資　産 | (※)10,000 | （貸） | 売　上　原　価
（期首棚卸資産棚卸高） | (※)10,000 |

(※) 未実現利益の実現に係る会計処理

ケース3　未実現利益消去に係る一時差異が課税所得を上回る場合

P社の当期の課税所得額は5,000であった。

会計処理

［X2年3月期の連結修正仕訳］

(1) 未実現利益の消去仕訳

| （借） | 売　上　原　価
（期末棚卸資産棚卸高） | (※)10,000 | （貸） | 棚　卸　資　産 | (※)10,000 |

(※) 10,000＝商品α販売額100,000－取得原価90,000

(2) 未実現利益消去に係る一時差異に対する繰延税金資産の計上仕訳

P社の課税所得は5,000であり，未実現利益の消去により生じた一時差異10,000は課税所得を超過している。そこで，課税所得の範囲内である5,000の一時差異を認識し，これに法定実効税率30％を乗じた1,500を繰延税金資産として計上する。

| （借） | 繰延税金資産 | (※)1,500 | （貸） | 法人税等調整額 | (※)1,500 |

(※) 1,500＝認識可能な一時差異の額5,000×法定実効税率30％

[X3年3月期の連結修正仕訳]

(1) 開始仕訳

| (借) | 利益剰余金(期首) | (※)10,000 | (貸) | 棚 卸 資 産 | (※)10,000 |
| (借) | 繰 延 税 金 資 産 | (※)1,500 | (貸) | 利益剰余金(期首) | (※)1,500 |

(※) 前期の連結修正仕訳の引継ぎ

(2) 未実現利益の実現および繰延税金資産の取崩し

| (借) | 棚 卸 資 産 | (※1)10,000 | (貸) | 売 上 原 価
(期首棚卸資産棚卸高) | (※1)10,000 |
| (借) | 法人税等調整額 | (※2)1,500 | (貸) | 繰 延 税 金 資 産 | (※2)1,500 |

(※1) 10,000……開始仕訳参照
(※2) 1,500……開始仕訳参照

3 棚卸資産の評価損（収益性の低下による簿価切下げ）と未実現利益の消去

（1） 原則的な連結調整方法

　未実現利益を含んだ棚卸資産は，収益性の低下に伴い購入側の個別財務諸表で棚卸資産の評価損が計上される場合がある（棚卸資産会計基準7項）。個別財

図表Ⅱ-2-2　未実現利益と評価損の関係

①正味売却可能価額　＞　連結財務諸表の帳簿価額　の場合

個別財務諸表の取得原価	連結財務諸表の帳簿価額	正味売却可能価額	個別財務諸表上の評価損	連結財務諸表上の評価損
未実現利益　1,000			評価損　400	評価損　0
売却元の取得原価　9,000	取得原価　9,000	正味売却可能価額　9,600	個別財務諸表では400の評価損が計上されたが，連結財務諸表における評価損は0であるため修正を行う。 ［仕訳例（※）］ （借）棚卸資産　400　（貸）売上原価（評価損）　400	

②連結財務諸表の帳簿価額　＞　正味売却可能価額　の場合

個別財務諸表の取得原価	連結財務諸表の帳簿価額	正味売却可能価額	個別財務諸表上の評価損	連結財務諸表上の評価損
未実現利益　1,000			評価損　2,000	
売却元の取得原価　9,000	取得原価　9,000	正味売却可能価額　8,000	個別財務諸表では2,000の評価損が計上されたが，連結財務諸表における評価損は1,000であるため修正を行う。 ［仕訳例（※）］ （借）棚卸資産　1,000　（貸）売上原価　1,000 　　　　　　　　　　　　　　　　（評価損）	評価損　1,000

（※）　仕訳において税効果の影響は考慮していない。

　なお，連結財務諸表において評価損の修正を行わず，以下のように未実現利益消去を行っても同様の結果が得られる。これは，個別財務諸表で棚卸資産評価損が計上された部分に係る未実現利益は，連結財務諸表で実現したと捉えることと同義である。詳細は後記「（2）　簡便的な連結調整方法」を参照。

　　　　上記①の場合：正味売却可能価額と連結上の簿価との差額の調整を行う。
　　　　上記②の場合：未実現利益の消去を行わない。

務諸表における評価損の金額は未実現利益を含んだ棚卸資産をもとに算定されているが，連結財務諸表においては，未実現利益を消去した棚卸資産の帳簿価額（売却元の取得原価）を正味売却可能価額と比較し，個別財務諸表上の評価損計上額を修正する必要がある（図表Ⅱ-2-2参照）。具体的な会計処理について，設例Ⅱ-2-4で解説する。

設例Ⅱ-2-4　未実現利益が含まれた棚卸資産に対し評価損（収益性の低下による簿価切下げ）が計上された場合

前提条件

① P社（3月決算）は国内子会社S社（3月決算，持分比率100％）を有している。
② X2年3月期に，P社はS社に対し，商品αを10,000（未実現利益の消去に用いる利益率は20％）で販売した。X2年3月末までに，S社は商品αを外部に売却していない。
③ P社の課税所得は未実現利益消去に係る一時差異を十分に上回っている。
④ 取引高，債権債務の相殺消去は考慮しないものとする。
⑤ 法定実効税率は30％とする。

ケース1　連結財務諸表の帳簿価額＜正味売却可能価額の場合

前提条件

① X2年3月末において商品αの正味売却可能価額は9,000であったため，S社の個別財務諸表において評価損1,000およびこれに伴う繰延税金資産300を計上した。

会計処理

[未実現利益の消去と繰延税金資産の計上]

(1) 未実現利益の消去

（借）売上原価 （期末棚卸資産棚卸高）	(※)2,000	（貸）棚卸資産	(※)2,000

（※）2,000＝S社在庫金額10,000×P社利益率20％

(2) 未実現利益に係る税効果

| （借） | 繰延税金資産 | （※）600 | （貸） | 法人税等調整額 | （※）600 |

（※） 600＝未実現利益2,000×法定実効税率30%

[棚卸資産評価損の修正と評価損の修正に係る繰延税金資産の取崩し]

(1) 棚卸資産評価損の修正

S社の個別財務諸表では，商品αの正味売却可能価額（9,000）が取得原価（10,000）を下回ったため，収益性の低下による評価損1,000を計上した。しかし，連結財務諸表上の商品αの帳簿価額は8,000であり，正味売却可能価額は連結財務諸表上の商品αの帳簿価額を上回っているため，連結財務諸表上は評価損の計上が不要である。このため，評価損の修正を行う。

| （借） | 棚卸資産 | （※）1,000 | （貸） | 売上原価（棚卸資産評価損） | （※）1,000 |

（※） 1,000……前提条件①参照

(2) 評価損の修正に伴う繰延税金資産の取崩し

S社の個別財務諸表で計上した評価損が修正されたことに合わせて，S社で計上された評価損に対する繰延税金資産を取り崩す。

| （借） | 法人税等調整額 | （※）300 | （貸） | 繰延税金資産 | （※）300 |

（※） 300＝評価損修正額1,000×法定実効税率30%

ケース2　連結財務諸表の帳簿価額＞正味売却可能価額の場合

前提条件

① X2年3月末において商品αの正味売却可能価額は7,000であったため，S社の個別財務諸表において収益性の低下による評価損3,000およびこれに伴う繰延税金資産900を計上した。

会計処理

[未実現利益消去と繰延税金資産の計上]

(1) 未実現利益の消去

(借)	売上原価	(※)2,000	(貸)	棚卸資産	(※)2,000
	(期末棚卸資産棚卸高)				

(※) 2,000＝S社在庫金額10,000×P社利益率20%

(2) 未実現利益に係る税効果

(借)	繰延税金資産	(※)600	(貸)	法人税等調整額	(※)600

(※) 600＝未実現利益2,000×法定実効税率30%

[棚卸資産評価損の修正と評価損の修正に係る繰延税金資産の取崩し]

(1) 棚卸資産評価損の修正

S社の個別財務諸表では，商品αの正味売却可能価額（7,000）が取得原価（10,000）を下回ったため，収益性の低下による評価損3,000を計上した。しかし，連結財務諸表上の商品αの帳簿価額は8,000であり，正味売却可能価額との差額は1,000であるため，評価損が2,000だけ多く計上されている。このため，評価損の修正を行う。

(借)	棚卸資産	(※)2,000	(貸)	売上原価（棚卸資産評価損）	(※)2,000

(※) 2,000＝個別財務諸表上の評価損金額3,000－連結財務諸表上の評価損金額1,000

(2) 評価損の修正に伴う繰延税金資産の取崩し

S社の個別財務諸表で計上した評価損が修正されたことに合わせて，S社で計上された評価損に対する繰延税金資産を取り崩す。

(借)	法人税等調整額	(※)600	(貸)	繰延税金資産	(※)600

(※) 600＝評価損修正額2,000×法定実効税率30%

（2） 簡便的な連結調整方法

　個別財務諸表で評価損が計上された部分に係る未実現利益は実現したものと捉え，未実現利益部分のみを調整した場合でも，連結貸借対照表および連結損益計算書で同様の結果が得られる。このような簡便的な方法で未実現利益の消去を行う場合，図表Ⅱ-2-3で例示したワークシートなどを用いて，未実現利益の消去に必要な情報を収集することになる。

　なお，簡便的な方法で調整を行う場合，「売上原価」の細目である「期末棚卸資産棚卸高」と「棚卸資産評価損」が相殺表示されるため，連結損益計算書関係の注記として開示される「棚卸資産の収益性の低下による簿価切下額の注記」（棚卸資産会計基準18項）に関する情報の収集にあたっては留意する必要がある。

図表Ⅱ-2-3　評価損に係る簡便的な調整のためのワークシート

	個別財務諸表の簿価	正味売却可能価額	個別財務諸表の評価損	売却元利益率	未実現利益	未実現利益に係る連結修正金額(※)	法定実効税率	未実現利益に係る税効果金額(※)
	(A)	(B)	(C)=(A)−(B)	(D)	(E)=(A)×(D)	(F)=(E)−(C)	(G)	(F)×(G)
ケース1	10,000	9,000	1,000	20%	2,000	1,000	30%	300
ケース2	10,000	7,000	3,000	20%	2,000	0	30%	0

（※）　個別財務諸表上の棚卸資産評価損の額が未実現利益の額を上回っている場合は，未実現利益がすべて実現していると捉え，連結修正を行わない。

会計処理

(1)　簡便的な方法におけるケース1の修正仕訳

```
（借）　売 上 原 価(※1)　　(※2)1,000　　（貸）　棚　卸　資　産　　(※2)1,000
（借）　繰 延 税 金 資 産　　(※3)300　　（貸）　法人税等調整額　　(※3)300
```

（※1）　未実現利益消去に係る期末棚卸資産棚卸高（借方：2,000）と評価損の修正（貸方：1,000）が集約されている。
（※2）　1,000＝未実現利益2,000−個別財務諸表の評価損1,000
（※3）　300＝上記（※2）の調整額1,000×法定実効税率30％

(2) 簡便的な方法におけるケース2の修正仕訳

仕訳なし(※)

(※) 未実現利益2,000＜個別財務諸表の評価損3,000。未実現利益がすべて実現したと捉えて，未実現利益消去に係る連結修正を行わない。

4 ▎複数の連結会社を経由した場合における未実現利益の消去

　未実現利益の消去にあたっては，実務上，在庫を計上している会社において連結会社から仕入れた在庫の期末残高を把握し，当該在庫残高に対し，合理的な利益率を乗じて未実現利益を計算していることが多いと考えられる。

　このような方法は，連結グループ内の特定の2社の間でのみ取引がなされていて，かつ，利益率が安定している場合には有用であるが，複数の会社を経由する場合には，適切な未実現利益の消去額の計算が困難となることがあり得るため留意する必要がある。

　連結グループ内の複数の会社を経由して取引を行う場合には，取引の流れの全体を把握し，適切に未実現利益を消去するための情報を収集する必要がある。具体的な考え方について，設例Ⅱ-2-5で解説する。

設例Ⅱ-2-5　複数の連結会社間を経由した場合における未実現利益の消去

前提条件

① P社は（3月決算）国内子会社S1社，S2社，S3社（すべて3月決算，持分比率100％）を有している。

② X2年3月期に，S1社は外部から仕入れた原料 α 1,000を，1,200でS2社に売却した。

③ X2年3月期に，S2社はS1社から仕入れた原料 α を加工して加工品 α を生産し，加工品 α を1,800（＝S2社の取得原価1,200＋加工費100＋S2社利益500）でS3社に売却した。

④ X2年3月期に，S3社はS2社から仕入れた加工品 α を製品化し，完成した製品 α を1,890（＝S3社の取得原価1,800＋加工費10＋S3社利益80）

でP社に売却した。
⑤ X2年3月末において、P社がS3社から仕入れた製品は外部に売却されていない。
⑥ X2年3月末において、各社の課税所得は未実現利益消去に係る一時差異を十分に上回っている。
⑦ 取引高、債権債務の相殺消去は考慮しないものとする。
⑧ 法定実効税率は30％とする。

【各社における未実現利益の発生状況】

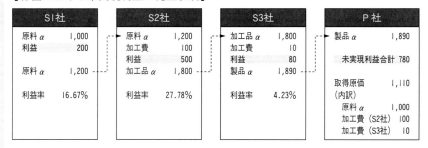

会計処理

[未実現利益の消去]

本設例の製品はS1社で仕入れたのち、S2社、S3社で加工が行われ最終的にS3社からP社に販売されて在庫となっている。このとき、単純にP社在庫金額にS3社の利益率（4.23％＝80÷1,890）を乗じると、1,890×4.23％＝80となり、S3社が付した利益額のみ消去されることとなり、S1社、S2社が付した利益700が消去されないこととなるため留意が必要である。

| （借） | 売上原価
（期末棚卸資産棚卸高） | （＊）780 | （貸） | 棚卸資産 | （＊）780 |

（＊） 780＝S1社の利益200＋S2社の利益500＋S3社が付加した利益80

[未実現利益に係る税効果]

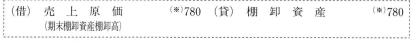

（＊） 234＝未実現利益780×法定実効税率30％

5 ▌有償支給取引に係る未実現利益消去

連結会社間の有償支給取引において，支給元が支給を行う材料などに利益を付すことがある。このとき，支給品が期末時点で支給先または支給元で在庫となった場合には，当該支給品に未実現利益が生じることになる。通常の棚卸資産に係る未実現利益と同様に，支給に伴う未実現利益も消去することに留意する必要がある（設例Ⅱ-2-6参照）。

設例Ⅱ-2-6　有償支給時に付された支給元の利益に係る未実現利益消去

前提条件

① P社（3月決算）は国内子会社S社（3月決算，持分比率100％）を有している。
② X2年3月期に，P社は外部から仕入れた原材料1,000を，1,200でS社に有償支給した。X2年3月末において，S社では支給された原材料を一切工程に投入しておらず，P社への返却も行っていない。
③ X3年3月期にS社は支給品の加工を終え，支給額に加工費100（加工費用50，S社の利益50）を上乗せした1,300でP社に加工品を販売した。X3年3月期末において，P社がS社から仕入れた加工品は外部に販売されていない。
④ X4年3月期に，P社は加工品を製品化し，外部に販売した。
⑤ P社およびS社の課税所得は，未実現利益消去に係る一時差異を十分に上回っている。
⑥ 法定実効税率は30％とする。

会計処理

[X2年3月期の会計処理]
(1) P社における有償支給（支給元）の会計処理
(i) 原材料の仕入

| （借） | 売上原価(仕入高) | (※)1,000 | （貸） | 買　　掛　　金 | (※)1,000 |

（※）1,000……前提条件②参照

(ii) 原材料の支給

| （借） | 未 収 入 金 | (※)1,200 | （貸） | 売上原価(仕入高) | (※)1,200 |

（※） 1,200……前提条件②参照

(iii) 製造原価への振替

　　原材料仕入額を原材料支給額が上回っているため，製造原価のマイナスとなる。

| （借） | 売上原価(仕入高) | (※)200 | （貸） | 製 造 原 価 | (※)200 |

（※） 製造原価200（貸方発生額）＝原材料仕入額1,000－原材料支給額1,200

(2) S社における有償支給（支給先）の会計処理

(i) 原材料支給の受入

| （借） | 売上原価(仕入高) | (※)1,200 | （貸） | 買 掛 金 | (※)1,200 |

（※） 1,200……前提条件②参照

(ii) 原材料仕入の振替

| （借） | 原 材 料 | (※)1,200 | （貸） | 売上原価(仕入高) | (※)1,200 |

（※） 1,200……前提条件②参照

(3) 連結修正仕訳

(i) 有償支給取引に係る未実現利益消去

| （借） | 売上原価（当期製品製造原価）(※2) | (※1)200 | （貸） | 原 材 料(※3) | (※1)200 |

（※1） 200＝P社支給価額1,200－P社調達価額1,000
（※2） P社の製造原価の調整
（※3） S社の原材料残高の調整

(ii) 未実現利益の消去に係る税効果

| （借） | 繰 延 税 金 資 産 | (※)60 | （貸） | 法人税等調整額 | (※)60 |

（※） 60＝未実現利益200×法定実効税率30％

[X3年3月期の会計処理]

(1) S社における会計処理

(i) 加工品の販売

(借)	売　掛　金	(※1)1,300	(貸)	売　上　高	(※1)1,300
(借)	売上原価(当期製品製造原価)	(※2)1,250	(貸)	原　材　料	(※3)1,200
				未　払　金	(※1)50

(※1) 1,300, 50……前提条件③参照
(※2) 1,250＝支給品のS社受入金額1,200＋加工費50
(※3) 1,200……支給品のS社受入金額

(ii) 支給に係る債権債務の決済

(借)	買　掛　金	(※1)1,200	(貸)	売　掛　金	(※1)1,300
	現　金　預　金	(※2)100			

(※1) 1,300, 1,200……前提条件③および②参照
(※2) 100……差額で算出

(2) P社における会計処理

(i) 加工品の受入

(借)	売上原価(仕入高)	(※)1,300	(貸)	買　掛　金	(※)1,300

(※) 1,300……S社の加工品販売金額

(ii) 支給に係る債権債務の決済

(借)	買　掛　金	(※1)1,300	(貸)	未　収　入　金	(※1)1,200
				現　金　預　金	(※2)100

(※1) 1,300, 1,200……前提条件③および②参照
(※2) 100……差額で算出

(iii) 原材料仕入の振替

(借)	原　材　料	(※)1,300	(貸)	売上原価(仕入高)	(※)1,300

(※) 1,300……前提条件③参照

(3) 連結修正仕訳
(i) 開始仕訳

| （借） | 利益剰余金（期首） | (※)200 | （貸） | 原　材　料 | (※)200 |
| （借） | 繰 延 税 金 資 産 | (※)60 | （貸） | 利益剰余金（期首） | (※)60 |

（※）　前期末利益剰余金の計上（X2年3月期に係る連結修正仕訳の引継ぎ）

(ii) S社が付した未実現利益の消去

| （借） | 売上原価（当期製品製造原価） | (※1)50 | （貸） | 原　材　料 | (※1)50 |
| （借） | 繰 延 税 金 資 産 | (※2)15 | （貸） | 法人税等調整額 | (※2)15 |

（※1）　50……S社が付した加工品に含まれる未実現利益（前提条件③参照）
（※2）　15＝未実現利益50×法定実効税率30％

［X4年3月期の会計処理（連結修正仕訳のみ）］
(1) 開始仕訳

| （借） | 利益剰余金（期首） | (※)250 | （貸） | 原　材　料 | (※)250 |
| （借） | 繰 延 税 金 資 産 | (※)75 | （貸） | 利益剰余金（期首） | (※)75 |

（※）　前期末利益剰余金の計上（X3年3月期に係る連結修正仕訳の引継ぎ）

(2) 未実現利益の実現仕訳

| （借） | 原　材　料 | (※1)250 | （貸） | 売上原価（当期製品製造原価） | (※1)250 |
| （借） | 法人税等調整額 | (※2)75 | （貸） | 繰 延 税 金 資 産 | (※2)75 |

（※1）　250……開始仕訳参照
（※2）　75……開始仕訳参照

第2節 固定資産の未実現利益の消去に係る実務ポイント（税効果会計を含む）

1 ▎固定資産の未実現利益の消去とは

　連結会社相互間の取引によって取得した固定資産に含まれる未実現利益は，棚卸資産の場合と同様に，その全額を消去することになる（連結会計基準36項）。また，未実現利益の消去により，通常，連結財務諸表上の帳簿価額と買手側の個別財務諸表上の帳簿価額との間に一時差異（＝連結財務諸表固有の一時差異）が生じ，この一時差異に対して税効果会計を適用することとなる（連結税効果実務指針12項）。さらに，資産の売手が子会社であり非支配株主が存在する場合には，親会社と非支配株主の持分比率に応じて，消去した未実現利益を親会社持分と非支配株主持分とに配分する必要がある（連結会計基準38項）。

　ここで，棚卸資産と大きく異なる点は，固定資産は第三者に売却されるまでの期間が長期間にわたる点や，償却資産の場合は減価償却計算を通じて未実現利益が実現していく点である。固定資産に含まれる未実現利益の実現のパターンは，以下のケースが考えられる。

- 固定資産の第三者への売却
- 固定資産の除却
- 減価償却計算による費用化
- 減損損失の計上

2 ▎固定資産の未実現利益の消去の取扱い

（1） 非償却資産に含まれる未実現利益の消去

　未実現利益が生じている取引が土地である場合は，グループ間の取引実行時に売手側の売却益を消去し，買手側の土地の帳簿価額を減額することで，第三

者への売却等により実現するまで未実現利益を消去していくことになる。

この点，具体的な会計処理を設例Ⅱ-2-7において確認していくこととする。

設例Ⅱ-2-7　土地に係る未実現利益の消去

前提条件

① 親会社であるP社（3月決算）は，子会社であるS社（3月決算）が保有する土地（帳簿価額1,000）をX1年3月期末に1,300で購入した。なお，S社に対するP社の持分は80％である。

② X3年3月期にP社は連結グループ外のX社にその土地を1,500で売却した。

③ 法定実効税率は30％とし，未実現利益の消去に係る将来減算一時差異の額は売却元の売却年度における課税所得を超えないものとする。

【土地に係る未実現利益の消去】

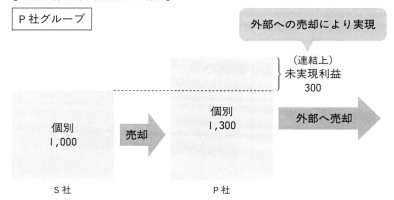

会計処理

［X1年3月期のS社個別財務諸表上の会計処理］

（借）現　金　預　金	(※1)1,300	（貸）土　　　　　地	(※1)1,000
		土地売却益	(※2)300

（※1）　1,300，1,000……前提条件①参照
（※2）　300＝売却価額1,300－帳簿価額1,000

[X1年3月期のP社個別財務諸表上の会計処理]

| （借） | 土　　　　地 | (※)1,300 | （貸） | 現　金　預　金 | (※)1,300 |

(※)　1,300……前提条件①参照

[X1年3月期の連結修正仕訳]

(1) 土地に係る未実現利益の消去

　連結財務諸表上は未実現となっているS社の土地売却益を消去し，P社の個別財務諸表で計上されている土地の取得価額を修正する。これにより，P社の個別上の簿価1,300に対し連結上の簿価は1,000となり，将来減算一時差異300が発生するため，この一時差異に対して税効果会計を適用する。

| （借） | 土 地 売 却 益 | (※1)300 | （貸） | 土　　　　地 | (※1)300 |
| （借） | 繰 延 税 金 資 産 | (※2)90 | （貸） | 法人税等調整額 | (※2)90 |

(※1)　300……S社個別財務諸表に計上された土地売却益の消去
(※2)　90＝未実現利益300×法定実効税率30％

(2) 消去した未実現利益の配分

　(1)で消去した未実現利益を売手の子会社S社の非支配株主持分に配分するとともに，法人税等調整額についても非支配株主持分に配分する。

| （借） | 非支配株主持分
（当期発生額） | (※1)60 | （貸） | 非支配株主に帰属
する当期純利益 | (※1)60 |
| （借） | 非支配株主に帰属
する当期純利益 | (※2)18 | （貸） | 非支配株主持分
（当期発生額） | (※2)18 |

(※1)　60＝未実現利益300×非支配株主持分比率20％
(※2)　18＝法人税等調整額90×非支配株主持分比率20％

[X2年3月期のS社個別財務諸表上の会計処理]

| 仕訳なし |

[X2年3月期のP社個別財務諸表上の会計処理]

| 仕訳なし |

［X2年3月期の連結修正仕訳］

(1) 開始仕訳（前期の未実現利益消去に係る連結修正仕訳の引継ぎ）

（借）	利益剰余金(期首)	(※)300	（貸）	土　　　地	(※)300
（借）	繰延税金資産	(※)90	（貸）	利益剰余金(期首)	(※)90
（借）	非支配株主持分(期首)	(※)42	（貸）	利益剰余金(期首)	(※)42

（※）　前期の連結修正仕訳の引継ぎ

［X3年3月期のS社個別財務諸表上の会計処理］

仕訳なし

［X3年3月期のP社個別財務諸表上の会計処理］

（借）	現金預金	(※1)1,500	（貸）	土　　　地	(※2)1,300
				土地売却益	(※3)200

（※1）　1,500……前提条件②参照
（※2）　1,300……前提条件①参照
（※3）　200＝売却価額1,500－帳簿価額1,300

［X3年3月期の連結修正仕訳］

(1) 開始仕訳（前期の未実現利益消去に係る連結修正仕訳の引継ぎ）

（借）	利益剰余金(期首)	(※)300	（貸）	土　　　地	(※)300
（借）	繰延税金資産	(※)90	（貸）	利益剰余金(期首)	(※)90
（借）	非支配株主持分(期首)	(※)42	（貸）	利益剰余金(期首)	(※)42

（※）　前期の連結修正仕訳の引継ぎ

(2) 第三者への売却に伴う未実現利益の実現仕訳

　P社の連結外部への土地売却により，S社からP社への売却時に発生した未実現利益300が実現することとなる。

```
（借）　土　　　地　　　　　(※1)300　　（貸）　土 地 売 却 益　　　(※1)300
（借）　法人税等調整額　　 (※2) 90　　（貸）　繰 延 税 金 資 産　　(※2) 90
（借）　非支配株主に帰属　　(※3) 42　　（貸）　非支配株主持分　　 (※3) 42
　　　　する当期純利益　　　　　　　　　　　　（当期発生額）
```

（※1）　300……未実現利益の実現
（※2）　90……未実現利益の実現に伴う繰延税金資産の取崩し（連結上の一時差異が解消したため）
（※3）　42……未実現利益の実現に伴う非支配株主持分の取崩し

（2）　償却資産に含まれる未実現利益の消去

　連結会社間取引で売買された償却資産に未実現利益が生じていれば，未実現利益が消去される点は，前記「（1）　非償却資産に含まれる未実現利益の消去」と同様である。

　一方，買手側の個別財務諸表上で計上される償却資産の取得価額には未実現利益が含まれているため，その取得価額を基礎として減価償却が行われることにより，買手側の会社で計上される減価償却費は未実現利益相当分だけ大きく計上されることになる。

　したがって連結財務諸表上は，減価償却費の修正が必要となり，この修正を通じて徐々に未実現利益は実現していくことになる。

　この点，具体的な会計処理を設例Ⅱ-2-8において確認していくこととする。

設例Ⅱ-2-8　建物に係る未実現利益の消去

前提条件

① 　親会社であるP社（3月決算）は，子会社であるS社（3月決算）に対して，P社が保有する建物（帳簿価額1,000）をX1年3月期末に1,100で売却した。
② 　X3年3月期末にS社は連結グループ外のX社にその建物を700で売却した。
③ 　建物については，残存耐用年数10年，残存価額ゼロの定額法で償却している。
④ 　法定実効税率は30％とし，未実現利益の消去に係る将来減算一時差異

の額は売却元の売却年度における課税所得を超えないものとする。また，税務上はグループ法人税制の適用外とする。

【建物に係る未実現利益の消去】

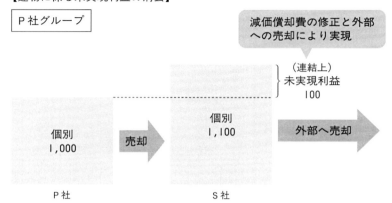

会計処理

［X1年3月期のP社個別財務諸表上の会計処理］

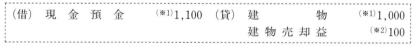

（※1） 1,100，1,000……前提条件①参照
（※2） 100＝売却価額1,100－帳簿価額1,000

［X1年3月期のS社個別財務諸表上の会計処理］

（※） 1,100……前提条件①参照

［X1年3月期の連結修正仕訳］

　連結財務諸表上は未実現となっているP社の建物売却益を消去し，S社の個別財務諸表で計上されている建物の取得価額を修正する。これにより，S社の個別上の簿価1,100に対し連結上の簿価は1,000となり，将来減算一時差異100が発生するため，この一時差異に対して税効果会計を適用する。

| （借） | 建 物 売 却 益 | (※1)100 | （貸） | 建　　　　　物 | (※1)100 |
| （借） | 繰 延 税 金 資 産 | (※2)30 | （貸） | 法人税等調整額 | (※2)30 |

（※1）　100……P社個別財務諸表に計上された建物売却益の消去
（※2）　30＝未実現利益100×法定実効税率30％

［X2年3月期のP社個別財務諸表上の会計処理］

仕訳なし

［X2年3月期のS社個別財務諸表上の会計処理］

| （借） | 減 価 償 却 費 | (※)110 | （貸） | 減価償却累計額 | (※)110 |

（※）　110＝S社個別財務諸表上の建物の取得価額1,100÷残存耐用年数10年

［X2年3月期の連結修正仕訳］

(1)　開始仕訳（前期の未実現利益消去に係る連結修正仕訳の引継ぎ）

| （借） | 利益剰余金(期首) | (※)100 | （貸） | 建　　　　　物 | (※)100 |
| （借） | 繰 延 税 金 資 産 | (※)30 | （貸） | 利益剰余金(期首) | (※)30 |

（※）　前期の連結修正仕訳の引継ぎ

(2)　減価償却費の修正仕訳

| （借） | 減価償却累計額 | (※1)10 | （貸） | 減 価 償 却 費 | (※1)10 |
| （借） | 法人税等調整額 | (※2)3 | （貸） | 繰 延 税 金 資 産 | (※2)3 |

（※1）　10＝未実現利益100÷残存耐用年数10年
（※2）　3＝減価償却費の修正額10×法定実効税率30％

　S社の個別財務諸表上で計上される減価償却費は110（＝1,100÷10年）である一方、連結財務諸表上で計上すべき減価償却費は100（＝1,000÷10年）であるため、両者の差額10について減価償却費の連結修正仕訳を行っている。これは、P社からS社への売却時に発生した未実現利益100のうち、一部の10が減価償却により実現したことを意味している。

　上記の関係を以下の図表にまとめている。

【未実現利益の減価償却を通じた実現】

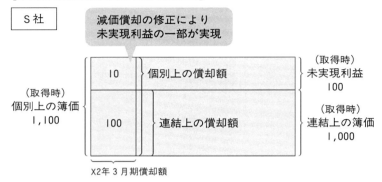

[X3年3月期のP社個別財務諸表上の会計処理]

仕訳なし

[X3年3月期のS社個別財務諸表上の会計処理]

(1) 減価償却費の計上仕訳

(借) 減 価 償 却 費　　　(※)110　(貸) 減価償却累計額　　　(※)110

(※) 110＝S社個別財務諸表上の建物の取得価額1,100÷残存耐用年数10年

(2) 第三者への売却仕訳

(借) 現 金 預 金　　　(※2)700　(貸) 建　　　　物　　　(※1)1,100
　　　減価償却累計額　　(※3)220
　　　建 物 売 却 損　　(※4)180

(※1) 1,100……前提条件①参照
(※2) 700……前提条件②参照
(※3) 220＝S社個別財務諸表上で計上された減価償却費110×2年
(※4) △180＝売却価額700－S社個別財務諸表上の建物の取得価額1,100＋S社個別財務諸表上の建物の減価償却累計額220

[X3年3月期の連結修正仕訳]

(1) 開始仕訳（前期の未実現利益消去に係る連結修正仕訳の引継ぎ）

（借）	利益剰余金(期首)	(※)100	（貸）	建　　　　物	(※)100
（借）	繰 延 税 金 資 産	(※)30	（貸）	利益剰余金(期首)	(※)30
（借）	減価償却累計額	(※)10	（貸）	利益剰余金(期首)	(※)10
（借）	利益剰余金(期首)	(※)3	（貸）	繰 延 税 金 資 産	(※)3

(※) 前期の連結修正仕訳の引継ぎ

(2) 減価償却費の修正仕訳

| （借） | 減価償却累計額 | (※1)10 | （貸） | 減 価 償 却 費 | (※1)10 |
| （借） | 法人税等調整額 | (※2)3 | （貸） | 繰 延 税 金 資 産 | (※2)3 |

(※1) 10＝未実現利益100÷残存耐用年数10年
(※2) 3＝減価償却費の修正額10×法定実効税率30％

(3) 第三者への売却に伴う未実現利益の実現仕訳

（借）	建　　　　物	(※1)100	（貸）	建物売却益(※4)	(※1)100
（借）	法人税等調整額	(※2)30	（貸）	繰 延 税 金 資 産	(※2)30
（借）	建物売却益(※4)	(※3)20	（貸）	減価償却累計額	(※3)20
（借）	繰 延 税 金 資 産	(※2)6	（貸）	法人税等調整額	(※2)6

(※1) 100……未実現利益の実現
(※2) 30，6……未実現利益の実現に伴う繰延税金資産の取崩し（連結財務諸表上の一時差異が解消したため）
(※3) 20……減価償却費の修正累計額の戻入れ
(※4) S社個別財務諸表上の建物売却損180と相殺される。

　S社は連結外部に建物を売却しており，S社個別財務諸表上，建物売却損は180（＝個別財務諸表上の帳簿価額880－売却価額700）と計算されている。一方，X3年3月期の連結財務諸表上の帳簿価額は800で，連結財務諸表上のあるべき建物売却損は100（＝連結財務諸表上の帳簿価額800－売却価額700）となるため，両者の差額80について，建物売却損の連結修正仕訳を行っている。
　上記の関係を以下の図表にまとめている。

【未実現利益の減価償却による実現】

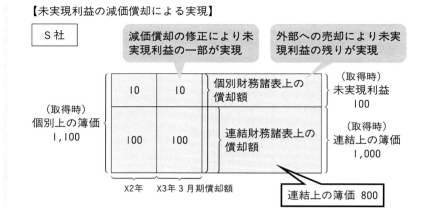

(3) 未実現利益を含む固定資産の減損

買手側の会社の個別財務諸表上で未実現利益を含んだ固定資産について減損損失が計上されることがある。このような場合、未実現利益の部分だけ買手の個別上の簿価と連結上の簿価が乖離しているため、買手の個別財務諸表で計上された減損損失を連結財務諸表上修正する必要がある。

① 固定資産の減損により未実現利益の全額が実現するケース

買手側の会社の個別財務諸表で計上された減損損失が、連結会社間での固定資産の売買時に発生した未実現利益を上回る場合は、買手側の会社の個別財務諸表で計上された減損損失のうち、未実現利益部分を連結財務諸表上で修正することにより、未実現利益の金額が実現することになる。このような固定資産の減損により未実現利益の全額が実現するケースについて、具体的な会計処理を設例Ⅱ-2-9において確認していくこととする。

設例Ⅱ-2-9　固定資産の減損により未実現利益の全額が実現

前提条件

① 親会社であるP社（3月決算）は、子会社であるS社（3月決算）に対して、P社が保有する土地（帳簿価額800）をX1年3月期末に1,000で譲渡した。

② X2年3月期にS社は地価の下落等により減損損失300を計上した。なお，連結財務諸表上の回収可能価額は700（S社と同額）であり，連結財務諸表上も減損損失を認識する必要があるものとする。また，減損損失に係る将来減算一時差異については，税効果は認識しないものとする。
③ 法定実効税率は30％とし，未実現利益の消去に係る将来減算一時差異の額は売却元の売却年度における課税所得を超えないものとする。また，税務上はグループ法人税制の適用外とする。

【固定資産の減損により未実現利益の全額が実現】

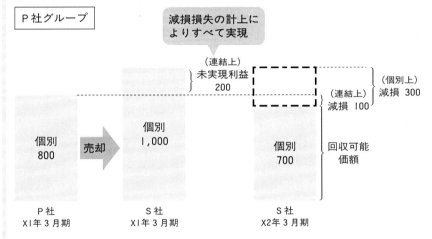

会計処理

[X1年3月期のP社個別財務諸表上の会計処理]

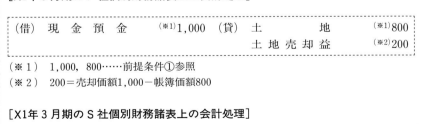

（※1） 1,000，800……前提条件①参照
（※2） 200＝売却価額1,000－帳簿価額800

[X1年3月期のS社個別財務諸表上の会計処理]

（借）土　　　　　地	(※)1,000	（貸）現　金　預　金	(※)1,000

(※) 1,000……前提条件①参照

[X1年3月期の連結修正仕訳]

　連結財務諸表上は未実現となっているP社の土地売却益を消去し，S社個別財務諸表で計上されている土地の取得価額を修正する。これにより，S社の個別上の簿価1,000に対し連結上の簿価は800となり，将来減算一時差異200が発生するため，この一時差異に対して税効果会計を適用する。

（借）	土地売却益	(※1)200	（貸）	土　　　地	(※1)200
（借）	繰延税金資産	(※2)60	（貸）	法人税等調整額	(※2)60

（※1）　200……P社個別財務諸表上の土地売却益の消去
（※2）　60＝未実現利益200×法定実効税率30％

[X2年3月期のP社個別財務諸表上の会計処理]

仕訳なし

[X2年3月期のS社個別財務諸表上の会計処理]

（借）	減損損失	(※)300	（貸）	土　　　地	(※)300

（※）　300……前提条件②参照

[X2年3月期の連結修正仕訳]

(1)　開始仕訳（前期の未実現利益消去に係る連結修正仕訳の引継ぎ）

（借）	利益剰余金(期首)	(※)200	（貸）	土　　　地	(※)200
（借）	繰延税金資産	(※)60	（貸）	利益剰余金(期首)	(※)60

（※）　前期の連結修正仕訳の引継ぎ

(2)　減損損失の修正仕訳

　連結財務諸表上で計上すべき減損損失は100となる一方，S社の個別財務諸表上で計上される減損損失は300のため，両者の差額200について，減損損失の連結修正仕訳を行っている。

　これは，P社からS社への売却時に発生した未実現利益200が減損損失

の計上により実現したことを意味している。

(借) 土　　　　地　（※）200　(貸) 減 損 損 失　（※）200

(※)　200……未実現利益の実現

② 固定資産の減損により未実現利益の一部が実現するケース

　買手側の会社の個別財務諸表で計上された減損損失が連結会社間での固定資産の売買時に発生した未実現利益を下回る場合は，買手側の会社の個別財務諸表で計上された減損損失のすべてを連結財務諸表上で修正することにより，未実現利益の一部が実現することになる。このような固定資産の減損により未実現利益の一部が実現するケースについて，具体的な会計処理を設例Ⅱ-2-10において確認していくこととする。

設例Ⅱ-2-10　固定資産の減損により未実現利益の一部が実現

前提条件

①　親会社であるP社（3月決算）は，子会社であるS社（3月決算）に対して，P社が保有する土地（帳簿価額600）をX1年3月期末に1,000で譲渡した。

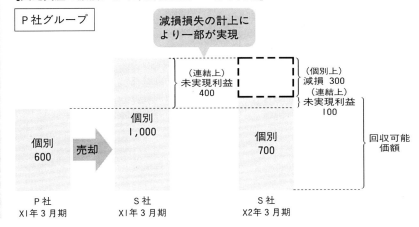

【固定資産の減損により未実現利益の一部が実現】

② X2年3月期にS社は地価の下落等により減損損失300を計上した。なお，連結財務諸表上の回収可能価額は700（S社と同額）であり，連結財務諸表上は，減損損失を認識する必要がないものとする。また，減損損失に係る将来減算一時差異については，税効果は認識しないものとする。
③ 法定実効税率は30％とし，未実現利益の消去に係る将来減算一時差異の額は売却元の売却年度における課税所得を超えないものとする。また，税務上はグループ法人税制の適用外とする。

会計処理

[X1年3月期のP社個別財務諸表上の会計処理]

（借）現　金　預　金	(※1)1,000	（貸）土　　　　　地	(※1)600
		土　地　売　却　益	(※2)400

（※1）　1,000，600……前提条件①参照
（※2）　400＝売却価額1,000－帳簿価額600

[X1年3月期のS社個別財務諸表上の会計処理]

（借）土　　　　　地	(※)1,000	（貸）現　金　預　金	(※)1,000

（※）　1,000……前提条件①参照

[X1年3月期の連結修正仕訳]

　連結財務諸表上は未実現となっているP社の土地売却益を消去し，S社の土地に含まれる未実現利益を消去する。これにより，S社の個別上の簿価1,000に対し連結上の簿価は600となり，将来減算一時差異400が発生するため，この一時差異に対して税効果会計を適用する。

（借）土　地　売　却　益	(※1)400	（貸）土　　　　　地	(※1)400
（借）繰　延　税　金　資　産	(※2)120	（貸）法人税等調整額	(※2)120

（※1）　400……P社個別財務諸表上の土地売却益の消去
（※2）　120＝未実現利益400×法定実効税率30％

[X2年3月期のP社個別財務諸表上の会計処理]

> 仕訳なし

[X2年3月期のS社個別財務諸表上の会計処理]

| (借) | 減 損 損 失 | (※)300 | (貸) | 土　　　　地 | (※)300 |

(※) 300……前提条件②参照

[X2年3月期の連結修正仕訳]

(1) 開始仕訳（前期の未実現利益消去に係る連結修正仕訳の引継ぎ）

| (借) | 利益剰余金(期首) | (※)400 | (貸) | 土　　　　地 | (※)400 |
| (借) | 繰 延 税 金 資 産 | (※)120 | (貸) | 利益剰余金(期首) | (※)120 |

(※) 前期の連結修正仕訳の引継ぎ

(2) 減損損失の修正仕訳

　連結財務諸表上で計上すべき減損損失はゼロである一方，S社の個別財務諸表上で計上される減損損失は300であるため，両者の差額300について減損損失の連結修正仕訳を行っている。これは，P社からS社への売却時に発生した未実現利益400のうち，減損損失に相当する300が減損損失の計上により実現したことを意味している。

| (借) | 土　　　　地 | (※)300 | (貸) | 減 損 損 失 | (※)300 |

(※) 300……未実現利益の実現

（4） 子会社が固定資産を製作している場合

　子会社が他の連結会社の製造設備等の固定資産を製作している場合は，その子会社の貸借対照表上では，引渡し前の当該資産は棚卸資産で表示されている。しかし，連結会社グループ全体としては，製造設備等の固定資産を自家製造していることになるため，子会社の棚卸資産は連結財務諸表上，固定資産などの適当な科目に振替処理することが考えられる。

　また，固定資産の未実現利益の消去については，その製品を連結内部で自家

製作している場合には，棚卸資産の場合と同様に売上総利益率によるべきと考えられるが，自家製作ではない固定資産の場合には，取引量も限定的であることが多いと考えられるため，個別に未実現利益を算定し消去するのが望ましいと考えられる。

この点，具体的な会計処理を設例Ⅱ-2-11において確認していくこととする。

設例Ⅱ-2-11　子会社が固定資産を製作している場合

前提条件

① 親会社であるＰ社（3月決算）は製品の製造販売を行っており，100％子会社であるＳ社（3月決算）はＰ社の製品製造のための機械装置を専門に製造している。

② Ｓ社は，Ｐ社に対して，Ｓ社が製造した機械装置（売上原価4,000）をX1年3月期末に5,000で売却した。

③ X1年3月期末のＳ社の期末仕掛品在庫は3,000である。また，Ｓ社はＰ社に対する売掛金が5,000あり，Ｐ社においても同額の未払金が計上されている。

④ 法定実効税率は30％とし，未実現利益の消去に係る将来減算一時差異の額は売却元の売却年度における課税所得を超えないものとする。また，税務上はグループ法人税制の適用外とする。

会計処理

[X1年3月期のＳ社個別財務諸表上の会計処理]

```
(借) 売 掛 金         (※)5,000  (貸) 売 上 高       (※)5,000
(借) 売上原価（当期     (※)4,000  (貸) 製 品         (※)4,000
     製品製造費用）
```
(※) 5,000，4,000……前提条件②参照

[X1年3月期のＰ社個別財務諸表上の会計処理]

```
(借) 機 械 装 置       (※)5,000  (貸) 未 払 金       (※)5,000
```
(※) 5,000……前提条件②参照

[X1年3月期の連結修正仕訳]
(1) 取引高の相殺消去および機械装置に係る未実現利益の消去

　連結会社相互間での取引となるS社の売上高および売上原価を相殺消去し，差額である未実現利益1,000をP社の個別財務諸表で計上されている機械装置の取得価額から控除する。これにより，P社の個別上の簿価5,000に対し連結上の簿価は4,000となり，将来減算一時差異1,000が発生するため，この一時差異に対して税効果会計を適用する。

（借）	売　　上　　高	(※1)5,000	（貸）	売上原価（当期製品製造費用）	(※1)4,000
				機　械　装　置	(※2)1,000
（借）	繰 延 税 金 資 産	(※2)300	（貸）	法人税等調整額	(※2)300

（※1）　5,000，4,000……前提条件②参照
（※2）　1,000……S社個別財務諸表に計上された未実現利益の消去。1,000＝売上高5,000－売上原価4,000
（※3）　300＝未実現利益1,000×法定実効税率30％

(2) 債権・債務の相殺消去

（借）	未　　払　　金	(※)5,000	（貸）	売　　掛　　金	(※)5,000

（※）　5,000……前提条件③参照

(3) 勘定科目の振替

　S社の個別財務諸表で仕掛品として計上されている製造途中の製造設備は，連結財務諸表上は製造途中の固定資産となるため，建設仮勘定に振り替える。

（借）	建 設 仮 勘 定	(※)3,000	（貸）	仕　　掛　　品	(※)3,000

（※）　3,000……前提条件③参照

第3節　有価証券（関係会社株式を含む）の未実現利益の消去に係る実務ポイント（税効果会計を含む）

1　連結会社以外の第三者が発行した有価証券の未実現利益の消去

（1）　上場株式の未実現利益の消去

　連結会社以外の第三者が発行した有価証券について，連結会社間で売買取引を行った場合の未実現利益の消去については，基本的に，棚卸資産等の未実現利益の消去と大きく異なるところはない。ただし，対象となった有価証券が上場株式など，時価評価が行われるものである場合，未実現利益の消去において，棚卸資産等と異なる処理を行う必要がある。具体的には，期末時の時価評価に伴い上場株式の帳簿価額自体は時価の金額となっているため，未実現利益の消去により調整された有価証券の金額を戻し入れて，当該金額をその他有価証券評価差額金へ振り替える処理を行うこととなる。

①　上場株式の時価が購入側の取得価額を上回るケース

　期末における上場株式の時価が連結会社間取引における購入側の取得価額を上回る場合は，連結会社間での上場株式の売買時に発生した未実現利益を消去し，その他有価証券評価差額金へ振り替えることになる。このような上場株式の時価が購入側の取得価額を上回るケースについて，具体的な会計処理を設例Ⅱ-2-12において確認していくこととする。

設例Ⅱ-2-12　上場株式の未実現利益の消去（上場株式の時価＞購入側の取得価額）

前提条件

①　P社（3月決算）は保有している有価証券（連結会社以外の第三者が発行した株式）100株（取得原価1,000）を，X1年3月期に子会社であるS社（3月決算）に時価である1,200で売却した。

② この株式のX1年3月期末の株価は1,800となった。
③ 法定実効税率は30％とする。また，税務上はグループ法人税制の適用外とする。

【上場株式の未実現利益の消去（上場株式の時価＞購入側の取得価額）】

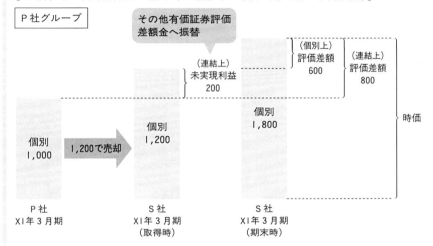

会計処理

[X1年3月期のP社個別財務諸表上の会計処理]

（借）現　金　預　金	(※1)1,200	（貸）投 資 有 価 証 券	(※1)1,000
		投資有価証券売却益	(※2)200

（※1） 1,200, 1,000……前提条件①参照
（※2） 200＝譲渡価額1,200－帳簿価額1,000

[X1年3月期のS社個別財務諸表上の会計処理]

(1) 上場株式の取得

（借）投 資 有 価 証 券	(※)1,200	（貸）現　金　預　金	(※)1,200

（※） 1,200……前提条件①参照

(2) 期末時価評価

（借）　投資有価証券	(※1)600	（貸）　その他有価証券評価差額金	(※2)420
		繰延税金負債	(※3)180

- （※1）　600＝期末時価1,800－S社個別財務諸表上の取得価額1,200
- （※2）　420＝含み益600×（1－法定実効税率30％）
- （※3）　180＝含み益600×法定実効税率30％

［X1年3月期の連結修正仕訳］

(1) 未実現利益の消去

（借）　投資有価証券売却益	(※)200	（貸）　投資有価証券	(※)200

（※）　200……P社個別財務諸表上の投資有価証券売却益の消去

(2) 時価評価の調整

　未実現利益の消去の対象となった資産が時価評価の対象となっている株式であるため，減額した投資有価証券を振り戻して，その他有価証券評価差額金へと振り替える。なお，売却益相当はP社ですでに課税済みのため，税効果は認識しない。

（借）　投資有価証券	(※)200	（貸）　その他有価証券評価差額金（当期発生額）	(※)200

（※）　200……未実現利益の消去により調整された有価証券の金額をその他有価証券評価差額金へ振替

② 上場株式の時価が購入側の取得価額を下回るケース

　期末における上場株式の時価が連結会社間取引における購入側の取得価額を下回る場合でも，前記「①　上場株式の時価が購入側の取得価額を上回るケース」の記載と同様，連結会社間での上場株式の売買時に発生した未実現利益を消去し，その他有価証券評価差額金へ振り替えることになる。このような上場株式の時価が購入側の取得価額を下回るケースについて，具体的な会計処理を設例Ⅱ-2-13において確認していくこととする。

設例Ⅱ-2-13　上場株式の未実現利益の消去（上場株式の時価＜購入側の取得価額）

前提条件

① P社は保有している有価証券（連結会社以外の第三者が発行した株式）100株（取得原価1,000）を，X1年3月期に子会社であるS社に時価である1,200で売却した。
② この株式のX1年3月期末の株価は1,050となった。
③ 法定実効税率は30％とし，繰延税金資産の回収可能性には問題がないものとする。また，税務上はグループ法人税制の適用外とする。

【上場株式の未実現利益の消去（上場株式の時価＜購入側の取得価額）】

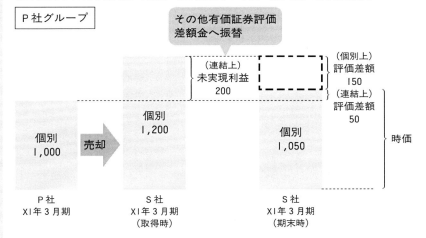

会計処理

［X1年3月期のP社個別財務諸表上の会計処理］

（借）現　金　預　金	(※1)1,200	（貸）投 資 有 価 証 券	(※1)1,000
		投資有価証券売却益	(※2)200

（※1）　1,200，1,000……前提条件①参照
（※2）　200＝譲渡価額1,200－帳簿価額1,000

[X1年3月期のS社個別財務諸表上の会計処理]

(1) 上場株式の取得

| （借） | 投 資 有 価 証 券 | (※)1,200 | （貸） | 現 金 預 金 | (※)1,200 |

（※） 1,200……前提条件①参照

(2) 期末時価評価

| （借） | その他有価証券評価差額金 | (※2)105 | （貸） | 投 資 有 価 証 券 | (※1)150 |
| | 繰 延 税 金 資 産 | (※3)45 | | | |

（※1） △150＝期末時価1,050－S社個別財務諸表上の取得価額1,200
（※2） 105＝含み損150×（1－法定実効税率30％）
（※3） 45＝含み損150×法定実効税率30％

[X1年3月期の連結修正仕訳]

(1) 未実現利益の消去

| （借） | 投資有価証券売却益 | (※)200 | （貸） | 投 資 有 価 証 券 | (※)200 |

（※） 200……P社個別財務諸表上の投資有価証券売却益の消去

(2) 時価評価の調整

　未実現利益の消去の対象となった資産が時価評価の対象となっている株式であるため，減額した投資有価証券を振り戻して，その他有価証券評価差額金へと振り替える。なお，売却益相当はP社ですでに課税済みのため，税効果は認識しない。

| （借） | 投 資 有 価 証 券 | (※1)200 | （貸） | その他有価証券評価差額金（当期発生額） | (※1)200 |
| （借） | その他有価証券評価差額金（税効果額） | (※2)45 | （貸） | 繰 延 税 金 資 産 | (※2)45 |

（※1） 200……未実現利益の消去により調整された有価証券の金額をその他有価証券評価差額金へ振替
（※2） ［X1年3月期のS社個別財務諸表上の会計処理］の(2)の仕訳における繰延税金資産を戻し入れる。

(2) 減損処理の判定

時価のある有価証券について，その時価が著しく下落したときは，回復する見込があると認められる場合を除き，時価をもって貸借対照表価額とし，評価差額は当期の損失として処理する（金融商品会計基準20項）。また，時価を把握することが極めて困難と認められる株式については，発行会社の財政状態の悪化により実質価額が著しく低下したときは，相当の減額をなし，評価差額は当期の損失として処理する（金融商品会計基準21項）。この減損処理の判断の際に，取得原価に対する下落率について，30％や50％という数値基準を設けているケースが多いと思われるが，連結会社間で有価証券を売買すると，下落率算定の基準となる取得原価が個別財務諸表と連結財務諸表で異なるため，留意が必要である。

この点，個別財務諸表と連結財務諸表で減損処理の判定結果が異なるケースを図表Ⅱ-2-4にまとめている。

図表Ⅱ-2-4　個別と連結で減損処理の判定結果が異なるケース

区分	取得原価	期末時価（※）	個別	連結
未実現利益を計上しているケース	個別上の取得原価 ＞ 連結上の取得原価	個別上の取得原価の50％ ≧ 期末時価 ＞ 連結上の取得原価の50％	減損	不要
未実現損失を計上しているケース	個別上の取得原価 ＜ 連結上の取得原価	個別上の取得原価の50％ ＜ 期末時価 ≦ 連結上の取得原価の50％	不要	減損

（※）　時価が取得原価に比べて50％程度以上下落した場合に減損処理するという基準を採用しているものとする。

① 個別財務諸表上は減損，連結財務諸表上は減損不要となるケース

まず，個別財務諸表は減損処理が必要となる一方，連結財務諸表上は減損処理が不要となるケースについて，確認していくこととする（図表II-2-5参照）。

図表II-2-5　個別財務諸表上は減損，連結財務諸表上は減損不要となるケース

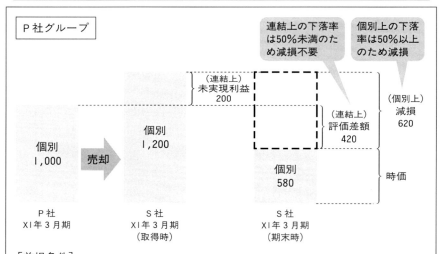

[前提条件]
① P社は保有する有価証券（連結会社以外の第三者が発行した株式）100株（取得原価1,000）を，子会社であるS社に時価である1,200で売却した。
② この株式の期末株価は580となった。
③ P社グループでは，取得原価に比べて50％以上下落した株式について，減損処理を行うこととしている。

[減損処理の判定]
　個別財務諸表上は取得原価1,200に対し期末時価は580であり，下落率52％となり，減損処理が必要となる。一方，連結財務諸表上は，未実現利益200を戻した後の1,000が取得原価となるため，下落率42％と減損処理の基準を満たしていない。

❷ 個別財務諸表上は減損不要，連結財務諸表上は減損となるケース

次に，個別財務諸表は減損処理が不要となる一方，連結財務諸表上は減損処理が必要となるケースについて，確認していくこととする（図表Ⅱ-2-6参照）。

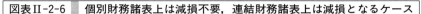

図表Ⅱ-2-6　個別財務諸表上は減損不要，連結財務諸表上は減損となるケース

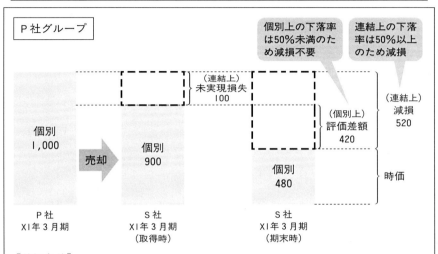

［前提条件］
① Ｐ社は保有する有価証券（連結会社以外の第三者が発行した株式）100株（取得原価1,000）を，子会社であるＳ社に時価である900で売却した。
② この株式の期末株価は480となった。
③ Ｐ社グループでは，取得原価に比べて50％以上下落した株式について，減損処理を行うこととしている。

［減損処理の判定］
　個別財務諸表上は取得原価900に対し期末時価は480であり，下落率46％と減損処理の基準を満たしていない。一方，連結財務諸表上は，未実現損失100を戻した後の1,000が取得原価となるため，下落率52％となり，減損処理が必要となる。

(3) 企業集団内の会社に投資を売却した場合の税効果

企業集団内の会社が企業集団内の他の会社に投資（子会社株式または関連会社株式）を売却した場合，通常の資産の取引等から生じる未実現損益に係る一時差異と同様に処理するのではなく，子会社への投資に係る一時差異の全部ま

たは一部が解消し，追加的にまたは新たに発生する一時差異については，子会社への投資に係る税効果に従い会計処理することになる。これは，企業集団内における投資の売却の結果，個別貸借対照表上の投資簿価が購入側の取得原価（税務上の簿価）に置き換わることにより，投資の連結貸借対照表上の簿価との差額である，連結財務諸表上の一時差異の全部または一部が解消するためである（連結税効果実務指針53-2項）。

なお，グループ法人税制適用下において，完全支配関係がある内国法人間で関係会社株式を譲渡した場合の連結財務諸表上の取扱いは，後記「第Ⅲ部第10節　連結納税・グループ法人税制と未実現利益」で詳述する。

この点，具体的な会計処理を設例Ⅱ-2-14において確認していくこととする。

設例Ⅱ-2-14　企業集団内の会社に投資を売却した場合の税効果

前提条件

① 親会社であるP社（3月決算）は，子会社であるS1社（3月決算）に対して，その有するS2社株式（取得原価1,000）をX1年4月1日に時価1,300で譲渡する意思決定をX1年3月期に行い，決議どおり実際に譲渡された。

② ①に記載した譲渡について，会計上売却益の計上に問題はない。また，税務上はグループ法人税制の適用外とする。

③ 在外子会社であるS2社は，S1社と同じく100％子会社であり，譲渡時点での資本金は1,000，利益剰余金は200であったものとする。

④ 法定実効税率は30％とし，売却の意思決定時点まで，配当による課税関係が生じないことをもって，留保利益に係る税効果も計上されていなかった前提とする。また，売却後に新たに生じる投資の一時差異（将来減算一時差異）については，S2社株式の譲渡の予定がないことから，税効果は認識しないものとする。

【企業集団内の会社に投資を売却した場合の税効果】

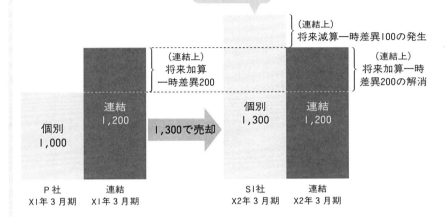

会計処理

[X1年3月期の連結修正仕訳（留保利益に係る税効果仕訳）]

| （借） | 法人税等調整額 | （※）60 | （貸） | 繰延税金負債 | （※）60 |

（※）　60＝S2社の留保利益200×法定実効税率30％

[X2年3月期のP社個別財務諸表上の会計処理]

| （借） | 現　金　預　金 | （※1）1,300 | （貸） | 子 会 社 株 式
（S 2 社 株 式）
関係会社株式売却益 | （※1）1,000

（※2）300 |

（※1）　1,300，1,000……前提条件①参照
（※2）　300＝譲渡価額1,300－帳簿価額1,000

[X2年3月期の連結修正仕訳]

(1) 開始仕訳（前期の留保利益に係る税効果仕訳の引継ぎ）

| （借） | 利益剰余金(期首) | （※）60 | （貸） | 繰延税金負債 | （※）60 |

（※）　前期仕訳の引継ぎ

(2) 売却益（未実現利益）の消去

（借）	関係会社株式売却益	(※1)300	（貸）	子会社株式 （S 2 社株式）	(※1)300
（借）	繰延税金負債	(※2)60	（貸）	法人税等調整額	(※2)60

（※1）　300……P社個別財務諸表上の関係会社株式売却益の消去
（※2）　60……留保利益に係る税効果の戻入れ（個別財務諸表上の投資原価が1,300となったため）

第Ⅲ部

実務上の論点

第1節 未達取引の取扱い

未達取引とは，連結会社間の一方の会社では会計処理済みであるにもかかわらず，他方の会社では会計処理がなされていない取引をいう。

連結会社間で販売取引を行う場合，通常であれば販売側における販売金額と仕入側における仕入金額は一致するため，連結会社間の取引高および債権債務の相殺消去において消去差額は生じない。ところが，未達取引が生じている場合には連結会社間の取引高および債権債務金額が一致せず消去差額が生じてしまう。したがって，連結修正仕訳に先立ち調整が必要となる。

1 ▎未達取引の種類

（1） 商品未達取引

商品未達取引とは，決算日以前に販売側が商品の出荷を行い売上および売掛金を認識した一方，仕入側に当該商品が到着し検収を行ったのは決算日後となったため，仕入高および買掛金の認識が決算日後となるような事象である（図表Ⅲ-1-1参照）。

図表Ⅲ-1-1のケースの場合は，連結財務諸表の作成にあたり子会社（仕入側）において仕入および買掛金を認識するように調整した上で，取引高および債権債務の相殺消去を行う（設例Ⅲ-1-1参照）。

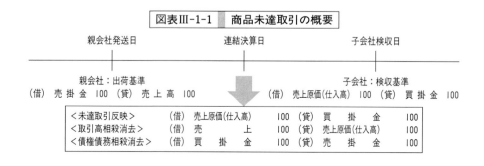

図表Ⅲ-1-1　商品未達取引の概要

設例Ⅲ-1-1　商品未達取引

前提条件

① 親会社P社（3月決算）は売上計上につき出荷基準を採用しており，子会社S社（3月決算）は仕入計上につき検収基準を採用している。

② X1年度期末において10,000（利益率20％）の商品未達取引がある。

③ P社およびS社のX1年度末における個別財務諸表（一部）は下記のとおりである。

個別貸借対照表

借方科目	P社	S社	貸方科目	P社	S社
売掛金	10,000	－	買掛金	－	－

個別損益計算書

借方科目	P社	S社	貸方科目	P社	S社
売上原価	－	－	売上高	10,000	－

④ 税効果は考慮しないものとする。

会計処理

[期末未達取引の調整]

決算日時点で未達となっている取引を反映する。また，期末未達取引の場合は連結決算日においてS社で棚卸資産を保有しているものと考えるため，棚卸資産勘定に振り替える。

```
(借) 売上原価(仕入高)  (※1)10,000  (貸) 買 掛 金            (※1)10,000
(借) 棚 卸 資 産      (※2)10,000  (貸) 売 上 原 価          (※2)10,000
                                      (期末棚卸資産棚卸高)
```

（※1） 10,000……前提条件②参照
（※2） 10,000……前提条件②参照

[取引高の相殺消去]

```
(借) 売 上 高  (※1)10,000  (貸) 売上原価(仕入高)  (※2)10,000
```

（※1） 10,000……前提条件③参照

(※2)　10,000……［期末未達取引の調整］の仕訳参照

［債権債務の相殺消去］

| (借) 買　掛　金 (※1)10,000 | (貸) 売　掛　金 (※2)10,000 |

(※1)　10,000……［期末未達取引の調整］の仕訳参照
(※2)　10,000……前提条件③参照

［未実現利益の調整］

期末未達商品は未実現利益消去の対象となるため，連結修正仕訳で調整する。

| (借) 売　上　原　価 (※)2,000 | (貸) 棚　卸　資　産 (※)2,000 |
| (期末棚卸資産棚卸高) | |

(※)　2,000＝S社棚卸資産10,000×利益率20％

［X2年度の開始仕訳］

期首未達取引（前期末未達）がある場合には，損益に影響を及ぼす前年度の連結仕訳についての調整が必要である。

(1)　未実現利益に係る前期仕訳の引継ぎ

X1年度に計上した連結仕訳を引き継ぐ。なお，損益に影響する科目は「利益剰余金（期首）」に置き換える。

| (借) 利益剰余金(期首) (※)2,000 | (貸) 棚　卸　資　産 (※)2,000 |

(※)　2,000……前期仕訳［未実現利益の調整］の引継ぎ

(2)　期首未実現利益の実現

前期末に保有していた資産が連結グループ外部に売却され，未実現利益が実現したものとみなし反対仕訳を行う。

| (借) 棚　卸　資　産 (※)2,000 | (貸) 売　上　原　価 (※)2,000 |
| | (期首棚卸資産棚卸高) |

(※)　2,000……(1)の仕訳の振戻し

（2） 決済未達取引

決済未達取引とは，期末日以前に債務者側が買掛金の支払いを行った一方，債権者側において入金の事実を確認した時点が決算日後であったために，売掛金の取崩しが期末日後となるような事象である（図表Ⅲ-1-2参照）。

図表Ⅲ-1-2のケースの場合は，子会社（入金側）において入金があったものとして売掛金の取崩しを行ったうえで連結財務諸表を作成する。

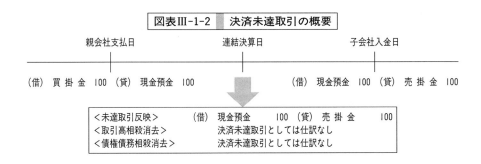

図表Ⅲ-1-2　決済未達取引の概要

第2節　決算日の異なる子会社の取扱い

　連結財務諸表の作成に関する期間は1年とし，連結決算日は親会社の決算日に基づき，年1回の一定の日をもって連結決算日とする（連結会計基準15項）。
　親会社と子会社の決算日が一致している場合には，連結会社間の取引高および債権債務が双方の個別財務諸表において同一の会計期間に認識されるため，連結会社間の取引高および債権債務の相殺消去において消去差額は生じない。ところが，親会社と子会社の決算日が異なる場合には，連結会社間の取引高および債権債務が双方の個別財務諸表において異なる会計期間に認識されるため，連結会社間の取引高および債権債務金額が一致せず消去差額が生じてしまう。したがって，連結修正仕訳に先立ち調整が必要となる。

1 ▎子会社の決算日が連結決算日と異なる場合

(1)　原則的な取扱い

　親会社と子会社の決算日が異なる場合には，子会社は連結決算日に正規の決算に準ずる合理的な手続により決算（いわゆる仮決算）を行う旨が定められている（連結会計基準16項）。この場合，親会社の決算日と子会社の仮決算日が一致するため，決算日ズレによる連結調整は不要となる。

(2)　例外的な取扱い

　親会社と子会社の決算日の差異が3か月を超えない場合には，子会社の正規の決算を基礎として連結決算を行うことが認められている（連結会計基準（注4）本文）。
　ただし，決算日ズレ期間に連結会社間の取引がある場合には，一方の会社では取引高および債権債務を認識しているが，他方の会社では認識していないという状況となり，取引高および債権債務の相殺消去において消去差額が生じてしまう。したがって，連結修正仕訳に先立ち，決算日ズレ期間における取引の

重要な不一致を調整する必要がある（連結会計基準（注4）ただし書き）（設例Ⅲ-2-1参照）。

また，連結財規ガイドライン12-1において，相当の理由がある場合には，親会社の決算日と3か月を超える決算日のズレがある子会社について，連結決算日から3か月を超えない範囲の一定の日において，子会社の決算を行うことができる取扱いが示されている。この場合においても，親会社と子会社の決算日が異なることから生じる取引の重要な不一致について調整が必要である。さらに，連結財規ガイドライン12-1の方法による場合には，決算日ズレ期間に生じた子会社と連結会社以外の会社との取引や債権債務等について，重要な変動の調整をしなければならないものとされている。

これらの取扱いについては，図表Ⅲ-2-1を参照されたい。

図表Ⅲ-2-1　決算日ズレがある場合の取扱い

	決算日ズレが3か月以内の場合	決算日ズレが3か月を超える場合
原則的な方法（連結会計基準16項）	連結決算日に正規の決算に準ずる合理的な手続により決算を行う（いわゆる仮決算）。	
例外的な方法①（連結会計基準（注4））	子会社の決算日における財務諸表を基礎として連結決算を行う。ただし，決算日ズレ期間における連結会社間の重要な不一致取引について調整を行う。	
例外的な方法②（連結財規ガイドライン12-1）		決算日ズレ期間のうち一定の日において決算を行う。ただし，決算日ズレ期間における連結会社間の重要な不一致取引について調整を行う。また，連結会社以外の会社との重要な取引についても調整を行う。

設例III-2-1　決算日ズレの場合の調整

前提条件

① 親会社P社は3月決算，子会社S社は12月決算である。P社の連結財務諸表においては，S社の正規の決算を基礎に連結決算を行う方針である。

② P社はX1年3月10日にS社に商品5,000を掛販売（利益率20％）している。S社はX1年3月31日において当該商品を保有している。

③ S社はX1年3月20日にP社からの借入金10,000を返済している。

④ S社はX1年3月31日にP社に配当金7,000を支払った。

⑤ X1年3月31日におけるP社個別財務諸表（一部）およびX0年12月31日におけるS社個別財務諸表（一部）は下記のとおりである。

個別貸借対照表

借方科目	P社	S社	貸方科目	P社	S社
売掛金	15,000	—	買掛金	—	10,000
棚卸資産	—	—	借入金	—	40,000
貸付金	30,000	—			

個別損益計算書

借方科目	P社	S社	貸方科目	P社	S社
売上原価	—	15,000	売上高	20,000	—
			受取配当金	7,000	—

⑥ 税効果は考慮しないものとする。

会計処理

［個別財務諸表の修正仕訳］

(1) 重要な不一致取引の調整（営業取引）

決算日ズレ期間における連結内の棚卸資産売買取引を反映する。また，連結決算日において棚卸資産を保有しているため，棚卸資産勘定に振り替える。

| （借） | 売上原価(仕入高) | (※1)5,000 | （貸） | 買　　　掛　　　金 | (※1)5,000 |
| （借） | 棚　卸　資　産 | (※2)5,000 | （貸） | 売　上　原　価
（期末棚卸資産棚卸高） | (※2)5,000 |

（※1）　5,000……前提条件②参照
（※2）　5,000……前提条件②参照

(2)　重要な不一致取引の調整（資金取引）

　　決算日ズレ期間内における連結内の資金取引を反映する。

| （借） | 借　　入　　金 | (※)10,000 | （貸） | 現　金　預　金 | (※)10,000 |

（※）　10,000……前提条件③参照

(3)　重要な不一致取引の調整（資本取引）

　　決算日ズレ期間内における配当金の支払いを反映する。

| （借） | 利　益　剰　余　金
（剰余金の配当） | (※)7,000 | （貸） | 現　金　預　金 | (※)7,000 |

（※）　7,000……前提条件④参照

［連結修正仕訳］

(1)　取引高の相殺消去

　　重要な不一致取引を反映後の取引高で相殺消去を行う。

| （借） | 売　　上　　高 | (※1)20,000 | （貸） | 売上原価(仕入高) | (※2)20,000 |

（※1）　20,000……前提条件⑤参照
（※2）　20,000＝15,000（前提条件⑤参照）＋5,000（前提条件②参照）

(2)　債権債務の相殺消去（営業取引）

　　同じく，重要な不一致取引を反映後の債権債務金額で相殺消去を行う。

| （借） | 買　　掛　　金 | (※1)15,000 | （貸） | 売　　掛　　金 | (※2)15,000 |

（※1）　15,000＝10,000（前提条件⑤参照）＋5,000（前提条件②参照）
（※2）　15,000……前提条件⑤参照

(3) 債権債務の相殺消去（資金取引）

同じく，重要な不一致取引を反映後の債権債務金額で相殺消去を行う。

| （借） | 借　入　金 | (※1)30,000 | （貸） | 貸　付　金 | (※2)30,000 |

（※1）　30,000＝40,000（前提条件⑤参照）－10,000（前提条件②参照）
（※2）　30,000……前提条件⑤参照

(4) 子会社からの配当金の調整

| （借） | 受取配当金 | (※1)7,000 | （貸） | 利益剰余金
（剰余金の配当） | (※2)7,000 |

（※1）　7,000……前提条件⑤参照
（※2）　7,000……前提条件④参照

(5) 未実現利益の調整

期末に保有している棚卸資産は未実現利益消去の対象となる。

| （借） | 売　上　原　価
（期末棚卸資産棚卸高） | (※)1,000 | （貸） | 棚　卸　資　産 | (※)1,000 |

（※）　1,000＝S社棚卸資産5,000×利益率20％

［X2年度におけるX1年度の個別財務諸表の修正仕訳の振戻し］

(1) 重要な不一致取引の調整（営業取引）

X1年度の個別財務諸表の修正仕訳として連結決算に反映した重要な不一致取引（営業取引）は，S社の個別財務諸表としては，X2年度に含まれることとなる。

P社連結財務諸表上ではX1年度にすでに当該営業取引を取り込んでいることから，X2年度においては当該影響を除外するため，X1年度の個別財務諸表の修正仕訳を振り戻す必要がある。

| （借） | 利益剰余金(期首) | (※1)5,000 | （貸） | 売上原価(仕入高) | (※1)5,000 |
| （借） | 売　上　原　価
（期首棚卸資産棚卸高） | (※2)5,000 | （貸） | 利益剰余金(期首) | (※2)5,000 |

（※1）　5,000……前提条件②参照
（※2）　5,000……前提条件②参照

(2) 重要な不一致取引の調整（資本取引）

X1年度の個別財務諸表の修正仕訳として連結決算に反映した重要な不一致取引（資本取引）は，S社の個別財務諸表としては，X2年度に含まれることとなる。

P社連結財務諸表上ではX1年度にすでに当該資本取引を取り込んでいることから，X2年度においては当該影響を除外するため，X1年度の個別財務諸表の修正仕訳を振り戻す必要がある。

| （借） | 利益剰余金(期首) | (※)7,000 | （貸） | 利益剰余金
（剰余金の配当） | (※)7,000 |

(※) 7,000……前提条件④参照

[X2年度の開始仕訳]

(1) 子会社からの配当金に係る前期仕訳の引継ぎ

X1年度に計上した連結仕訳を引き継ぐ。なお，損益および利益剰余金に影響する科目は「利益剰余金（期首）」に振り替える。

| （借） | 利益剰余金(期首) | (※)7,000 | （貸） | 利益剰余金(期首) | (※)7,000 |

(※) 7,000……[連結修正仕訳] (4)子会社からの配当金の調整の引継ぎ

(2) 未実現利益に係る前期仕訳の引継ぎ

X1年度に計上した連結仕訳を引き継ぐ。なお，損益に影響する科目は「利益剰余金（期首）」に置き換える。

| （借） | 利益剰余金(期首) | (※)1,000 | （貸） | 棚 卸 資 産 | (※)1,000 |

(※) 1,000……[連結修正仕訳] (5)未実現利益の調整の引継ぎ

(3) 期首未実現利益の実現

前期末に保有していた資産が連結グループ外部に売却され未実現損益が実現したものとみなし反対仕訳を行う。

| （借） | 棚 卸 資 産 | (※)1,000 | （貸） | 売 上 原 価
(期首棚卸資産棚卸高) | (※)1,000 |

(※) 1,000……(2)の仕訳の振戻し

(3) 子会社決算日が親会社決算日よりも後の場合

　ここまでは子会社決算日が親会社決算日よりも前であることを前提に説明をしてきたが，子会社決算日が親会社決算日よりも後である場合も考えられる。この場合についても，3か月以内の決算日ズレの場合は子会社の正規の決算を連結決算に取り込むことを連結会計基準は否定していないが，下記の理由により実務上は困難である。

　上場企業を前提とした場合には有価証券報告書および連結計算書類の作成が必要であるが，これらは特段の事由がない限り連結決算日の終了後3か月以内に投資家への開示および株主総会への報告を行うことが必要である。

　連結会計基準第15項には親会社の決算日を連結決算日とする旨が定められているため，親会社の決算日から3か月後には有価証券報告書および連結計算書類が少なくとも作成されていることが必要である。この点，親会社決算日から3か月後に子会社の決算日が到来する場合において，期限内に有価証券報告書および連結計算書類を作成することは困難である。したがって，子会社決算日が親会社決算日よりも後に到来する場合に子会社の正規の決算を連結決算に織り込むことは実務上困難である。

　この場合には連結決算日において子会社の仮決算を行うことが考えられるが，連結決算日ごとに子会社の仮決算を行うことは決算作業が煩雑となるため，親会社または子会社の決算期変更を行い，決算日を統一することも考えられる。

2 連結子会社の事業年度等に関する注記事項

(1) 有価証券報告書における注記事項

　子会社決算日が連結決算日と異なる場合には，当該子会社の決算日および連結決算のために当該子会社について特に行った決算手続の概要として下記の注記が必要となる（連結会計基準43項(2)，連結財務諸表規則13条4項）。

- 事業年度の末日が連結決算日と異なる子会社の内容（一般的に，当該子会社の名称および決算日を記載する）
- 当該子会社について，連結財務諸表の作成の基礎となる財務諸表を作成するための決算が行われたかどうか

　また，親会社と子会社の決算日ズレが3か月以内の場合の連結決算手続について複数の処理が認められているところ（前記「図表Ⅲ-2-1　決算日ズレがある場合の取扱い」参照），当該手続を変更することも認められている。この場合には，子会社決算を取り込む会計期間について連結決算手続を変更する前と変更した後とで月数が異なり，財務諸表利用者の判断を誤らせるおそれがある。したがって，連結決算手続を変更した場合には下記の注記が求められている（連結財規ガイドライン13-4）。

- 連結決算手続の変更を行った旨
- 連結決算手続の変更の理由
- 連結決算手続の変更が連結財務諸表に与えている影響（記載しないことも可能）

　なお，当該連結決算手続の変更は「会計方針の変更」には該当しないため遡及適用の必要はなく，連結財務諸表の比較情報については前連結会計年度に係る連結財務諸表を記載することになると考えられる（会計制度委員会研究報告第14号「比較情報の取扱いに関する研究報告（中間報告）」ⅡQ6のA(2)）。

（2）　連結計算書類における注記事項

　会社計算規則においても，連結子会社の事業年度等に関する事項について規定を置いているが，注記までは求めていない（会社計算規則64条）。しかしながら，連結決算日と子会社の決算日が異なる場合には，いずれの連結決算手続を採用したかにより連結計算書類に重要な影響を及ぼす場合があり，当該連結計算書類の作成手続を記載しない場合には，連結計算書類利用者の判断を誤らせるおそれがある。したがって，連結計算書類においても有価証券報告書における注記と同様の注記を行うことが望ましいと考えられる。

第3節　第三者を通じて行われる取引の取扱い

　連結会社間の取引が外部の第三者を通じて行われる場合でも，その取引が実質的に連結会社間の取引であることが明確である場合は，当該取引を連結会社間の取引とみなして会計処理を行う（連結会計基準（注12））。

1 ▎第三者を介した商品の連結会社間売買

　親会社が商品を製造し子会社が商品を販売するなどの関係において，契約上は外部の第三者を介して親会社が子会社に商品を販売していたとしても，実質的に連結会社間の取引とみなされる場合がある（図表Ⅲ-3-1参照）。

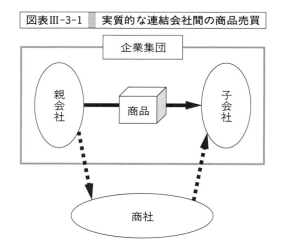

図表Ⅲ-3-1　実質的な連結会社間の商品売買

　図表Ⅲ-3-1のケースの場合は商社が連結会社間の取引に介入しているにすぎず，親会社が商社に商品を売却した時点では企業集団としては売上が実現していない。したがって，親会社と商社との取引高について連結会社間取引と同様に相殺消去が必要となる。

　なお，ここでの相殺消去は取引高についてのみ行い，債権債務の相殺消去は行わないと考えられる点が通常の調整とは異なる。これは，商社は企業集団外

部の第三者であり，企業集団として外部に債権および債務を有しているためである。また，未実現利益の消去についても企業集団内で付加した利益のみが対象となり，企業集団外部の商社が付加した利益は消去しない点に注意が必要である（設例Ⅲ-3-1参照）。

設例Ⅲ-3-1　実質的な連結会社間取引の調整

前提条件

① X1年3月20日に親会社P社（3月決算）は企業集団外部から8,000で仕入れた商品を企業集団外部の商社であるX社に10,000で販売している。X社ではP社からの仕入と同日に，P社から仕入れた商品のすべてを子会社S社（3月決算）に11,000で販売している。

② P社連結グループとX社との取引は実質的な連結会社間取引に該当する。

③ X1年3月31日における個別財務諸表（一部）は下記のとおりである。

個別貸借対照表

借方科目	P社	S社	X社	貸方科目	P社	S社	X社
売掛金	10,000	－	11,000	買掛金	－	11,000	10,000
棚卸資産	－	11,000	－				

個別損益計算書

借方科目	P社	S社	X社	貸方科目	P社	S社	X社
売上原価	8,000	－	10,000	売上高	10,000	－	11,000

④ 税効果は考慮しないものとする。

会計処理

［取引高の相殺消去］

P社の対X社売上高について，実質的な連結会社間取引に該当するため取引高の相殺消去の対象となる。

（借）売　　上　　高　　(※)10,000　　（貸）売上原価(仕入高)　　(※)10,000

（※）10,000……前提条件①参照

［債権債務の相殺消去］

　P社の対X社への売掛金は企業集団外部への債権のため相殺消去は行わない。S社の対X社への買掛金も企業集団外部への債務のため相殺消去は行わない。

　　　　　　　　　　　　仕訳なし

［未実現利益の調整］

　P社がX社に付加した利益2,000が未実現利益として消去の対象となる。なお，X社がS社に付加した利益1,000は企業集団外部が付加した利益のため消去しない。

（借）売　上　原　価　（※）2,000　（貸）棚　卸　資　産　（※）2,000
　　　（期末棚卸資産棚卸高）

（※）　2,000＝対X社売上高10,000－対X社売上原価8,000

2 ▎第三者を介したその他有価証券（時価あり）の連結会社間売買

　連結会社各社に分散しているその他有価証券（時価あり）をファイナンス子会社に集約することを検討している場合などにおいて，株式市場を介して連結会社からファイナンス子会社にその他有価証券が売却されていたとしても，実質的に連結会社間の取引とみなされる場合がある（図表Ⅲ-3-2参照）。

　図表Ⅲ-3-2のケースの場合は株式市場が連結会社間の取引に介在しているにすぎず，親会社が株式市場にその他有価証券を売却した時点では企業集団としては有価証券売買が実現していないとも捉えられる。したがって，その他有価証券は市場に売却されているものの，実質的な連結会社間取引として，未実現利益の調整が必要となる（設例Ⅲ-3-2参照）。なお，株式市場への売却時に投資有価証券売却損が生じる場合において，回収不能と認められる部分については消去しない。

| 図表Ⅲ-3-2 | 実質的な連結会社間の有価証券売買 |

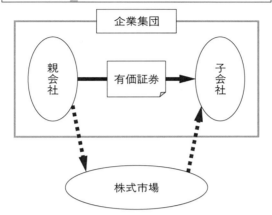

設例Ⅲ-3-2　第三者を介した連結会社間のその他有価証券の売買

前提条件

① X1年3月1日に親会社P社（3月決算）はその他有価証券として保有している帳簿価額9,000のX社株式を株式市場に10,000で売却した。
② ファイナンス子会社であるS社（3月決算）はP社のX社株式売却日と同日に，株式市場からX社株式を10,010で取得した。
③ 株式市場を介したP社とS社のその他有価証券売買は実質的な連結会社間取引に該当する。
④ 税効果は考慮しないものとする。

会計処理

[P社個別財務諸表におけるX社株式売却処理]

（借）未　収　入　金	(※1)10,000	（貸）投 資 有 価 証 券	(※2)9,000
		投資有価証券売却益	(※3)1,000

（※1）　10,000……X社株式の売却価格（前提条件①参照）。対価は未収入金であったものとして処理する。
（※2）　9,000……X社株式の帳簿価額（前提条件①参照）
（※3）　1,000……差額により算出

［S 社個別財務諸表における X 社株式取得処理］

|（借）| 投資有価証券 |（※）10,010|（貸）| 未　払　金 |（※）10,010|

(※) 10,010……X 社株式の取得価額(前提条件②参照)。本問では対価は未払金であったものとして処理する。

［未実現利益の調整］

　P 社が X 社株式を市場へ売却した際の利益1,000が未実現利益として調整の対象となる。なお，市場が付加した10は企業集団外部が付加した利益のため消去しない。また，有価証券売買が実質的な連結会社間取引であり，企業集団の観点からは有価証券の移動にすぎないため，有価証券を引き続き保有していたものとして投資有価証券売却益をその他有価証券評価差額金に振り替える。

|（借）| 投資有価証券売却益 |（※）1,000|（貸）| その他有価証券評価差額金（当期発生額） |（※）1,000|

(※) 1,000……［P 社個別財務諸表における X 社株式売却処理］参照

第4節 在外子会社等における取扱い

在外子会社および在外持分法適用会社（以下「在外子会社等」という）であっても，連結決算手続の基本的な取扱いは変わらない。しかしながら，在外子会社等の財務諸表は当該会社が所在する国の現地通貨にて作成されていることが多いため，連結決算手続に際しては外貨建財務諸表を円換算した上で連結財務諸表を作成することになる。

1 ▍在外子会社等の財務諸表項目の換算

連結財務諸表の作成にあたり，在外子会社等の外貨建財務諸表項目の換算は図表III-4-1のとおり行う。

図表III-4-1　在外子会社等の換算相場

項目			為替相場
貸借対照表	資産・負債		決算時の為替相場
	純資産	株式取得時の資本項目	株式取得時の為替相場
		株式取得後の資本項目	発生時の為替相場
	資産・負債と純資産は換算に用いる為替相場が異なる。当該為替相場の相違に基づく差額は為替換算調整勘定として処理する。		
損益計算書	収益・費用	親会社以外との取引	原則：期中平均相場 容認：決算時の為替相場
		親会社との取引	親会社が換算に用いる為替相場による。この場合に生じる差額は当期の為替差損益として処理する。

（1） 資産および負債

資産および負債については，決算日時点での金額が重視される等の考え方か

ら，在外子会社等の決算時の為替相場により外貨建財務諸表を換算する（外貨建取引等会計基準三1）。

（2） 純資産

純資産のうち資本に属する項目は，投資と資本の相殺消去において差額が生じないよう，親会社の株式取得時における資本は株式取得時の為替相場により換算し，株式取得後の資本に属する項目は，当該項目の発生時の為替相場により外貨建財務諸表を換算する（外貨建取引等会計基準三2）。

資産および負債は決算時の為替相場により換算される一方，純資産は発生時の為替相場により換算されるため，外貨建貸借対照表の換算においては換算差額が生じるが，この際に生じる差額は為替換算調整勘定として純資産の部に計上する（外貨建取引等会計基準三4）。これは，為替換算調整勘定が在外子会社等の外貨建財務諸表の換算手続の結果生じるものであり，在外子会社等の経営成績とは無関係であることから，純損益として計上することは妥当ではないと考えられているためである（外貨建取引等実務指針75項）。為替換算調整勘定は，在外子会社等に対する投資持分から発生した未実現の為替差損益としての性質を有し，投資売却等のタイミングで実現することとなる（外貨建取引等実務指針42項，43項）。

図表Ⅲ-4-2　外貨建貸借対照表の換算

貸借対照表								
借方科目	外貨建	適用レート(※1)	円貨建	貸方科目	外貨建	適用レート(※1)	円貨建
流動資産	15,000米ドル	110円/米ドル	1,650,000円	流動負債	5,000米ドル	110円/米ドル	550,000円
固定資産	50,000米ドル	110円/米ドル	5,500,000円	固定負債	21,000米ドル	110円/米ドル	2,310,000円
				資本金	20,000米ドル	100円/米ドル	2,000,000円
				利益剰余金	19,000米ドル	－円/米ドル	(※2)2,100,000円
				為替換算調整勘定	－米ドル	－円/米ドル	(※3)190,000円
合計	65,000米ドル	110円/米ドル	7,150,000円	合計	65,000米ドル	110円/米ドル	7,150,000円

（※1）期末日相場は110円/米ドル，子会社の株式取得時の為替相場は100円/米ドルとする。
（※2）利益剰余金は当期純利益や支払配当金の積上げにより計算される。
（※3）外貨建貸借対照表の換算に用いる為替相場の相違により発生する差額は為替換算調整勘定として処理する。

外貨建貸借対照表の換算について，図表Ⅲ-4-2にまとめているため参照されたい。

(3) 収益および費用

収益および費用については，在外子会社等の会計期間を通して発生する性質であるため，原則として在外子会社等の会計期間に基づく期中平均相場[1]により外貨建財務諸表を換算するが（外貨建取引等会計基準三3）[2]，親会社との取引に係る収益および費用については，親会社が換算に用いる為替相場により換算する。このため，在外子会社等の個別損益計算書においては換算差額が生じるが，この際に生じる差額は為替差損益として当期の損益計算書に計上する（外貨建取引等会計基準三3）。

外貨建損益計算書の換算について，図表Ⅲ-4-3①にまとめているため参照されたい。

2 ▎債権債務および取引高の相殺消去

(1) 債権債務の相殺消去

親会社の外貨建金銭債権債務は決算時の為替相場により円換算する（外貨建取引等会計基準一2(1)②）。また，在外子会社の資産および負債についても原則として決算時の為替相場により換算する（外貨建取引等会計基準一1）。したがって，在外子会社との債権債務の相殺消去について，換算に用いる為替相場が一致していることから，基本的には消去差額は発生しない（設例Ⅲ-4-1参照）。なお，後記するように，親会社と在外子会社の決算日が異なり，当該決算日ズレ期間が3か月以内の場合においてはこの限りではない。

---

[1] 期中平均相場について，収益および費用が帰属する月または半期等を算定期間とする平均相場を用いることも認められている（外貨建取引等会計基準注解（注12））。
[2] ただし，決算時の為替相場による円換算額を付することも妨げられていない（外貨建取引等会計基準三3）。

図表Ⅲ-4-3① 外貨建損益計算書の換算

損益計算書			
勘定科目	外貨建	適用レート(※1)	円貨建
売上高	3,000米ドル	100円/米ドル	300,000円
売上原価	△2,000米ドル	100円/米ドル	△200,000円
売上総利益	1,000米ドル	100円/米ドル	100,000円
販売費及び一般管理費	△600米ドル	100円/米ドル	△60,000円
営業利益	400米ドル	100円/米ドル	40,000円
支払利息 　親会社以外 　親会社(※2)	 △40米ドル △60米ドル	 100円/米ドル 105円/米ドル	 △4,000円 (※3)△6,300円
為替差損益			(※4)300円
受取利息	50米ドル	100円/米ドル	5,000円
経常利益	350米ドル	100円/米ドル	35,000円
税引前当期純利益	350米ドル	100円/米ドル	35,000円
法人税等	△70米ドル	100円/米ドル	△7,000円
税引後当期純利益	280米ドル	100円/米ドル	28,000円

(※1) 期中平均相場は100円/米ドル，親会社との取引時相場は105円/米ドルとする。
(※2) 支払利息のうち60米ドルは親会社への利息である。
(※3) 親会社の個別財務諸表上における受取利息金額と一致するため，消去差額は生じない。
(※4) 外貨建個別財務諸表の換算において生じた差額は為替差損益として処理する。

設例Ⅲ-4-1　在外子会社との債権債務の消去

前提条件

① X1年3月1日において，親会社P社（3月決算）は在外子会社S社（3月決算）に1,000米ドルの外貨建貸付けを行っている。

② 各時点における為替相場は下記のとおりである。
X1年3月1日：100円/米ドル
X1年3月31日：105円/米ドル

会計処理　（単位：円）

[債権債務の相殺消去]

P社の個別財務諸表に計上されている10,000米ドルの外貨建借入金は，決算日の為替相場により換算される。また，S社の個別財務諸表に計上されている外貨建貸付金10,000米ドルは，決算時の為替相場により換算される。

（借）借　入　金　(※1)105,000　（貸）貸　付　金　(※2)105,000

(※1)　105,000円＝借入金1,000米ドル×決算日相場105円/米ドル
(※2)　105,000円＝貸付金1,000米ドル×決算日相場105円/米ドル

（2）取引高の相殺消去

親会社の個別財務諸表において，外貨建取引は原則として取引発生時の為替相場により換算する（外貨建取引等会計基準一1）。また，在外子会社の外貨建財務諸表の換算において，連結消去の対象となる親会社との取引に係る収益および費用については，親会社が換算に用いる為替相場により換算する（外貨建取引等会計基準三3）。したがって，親会社と在外子会社との取引高の相殺消去について，換算に用いる為替相場が一致していることから，基本的には消去差額は発生しない（設例Ⅲ-4-2参照）。

なお，在外子会社の損益計算書の換算において，親会社との取引高についても期中平均相場で換算した場合には連結修正仕訳において消去差額が生じることとなるが，これを為替差損益として処理することにより連結財務諸表における結果は一致する（図表Ⅲ-4-3②参照）。

実務上は，連結修正仕訳において生じた消去差額を為替差損益として処理するほうが簡便なため，後者を採用するケースも多いと思われる。

図表Ⅲ-4-3② 外貨建損益計算書の換算

損益計算書			
勘定科目	外貨建	適用レート(※1)	円貨建
売上高	3,000米ドル	100円/米ドル	300,000円
売上原価	△2,000米ドル	100円/米ドル	△200,000円
売上総利益	1,000米ドル	100円/米ドル	100,000円
販売費及び一般管理費	△600米ドル	100円/米ドル	△60,000円
営業利益	400米ドル	100円/米ドル	40,000円
支払利息 　親会社以外 　親会社(※2)	 △40米ドル △60米ドル	 100円/米ドル 100円/米ドル	 △4,000円 (※3)△6,000円
為替差損益			(※4)0円
受取利息	50米ドル	100円/米ドル	5,000円
経常利益	350米ドル	100円/米ドル	35,000円
税引前当期純利益	350米ドル	100円/米ドル	35,000円
法人税等	△70米ドル	100円/米ドル	△7,000円
税引後当期純利益	280米ドル	100円/米ドル	28,000円

(※1) 期中平均相場は100円/米ドル，親会社との取引時相場は105円/米ドルとする。
(※2) 支払利息のうち60米ドルは親会社への利息である。
(※3) 親会社の個別財務諸表上における受取利息金額と一致せず，消去差額が生じる。
　　　当該消去差額を為替差損益として処理することで，図表Ⅲ-4-3①と同一の結果となる。
(※4) 外貨建個別財務諸表の換算において換算差額は生じない。

設例Ⅲ-4-2 在外子会社との取引高の消去

前提条件

① X1年3月1日において，親会社P社(3月決算)は在外子会社S社(3月決算)に2,000米ドルの商品販売を行っている。S社では，当該商品についてX1年度中に外部企業に売却しており期末在庫はない。
② X1年度末における連結会社間の債権債務残高はない。

③ 各時点における為替相場は下記のとおりである。
X1年3月1日：100円/米ドル
X1年3月31日：105円/米ドル

会計処理　（単位：円）

[取引高の相殺消去]

P社の個別財務諸表上の外貨建収益は取引時の為替相場により換算する。また，S社の外貨建財務諸表の換算において，親会社との取引は親会社が換算に用いる為替相場である取引時の為替相場により換算する。

（借）売　上　高 (※1)200,000	（貸）売上原価(仕入高) (※2)200,000

（※1）　200,000円＝売上高2,000米ドル×取引時相場100円/米ドル
（※2）　200,000円＝仕入高2,000米ドル×取引時相場100円/米ドル

3 在外子会社等の決算日が連結決算日と異なる場合の取扱い

　親会社と子会社の決算日の差異が3か月以内の場合には，連結会社間の重要な不一致の調整を行うことにより子会社の正規の決算を基礎として連結決算を行うことができる（連結会計基準（注4））。当該取扱いは在外子会社の場合においても同様である。

(1) 資産および負債

　在外子会社の資産および負債は在外子会社の決算時の為替相場により換算する（外貨建取引等実務指針33項）。一方で，親会社の外貨建金銭債権債務は親会社の決算時の為替相場により円換算する（外貨建取引等会計基準一2(1)②）。このため，在外子会社と親会社との間で換算に用いる為替相場が異なり，連結修正仕訳において消去差額が生じる。

(2) 収益および費用

　在外子会社の収益および費用の換算に適用する期中平均相場は在外子会社の会計期間に基づく期中平均相場とするが，決算日ズレの場合においても連結消

去の対象となる親会社との取引は，親会社が換算に用いた為替相場を用いるため，取引高の相殺消去において消去差額は生じない。

（3） 消去差額の調整

前記「（1） 資産および負債」の記載のとおり，在外子会社の決算日が連結決算日と異なる場合には，債権債務の相殺消去において消去差額が生じる（図表Ⅲ-4-4参照）。当該消去差額の取扱いについて会計基準上は明示されていないが，当該消去差額は換算に用いる為替相場の相違によるものであり，在外子会社の経営成績とは無関係に発生するものであるため，為替換算調整勘定として処理することが適当と考えられる（設例Ⅲ-4-3参照）。

ただし，決算日ズレの期間において重要な為替相場の変動があった場合には，債権債務の相殺消去仕訳において重要な不一致が生じる。この場合には，重要な不一致を解消するため在外子会社は連結決算日に仮決算を行い，資産および

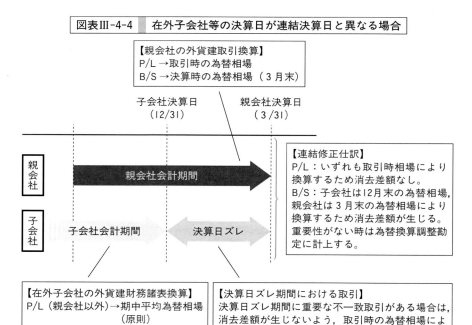

負債を連結決算日における為替相場で換算する必要がある（外貨建取引等実務指針33項）。この結果，債権債務の相殺消去仕訳において消去差額は生じなくなる。

設例Ⅲ-4-3　在外子会社との取引高および債権債務の相殺消去（決算日ズレがある場合）

前提条件

① 親会社Ｐ社は3月決算会社であり，在外子会社Ｓ社は12月決算会社である。Ｐ社連結財務諸表においては，Ｓ社の正規の決算を基礎に連結決算を行う方針である。
② X0年11月1日において，Ｐ社はＳ社に1,000米ドルの外貨建貸付けを行っている。
③ X0年12月10日において，Ｐ社はＳ社に3,000米ドルの商品販売を行っている。Ｓ社では当該商品についてX0年度中に外部企業に売却しており期末在庫はない。
④ X0年度末およびX1年度末における連結会社間の債権債務残高はない。
⑤ 決算日ズレ期間における連結会社間の取引はない。
⑥ 各時点における為替相場は下記のとおりである。
　X0年11月1日：100円/米ドル
　X0年12月10日：102円/米ドル
　X0年12月31日：103円/米ドル
　X1年3月31日：105円/米ドル
⑦ 税効果は考慮しないものとする。

会計処理　（単位：円）

[債権債務の相殺消去]

　Ｓ社の外貨建個別財務諸表に計上されている1,000米ドルの借入金は，Ｓ社決算日の為替相場により換算される。また，Ｐ社の個別財務諸表に計上されている外貨建貸付金10,000米ドルは，Ｐ社決算日の為替相場により換算される。

```
（借）借  入  金  (※1)103,000  （貸）貸  付  金  (※2)105,000
    為替換算調整勘定   (※3)2,000
    （当期発生額）
```

（※1） 103,000円＝借入金1,000米ドル×S社決算時相場103円/米ドル
（※2） 105,000円＝貸付金1,000米ドル×P社決算時相場105円/米ドル
（※3） 2,000円……差額により算出。為替相場の相違による消去差額について，為替換算調整勘定等の適切な科目に含めて表示することが考えられる。

［取引高の相殺消去］

　P社の個別財務諸表上の外貨建収益は取引時の為替相場により換算する。また，S社の外貨建財務諸表の換算において，親会社との取引は親会社が換算に用いる為替相場である取引時の為替相場により換算する。

```
（借）売  上  高  (※1)306,000  （貸）売上原価(仕入高)  (※2)306,000
```

（※1） 306,000円＝売上高3,000米ドル×取引時相場102円/米ドル
（※2） 306,000円＝仕入高3,000米ドル×取引時相場102円/米ドル

4 ┃ 未実現利益の消去

　連結会社間の棚卸資産の売買やその他の取引から生じる未実現利益について，連結財務諸表上消去が必要なのは在外子会社の場合も同様である。

（1） 国内会社から在外子会社等に売却した場合の未実現利益（ダウンストリーム）

　国内会社（親会社または国内子会社）から在外子会社に売却した場合の未実現利益の計算は，売却元の売却価格[3]に売却元の利益率を乗じ未実現利益を算定する(外貨建取引等実務指針45項①本文)。なお，実務上においてこの方法による未実現利益の算定が困難な場合には，購入先における外貨建資産残高に売却元の利益率を乗じ，決算時の為替相場または購入先での資産保有期間に基づいて計算した平均相場に基づき換算することができる（外貨建取引等実務指針

---

[3] 売却価格は，円貨での売却の場合は売却時の金額であり，外貨での売却の場合は売却時の外貨額を取引時の為替相場により換算した金額である。

45項①ただし書き）（設例Ⅲ-4-4参照）。

設例Ⅲ-4-4　商品売買取引における未実現利益の調整（ダウンストリーム）

前提条件

① X1年度末における在外子会社S社（3月決算）の棚卸資産残高には，親会社P社（3月決算）からの仕入商品1,000米ドルが含まれている。仕入時の為替相場は110円/米ドルである。なお，X1年度末の為替相場は115円/米ドルである。
② P社の利益率は毎期20％である。
③ 税効果は考慮しないものとする。

会計処理　（単位：円）

[未実現利益の調整（原則）]

ダウンストリームの場合の棚卸資産売買に係る未実現利益は，原則として売却元の売却額に売却元の利益率を乗じ，取引時の為替相場により換算する。

（借）売　上　原　価　　(※)22,000　（貸）棚　卸　資　産　　(※)22,000
　　　（期末棚卸資産棚卸高）

（※）　22,000円＝S社棚卸資産1,000米ドル×取引時相場110円/米ドル×利益率20％

[未実現利益の調整（容認）]

ダウンストリームの場合の棚卸資産売買に係る未実現利益は，購入先の外貨建棚卸資産残高に売却元の利益率を乗じ，決算時の為替相場により換算することも認められている。

（借）売　上　原　価　　(※)23,000　（貸）棚　卸　資　産　　(※)23,000
　　　（期末棚卸資産棚卸高）

（※）　23,000円＝S社棚卸資産1,000米ドル×決算時相場115円/米ドル×利益率20％

ただし，減価償却資産の売買の場合，売却日に売却元において発生した未実現利益は，その後の減価償却により実現することとなる。この点，国内会社で計上した売却損益の円換算額は売却年度で確定しているため，未実現利益の実

現額は為替相場の変動を受けるべきではない。したがって，減価償却資産の売買に係る未実現利益については，売却時の為替相場で換算し，在外子会社等における減価償却計算に基づき規則的に戻し入れる（外貨建取引等実務指針45項①なお書き）（設例III-4-5参照）。

これらの取扱いについて，図表III-4-5を参照されたい。

図表III-4-5	国内会社から在外子会社に売却した場合（ダウンストリーム）	
売却取引	原則	容認
減価償却資産以外	売却元の売却価格（換算後）×売却元の利益率	外貨建資産残高×売却元の利益率×決算時相場または資産保有期間に基づく平均相場
減価償却資産		

（2） 在外子会社等から国内会社に売却した場合の未実現利益（アップストリーム）

在外子会社等から国内会社に売却した場合の未実現利益の計算は，売却元の売却価格に売却元の利益率を乗じた外貨額を取引時の為替相場により換算する。

ただし，棚卸資産の売買の場合において，この方法による未実現利益の算定が実務上困難な場合には，円貨建の棚卸資産残高に売却元の利益率を乗じて計算することが認められている（外貨建取引等実務指針45項②）。

これらの取扱いについて，図表III-4-6を参照されたい。

図表III-4-6	在外子会社から国内会社に売却した場合（アップストリーム）	
売却取引	原則	容認
棚卸資産売買	売却元の売却価格（外貨）×売却元の利益率×取引時の為替相場	円貨建棚卸資産残高×売却元の利益率
棚卸資産売買以外		

設例Ⅲ-4-5　減価償却資産の売買取引における未実現利益の調整

前提条件

① 親会社Ｐ社（3月決算）は在外子会社Ｓ社（3月決算）の発行済株式総数の80％を所有している。
② X1年1月10日にＰ社はＳ社に帳簿価額500,000円の備品を6,000米ドルで売却した。取引時の為替相場は100円/米ドルである。
③ Ｓ社は当該備品について、定額法（耐用年数5年、残存価額ゼロ）にて減価償却を行っている。
④ X1年度の期中平均相場は105円/米ドル、決算時の為替相場は110円/米ドルである。
⑤ 税効果は考慮しないものとする。

会計処理　（単位：円）

[未実現利益の調整（固定資産売買）]

（借）　固定資産売却益	(※)100,000	（貸）　備　　　　品	(※)100,000

(※)　100,000円＝備品売却価格6,000米ドル×取引時相場100円/米ドル－Ｐ社売却時帳簿価額500,000円

[未実現利益の調整（減価償却費）]

　Ｐ社の個別財務諸表上計算された減価償却費は未実現利益相当額が上乗せされた状態で計算されている。したがって、連結財務諸表上あるべき減価償却費へと修正を行う。

（借）　減価償却累計額	(※)5,000	（貸）　減　価　償　却　費	(※)5,000

(※)　5,000円＝未実現利益100,000円÷耐用年数5年×経過月数3か月÷12か月

5 連結会社間取引におけるヘッジ会計

(1) 連結会社間の外貨建取引に係るヘッジ会計

① 原則的取扱い

外貨建取引に係る為替リスクを回避する目的で為替予約などのデリバティブ取引を行う場合がある。この場合，ヘッジ会計の要件（金融商品会計基準31項）を充足すれば，ヘッジ対象に係る損益とヘッジ手段に係る損益を同一の会計期間に認識することができる（金融商品会計基準29項）。

この点，連結会社間取引をヘッジ対象としており，個別財務諸表上で繰延処理されたヘッジ手段に係る損益等は，連結財務諸表上はヘッジ関係がなかったものとして当期の純損益に計上するものとされている（金融商品実務指針163項）。これは，連結財務諸表上においてヘッジ対象である外貨建取引が相殺消去される結果，ヘッジ手段のみが存在する状態となり，ヘッジ関係が存在しないこととなるためである。また，個別財務諸表において為替予約等の振当処理を行っている場合にも，外貨建債権債務を決算時相場で換算した上で為替予約等を時価評価し，為替予約等の振当処理を行っていたときとの差額は当期の純損益として処理される（設例III-4-6参照）。

したがって，連結会社間の外貨建取引をヘッジ対象としてヘッジ会計を適用している場合には，個別財務諸表上はヘッジ要件を充足する限りはヘッジ会計を適用できるが，企業集団としてはヘッジ関係がなかったものとして，繰延処理されたヘッジ手段に係る損益等を当期の純損益として処理することとなる。

設例III-4-6　連結会社間取引についてヘッジ会計を適用している場合

前提条件

① X1年1月1日において，親会社P社（3月決算）は在外子会社S社（3月決算）に対し100,000米ドルの貸付け（返済日 X2年12月31日）を実行した。

② P社は為替リスクをヘッジする目的で，貸付けと同時に為替予約契約（売予約）を締結した。為替予約はヘッジ会計の要件を満たしており，P

社は為替予約等の振当処理を採用している。

③　直物為替相場および先物為替相場は下記のとおりである。

	直物為替相場	先物為替相場
X1年1月1日（貸付日）	100円/米ドル	103円/米ドル
X1年3月31日（決算日）	102円/米ドル	105円/米ドル

④　税効果は考慮しないものとする。

会計処理　（単位：円）

[P社個別財務諸表における資金貸借取引]

為替予約について振当処理を採用しているため、外貨建債権である貸付金は先物為替相場により換算し、直物為替相場との差額により生じる金額は為替予約の契約締結日から決済日までの期間にわたり配分する。

```
(借) 長 期 貸 付 金 (※1)10,300,000  (貸) 現 金 預 金 (※2)10,000,000
                                    (貸) 長 期 前 受 収 益 (※3)300,000
```

（※1）　10,300,000円＝100,000米ドル（前提条件①）×103円/米ドル（前提条件③）
（※2）　10,000,000円＝100,000米ドル（前提条件①）×100円/米ドル（前提条件③）
（※3）　300,000円……差額で算出

[P社個別財務諸表における決算時の処理]

直物為替相場と先物為替相場との差額により生じる金額のうち、当期に帰属する金額を為替差損益に振り替える。

```
(借) 長 期 前 受 収 益 (※)37,500  (貸) 為 替 差 益 (※)37,500
```

（※）　37,500円＝300,000円（[P社個別財務諸表における資金貸借取引] 参照）×3か月÷24か月（前提条件①）

[P社連結財務諸表におけるヘッジ会計の修正]

(1)　P社連結財務諸表におけるヘッジ会計の取消し

連結財務諸表上はヘッジ関係がなかったものとみなされるため、P社個別財務諸表上における為替予約等の振当処理の取消しが必要となる。

| （借） | 長 期 前 受 収 益 | (※1)262,500 | （貸） | 長 期 貸 付 金 | (※3)300,000 |
| （借） | 為 替 差 益 | (※2)37,500 | | | |

(※1) 262,500円＝300,000円（［P社個別財務諸表における資金貸借取引］参照）－37,500円（［P社個別財務諸表における決算時の処理］参照）
(※2) 37,500円……［P社個別財務諸表における決算時の処理］参照
(※3) 300,000円＝100,000米ドル（前提条件①）×(103円/米ドル（前提条件③）－100円/米ドル（前提条件③))

(2) P社連結財務諸表におけるヘッジ対象の会計処理

連結財務諸表上はヘッジ関係がなかったものとして為替予約等の振当処理が取り消されるため，P社個別財務諸表上におけるヘッジ対象（外貨建債権）を決算時の為替相場により換算する。

| （借） | 長 期 貸 付 金 | (※)200,000 | （貸） | 為 替 差 益 | (※)200,000 |

(※) 200,000円＝100,000米ドル（前提条件①）×(102円/米ドル（前提条件③）－100円/米ドル（前提条件③))

(3) P社連結財務諸表におけるヘッジ手段の会計処理

連結財務諸表上はヘッジ関係がなかったものとみなされるため，P社個別財務諸表上におけるヘッジ手段（デリバティブ）を時価評価し，当期の純損益として処理する。

| （借） | 為 替 差 損 | (※)200,000 | （貸） | 為 替 予 約 | (※)200,000 |

(※) 200,000円＝100,000米ドル（前提条件①）×(105円/米ドル（前提条件③）－103円/米ドル（前提条件③))

[P社連結財務諸表における債権債務の相殺消去]

連結会社間の債権債務について相殺消去を行う。

| （借） | 長 期 借 入 金 | (※)10,200,000 | （貸） | 長 期 貸 付 金 | (※)10,200,0000 |

(※) 10,200,000円＝100,000米ドル（前提条件①）×102円/米ドル（前提条件③）

② 一方の外部取引に対してヘッジ指定する場合の取扱い

前記「① 原則的取扱い」に記載した処理に対して，当初のヘッジ対象であ

る連結財務諸表上で相殺消去される外貨建取引（設例Ⅲ-4-6では資金貸借取引が該当する）が，一方の会社が外部に対して有する特定の資産または負債を相殺するような場合には，連結財務諸表上，外部取引に係るヘッジ取引として，あらかじめヘッジ指定できるものとされている（金融商品実務指針163項）。設例Ⅲ-4-6に照らして考えると，P社からS社に対する貸付金（S社にとっての米ドル建借入金）が，S社から外部に対する（米ドル建）貸付金と紐付いているようなときには，当該外部への貸付金をヘッジ対象としてヘッジ指定できることになる。

　この連結会社間取引が特定の外部取引と相殺し合う関係にあるときにあらかじめヘッジ指定できる旨の定めに関して，連結会社間取引が設例Ⅲ-4-6のような資金貸借取引の場合には，特にヘッジ会計を適用することなく，ヘッジ対象（貸付金）の換算差損益とヘッジ手段（為替予約）の評価損益は相殺し合う関係にある。このとき，連結会社の決算日が一致している場合には，外部取引をヘッジ対象として為替予約等の振当処理を適用することも，その他の要件を適切に満たしている限りにおいて認められるものと考えられる。なお，決算日ズレの決算書をそのまま取り込んでいるときには，キャッシュ・フローを固定する効果はなく，為替予約等の振当処理は採用できない[4]。

（2）　連結会社間の外貨建予定取引に係るヘッジ会計

　連結会社間取引をヘッジ対象とする場合であっても，外貨建の予定取引[5]における為替変動リスクをヘッジするためのヘッジ手段についてはヘッジ会計を適用することができることとされている（金融商品実務指針163項）。これには，売上・仕入取引，経営指導料やロイヤルティ等が含まれると考えられる。

　このような特例が認められているのは，予定取引についてはそもそもヘッジ対象となる実際の取引が未だ行われておらず，連結財務諸表上においても為替変動リスクが消去されずに残るためである。したがって，この場合には，ヘッ

4　「会計処理アドバンストQ&A」新日本有限責任監査法人編　中央経済社　PP.247-250。
5　予定取引とは，未履行の確定契約に係る取引および契約は成立していないが，取引予定時期，取引予定物件，取引予定量，取引予定価格等の主要な取引条件が合理的に予測可能であり，かつ，それが実行される可能性が極めて高い取引をいう（金融商品会計基準（注12））。

ジ会計の中止または終了に該当しない限り、ヘッジ手段に係る損益または評価差額を取引実行まで繰り延べることになる（金融商品実務指針333項）。

6 在外子会社における貸倒引当金の取扱い

（1） 在外子会社が連結会社に対し設定している貸倒引当金

在外子会社が連結会社に対する債権を有し、当該債権に貸倒引当金を設定している場合には、連結会社間の債権債務の相殺消去に伴い、対応する貸倒引当金も消去される。この点、貸倒引当金は貸借対照表項目であるため原則として決算日の為替相場により換算し（外貨建取引等会計基準三1）、貸倒引当金繰入額（または戻入額）は損益計算書項目であるため原則として期中平均相場により換算される（外貨建取引等会計基準三3）。

このため、連結仕訳において消去する貸倒引当金および貸倒引当金繰入額（または戻入額）について円換算後の金額が異なり、消去差額が生じることとなる。ここで、当該消去差額は為替相場の相違によるものであり、在外子会社の経営成績とは無関係に発生するものであるため、為替換算調整勘定として処理することが適当と考えられる。

（2） 業績不振の在外子会社に対して設定している貸倒引当金

国内会社（親会社または国内子会社）が、在外子会社に対する外貨建債権を有している場合、外貨建債権は決算日の為替相場により換算するため（外貨建取引等会計基準一2(1)②）、国内会社の個別財務諸表上において為替差損益が生じることとなる（外貨建取引等会計基準三3）。外貨建債権は債権債務の相殺消去において消去されるが、対応する為替差損益は連結財務諸表上もそのまま計上される。

この点、外貨建債権について債務者である在外子会社の業績が悪化し、経営破綻またはそれに近い状況の場合には、個別財務諸表上において回収可能性が乏しい債権金額について貸倒引当金を設定することとなるが（金融商品会計基準27項、28項）、この場合は、連結財務諸表において為替差損益を計上すべきで

はないものと考えられる。

これは，外貨建債権の換算差額を為替差損益として収益または費用に計上するのは，外貨運用の成果を財務諸表に反映している等の考え方によるものであり，債務者が経営破綻またはそれに近い状況の場合は，外貨運用の成果を回収できる手段がないため，為替差損益として収益または費用に計上することは適当ではないと考えられるためである。

個別財務諸表上は為替差損益に対応する金額についても貸倒引当金を設定することで回収可能性が乏しい事象を反映しているが，連結財務諸表上は債権債務の相殺消去に伴い対応する貸倒引当金が消去される。このため，外貨建債権から生じる為替差損益のうち，個別財務諸表上で貸倒引当金を設定している部分に対応する金額について，連結財務諸表上は未実現の為替差損益としての性質をもつ為替換算調整勘定に振り替えることが考えられる（図表III-4-7参照）。当該為替換算調整勘定は債権放棄や子会社の清算のタイミングで実現するものと考えられる。

図表III-4-7 業績不振の在外子会社に対して設定している貸倒引当金

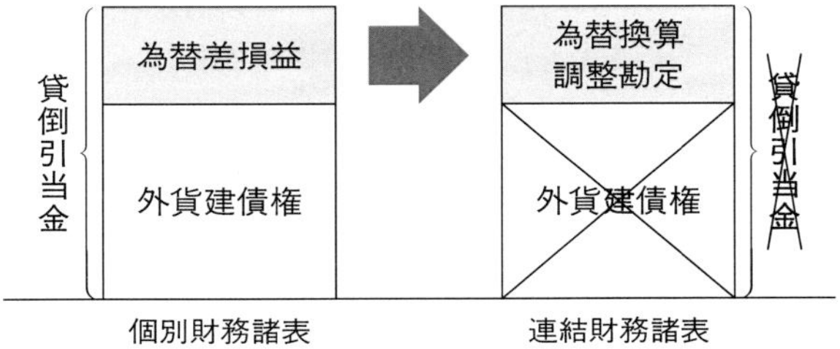

個別財務諸表	連結財務諸表
貸倒引当金：為替差損益／外貨建債権	貸倒引当金：為替換算調整勘定／外貨建債権

7 在外持分法適用会社の取扱い

前記「第Ⅱ部第1章第4節 持分法適用会社と未実現利益」で説明したとおり，持分法適用会社については財務諸表の合算を行わないため，取引高および債権債務の相殺消去は行わず，未実現利益の調整のみを行う。この場合の未実現利益の換算も在外子会社の場合と同様に，棚卸資産の売却価格に売手側の利益率を乗じて未実現利益額を計算する（設例Ⅲ-4-7，Ⅲ-4-8参照）。

設例Ⅲ-4-7　在外持分法適用会社の未実現利益の調整（ダウンストリーム）

前提条件

① 投資会社P社は在外持分法適用会社であるA社の発行済株式総数の30％を保有している。
② X1年度末におけるA社の棚卸資産残高にはP社からの仕入商品500米ドルが含まれている。仕入時の為替相場は120円/米ドルである。
③ P社は利益率25％でA社に商品を販売している。
④ 税効果は考慮しないものとする。

会計処理　（単位：円）

[未実現利益の調整]

棚卸資産の売却価格に売手側の利益率を乗じて未実現利益の金額を計算する。持分法適用会社の場合は，未実現利益に持分比率を乗じ調整金額を算出する。本設例はダウンストリームであるため，貸方は棚卸資産ではなく関連会社株式を減額する。

(借) 売　上　高	(※)4,500	(貸) 関連会社株式 （A　社　株　式）	(※)4,500

(※) 4,500円＝A社棚卸資産500米ドル×取引時相場120円/米ドル×利益率25％×P社持分比率30％

設例Ⅲ-4-8　在外持分法適用会社の未実現利益の調整（アップストリーム）

前提条件

① 投資会社P社は在外持分法適用会社であるA社の発行済株式総数の30％を保有している。
② X1年度末におけるP社の棚卸資産残高にはA社からの仕入商品60,000円（売却額500米ドル，取引時為替相場120円/米ドル）が含まれている。
③ A社は利益率25％でP社に商品を販売している。
④ 税効果は考慮しないものとする。

会計処理　（単位：円）

[未実現利益の調整]

　棚卸資産の売却価格に売手側の利益率を乗じて未実現利益の金額を計算する。持分法適用会社の場合は，未実現利益に持分比率を乗じ調整金額を算出する。本設例はアップストリームであるため，借方は売上高ではなく持分法による投資損益として処理する。

（借）持分法による投資損益	(※)4,500	（貸）棚　卸　資　産	(※)4,500

（※）　4,500円＝P社棚卸資産500米ドル×取引時相場120円/米ドル×利益率25％×P社持分比率30％

8　在外子会社等との取引に係る税効果会計

　在外子会社等との取引に係る未実現利益を消去した場合などにおいて，連結固有の一時差異が発生するため，税効果会計の適用が必要となる。ここで，当該一時差異は連結手続の結果生じるため，一時差異の原因となる連結消去金額に売却元の売却年度の税率を乗じ繰延税金資産を算定する（設例Ⅲ-4-9参照）。

設例Ⅲ-4-9　在外子会社の未実現利益に係る税効果

前提条件

① X1年度末における在外子会社S社の棚卸資産残高には親会社P社からの仕入商品500米ドルが含まれている。仕入時の為替相場は120円/米ドルである。
② P社の利益率は毎期20％である。
③ X1年度におけるP社の法定実効税率は30％である。

会計処理　（単位：円）

[未実現利益の調整]

（借）売上原価(仕入高)	(※)12,000	（貸）棚卸資産	(※)12,000

（※）　12,000円＝P社棚卸資産500米ドル×取引時相場120円/米ドル×利益率20％

[未実現利益の調整に係る税効果会計]

（借）繰延税金資産	(※)3,600	（貸）法人税等調整額	(※)3,600

（※）　3,600円＝未実現利益12,000円×法定実効税率30％

第5節　四半期決算における取扱い

1　連結会社相互間の債権債務および取引高の相殺消去に係る会計処理

（1）　原則的な会計処理

　四半期決算における連結会社相互間の債権債務および取引高の相殺消去に係る会計処理は，原則として，年度決算と同様の会計処理を実施しなければならない。

　つまり，連結会社相互間の債権債務および取引高の相殺消去に際して，連結会社相互間の債権の額と債務の額または取引金額に差異がみられる場合には，当該差異の内容を調査し，調査結果に基づいた適切な調整を行った上で，相殺消去の処理を行わなければならない。

（2）　簡便的な会計処理

　年度の財務諸表や中間財務諸表よりも開示の迅速性が求められていることから，企業集団または企業の財政状態，経営成績およびキャッシュ・フローの状況に関する財務諸表利用者の判断を誤らせない限り，次のような簡便的な会計処理によることができる（四半期会計基準9項ただし書き，20項ただし書き，47項）。

①　連結会社相互間の債権債務の相殺消去

　中間連結作成基準注解（注2）イにおいては，「連結会社相互間の債権の額と債務の額に差異がみられる場合には，合理的な範囲内で，当該差異の調整を行わないで債権と債務を相殺消去することができる。」と定められている。これと同様に，四半期連結財務諸表の作成にあたっても，連結会社相互間の債権と債務を相殺消去するにあたり，当該債権の額と債務の額に差異がある場合に，合理的な範囲内で，当該差異の調整を行わないで債権と債務を相殺消去すること

ができる（四半期適用指針28項）。

② 連結会社相互間の取引高の相殺消去

連結会社相互間の取引高を相殺消去するにあたり，取引金額に差異がある場合で，当該差異の重要性が乏しい場合は，親会社の金額に合わせる，または金額の大きいほうに合わせるなど，一定の合理的な方法に基づき相殺消去することができる（四半期適用指針29項）。

③ 簡便的な会計処理を実施するにあたっての留意事項

ⅰ 期ズレの場合

子会社の四半期会計期間の末日と四半期連結決算日との差異が3か月を超えない場合には，子会社の四半期決算を基礎として，四半期連結決算を行うことができるが，この場合には，決算日が異なることから生ずる連結会社間の取引に係る会計記録の重要な不一致については，必要な調整を行わなければならない(四半期会計基準15項)。よって，連結会社相互間の取引高の相殺消去にあたり，簡便的な会計処理を行っていたとしても，当該調整を行わなければならない点に留意する必要がある。

ⅱ 簡便的な会計処理の継続性

四半期財務諸表において，簡便的な会計処理は，財務諸表利用者の判断を誤らせない限りにおいて認められているものである（四半期会計基準9項ただし書き，20項ただし書き）。このため，簡便的な会計処理については，必ずしも継続性が要求されてはおらず，簡便的な会計処理の変更は会計方針の変更には該当しないと考えられる。例えば，第1四半期は簡便な会計処理を，第2四半期は原則的な会計処理を採用することは認められると考えられる。

2 ▍棚卸資産の未実現利益の消去に係る会計処理

(1) 原則的な会計処理

　四半期決算における棚卸資産の未実現利益の消去に係る会計処理は，原則として，年度決算と同様の会計処理を実施しなければならない。つまり，連結会社相互間の取引によって取得した棚卸資産の金額に，当該取引に係る利益率を乗じて，消去すべき未実現利益の金額を算定しなければならない。

(2) 簡便的な会計処理

　年度の財務諸表や中間財務諸表よりも開示の迅速性が求められていることから，企業集団または企業の財政状態，経営成績およびキャッシュ・フローの状況に関する財務諸表利用者の判断を誤らせない限り，次のような簡便的な会計処理によることができる（四半期会計基準9項ただし書き，20項ただし書き，47項）。

① 見積りの棚卸資産残高および利益率の使用

　中間連結作成基準注解（注2）ロにおいては，「連結会社相互間の取引によって取得したたな卸資産に含まれる未実現損益の消去にあたっては，中間期末在庫高に占める当該たな卸資産の金額及び当該取引に係る損益率を合理的に見積って計算することができる。」と定められている。これと同様に，四半期連結財務諸表の作成にあたっても，連結会社相互間の取引によって取得した棚卸資産に含まれる四半期会計期間末における未実現利益の消去にあたっては，四半期会計期間末在庫高に占める当該棚卸資産の金額および当該取引に係る利益率を合理的に見積って計算することができる（四半期適用指針30項本文，103項）。

② 前年度等の利益率の使用

　中間連結財務諸表よりも適時性が要求されることから，前年度または直前の四半期会計期間から取引状況に大きな変化がないと認められる場合には，前年

度または直前の四半期連結会計期間の利益率や合理的な予算制度に基づいて算定された利益率を使用して計算することができる（四半期適用指針30項また書き，103項）。

なお，ここまでの原則的な会計処理および簡便的な会計処理をまとめると，図表Ⅲ-5-1のとおりである。

図表Ⅲ-5-1　四半期決算における未実現利益の消去に係る簡便的な会計処理			
	実績の棚卸資産残高および利益率の使用	見積りの棚卸資産残高および利益率の使用	前年度等の利益率の使用
四半期	○	○	○
年　度	○	×	×

③ 簡便的な会計処理を実施するにあたっての留意事項

ⅰ 簡便的な会計処理の適用範囲

四半期適用指針には，簡便的な会計処理の対象は棚卸資産と定められていることから，棚卸資産に該当しない固定資産等については，年度決算と同様の会計処理が必要になると考えられる。

ⅱ 季節的な変動がある会社

季節的変動がある会社においては，前年度からの取引状況に大きな変化がないと認められる場合には，前年同四半期の利益率を使用することが考えられる。

ⅲ 棚卸資産の見積額や利益率の見直し

簡便的な会計処理に使用している棚卸資産の見積額や利益率が，経営環境等の変化により実績から乖離している状況があれば，随時，見直す必要があると考えられる。

ⅳ 簡便的な会計処理の継続性

前記「1（2）③ⅱ　簡便的な会計処理の継続性」と同様である。

3 ▎未実現利益の消去に係る税効果

(1) 未実現利益の消去に係る税効果に適用する税率

　未実現利益の消去により発生した一時差異に係る繰延税金資産については、四半期会計期間を含む年度の法人税等の計算に適用される税率に基づいて計算する（四半期適用指針21項）。つまり、売却元において未実現利益の金額に対して売却年度の課税所得に適用される法定実効税率を使用して計算する（連結税効果実務指針13項）。

　よって、売却元の四半期財務諸表の作成にあたって、税金費用を見積実効税率（四半期適用指針18項、19項）や負担率（四半期適用指針20項）により計算している場合でも、当該見積実効税率等は使用しないことに留意する必要がある。

(2) 未実現利益の消去に係る繰延税金資産の計上

　期首から四半期連結会計期間末までの連結会社間での取引により生じた未実現利益を四半期連結手続上で消去するにあたって、当該未実現利益額が、売却元の年間見積課税所得額（税引前四半期純利益に年間見積実効税率を乗じて計算する方法による場合は、予想年間税引前当期純利益）を上回っている場合には、連結消去に係る一時差異の金額は、当該年間見積課税所得額を限度とする（四半期適用指針22項）。

　これは、年間見積課税所得が変わらない限り、未実現利益の消去を行った四半期会計期間以外の四半期純損益に影響を及ぼさず、また、実際の税金費用は年度の課税所得をもって確定することから、四半期会計期間においても年間見積課税所得額を一時差異の限度額として用いることによって年度との整合性を図ることにより、年間の業績見通しに資する情報を提供することができるためである（四半期適用指針97項）。

　なお、これらをまとめると図表III-5-2のとおりである。

図表Ⅲ-5-2　未実現利益消去に係る一時差異の金額の限度額

	四半期	年度
対象期間	期首から四半期会計期間末までの連結会社間での取引により生じた未実現利益消去に係る一時差異	期首から事業年度末までの連結会社間での取引により生じた未実現利益消去に係る一時差異
限度額	年間見積課税所得額 （または予想年間税引前当期純利益）	年間確定課税所得額

第6節　未実現利益と企業結合

1 ▍子会社との企業結合と過年度の未実現利益

（1）　親会社（存続会社）と子会社（消滅会社）が合併する場合

　存続会社となる親会社が，消滅会社となる子会社と合併する場合は，共通支配下の取引として会計処理する（企業結合適用指針201項）。よって，親会社と子会社が合併する場合には，親会社の個別財務諸表では，原則として，子会社の適正な帳簿価額により資産および負債を受け入れる。これら資産および負債の適正な帳簿価額とは，親会社が作成する連結財務諸表において当該子会社の資産および負債の帳簿価額を修正しているときは，当該修正後の帳簿価額をいう（企業結合会計基準（注9），企業結合適用指針207項柱書き）。この修正後の帳簿価額には，子会社の資産および負債に含まれる未実現利益を消去している場合が該当する（企業結合適用指針207項(2)）。この場合に，親会社の個別財務諸表では，子会社の資産および負債を未実現利益消去後の金額で受け入れることとなり，未実現利益消去前の金額から未実現利益消去後の金額に修正した際の差額は特別損失として処理する。

　具体的には，設例Ⅲ-6-1のとおりである。

設例Ⅲ-6-1　親会社と子会社の合併と過年度の未実現利益

前提条件

① P社（3月決算）はS社（3月決算）を設立当初から支配しており，P社はS社の発行済株式総数の80％を保有している。
② X1年4月において，P社はS社に帳簿価額10,000の土地を20,000で売却した。S社は当該土地をX2年3月末においても保有している。
③ X2年4月1日において，P社はS社を吸収合併した（吸収合併存続会社はP社とする）。
④ 税効果は考慮しないものとする。

会計処理

[X3年3月期の会計処理]

(1) P社の個別財務諸表上の仕訳

(i) 土地の帳簿価額の修正

| （借） 土地売却益修正損 (※)10,000 | （貸） 土　　地 (※)10,000 |

（※） 10,000＝土地の売却後の帳簿価額20,000－土地の売却前の帳簿価額10,000

(2) 連結財務諸表上の仕訳

(i) 開始仕訳

| （借） 利益剰余金(期首) (※)10,000 | （貸） 土　　地 (※)10,000 |

（※） 10,000＝土地の売却後の帳簿価額20,000－土地の売却前の帳簿価額10,000

なお、当該仕訳はX1年において土地を売却した際の未実現利益を消去した仕訳を引き継いだものである。

(ii) 帳簿価額修正に伴う未実現利益の消去仕訳の戻し

| （借） 土　　地 (※)10,000 | （貸） 土地売却益修正損 (※)10,000 |

（※） 10,000……個別財務諸表の(1)(i)の仕訳参照

（2） 子会社（存続会社）とその子会社（消滅会社）が合併する場合

前記「（1） 親会社（存続会社）と子会社（消滅会社）が合併する場合」の取扱いは、子会社（存続会社）とその子会社（消滅会社）との合併についても適用し、この場合の連結財務諸表上の帳簿価額とは、子会社（存続会社）にとっての連結財務諸表上の帳簿価額をいう（企業結合適用指針207項(1)）。

2 ▎帳簿価額を修正する上での留意事項

修正対象となる未実現利益は、親会社が子会社に対して行った資産等の処分により、親会社の個別財務諸表上、純損益に計上したものに限定されている（企業結合適用指針439項）。

よって，次の場合は留意する必要がある。

（１） 親会社から子会社に資産を売却した資産を他の子会社に売却している場合

　親会社（P社）から子会社（S1社）に資産を売却し，さらに当該子会社（S1社）がこれを他の子会社（S2社）に売却しているときに，親会社（P社）（吸収合併存続会社）と他の子会社（S2社）（吸収合併消滅会社）が企業結合する場合には，修正対象となる未実現利益は，親会社（P社）が子会社（S1社）に資産を売却したことによる利益のみ修正することとなり，子会社（S1社）が他の子会社（S2社）へ資産を売却したことによる利益は修正の対象とはならない（企業結合適用指針439項(1)）。なお，連結財務諸表上は，子会社（S1社）の他の子会社（S2社）への資産売却取引に係る未実現利益の修正を引き続き行うこととなる（企業結合会計基準44項）。

　具体的には，設例Ⅲ-6-2のとおりである。

設例Ⅲ-6-2　親会社から子会社に売却した資産をさらに他の子会社に売却している場合

前提条件

① P社（3月決算）はS1社（3月決算）およびS2社（3月決算）を設立当初から支配しており，P社はS1社およびS2社の発行済株式総数のそれぞれ80％を保有している。
② X1年4月において，P社はS1社に帳簿価額10,000の土地を20,000で売却した。
③ X2年4月において，S1社はS2社にP社から購入した土地20,000を30,000で売却した。S2社は当該土地をX3年3月末においても保有している。
④ X3年4月1日において，P社はS2社を吸収合併した（吸収合併存続会社はP社とする）。
⑤ 税効果は考慮しないものとする。

会計処理

[X4年3月期の会計処理]

(1) P社の個別財務諸表上の仕訳

(i) 土地の帳簿価額の修正

| (借) | 土地売却益修正損 | (※)10,000 | (貸) | 土　　　地 | (※)10,000 |

(※) 10,000＝P社からS1社への土地の売却価額20,000－P社の土地の当初帳簿価額10,000

(2) 連結財務諸表上の仕訳（未実現利益の消去に関連する仕訳のみ）

(i) 開始仕訳

| (借) | 利益剰余金(期首) | (※1)20,000 | (貸) | 土　　　地 | (※1)20,000 |
| (借) | 非支配株主持分(期首) | (※2)2,000 | (貸) | 利益剰余金(期首) | (※2)2,000 |

(※1) 20,000＝S2社での土地の帳簿価額30,000－売却前のP社での土地の帳簿価額10,000

(※2) 2,000＝S1社からS2社へ土地を売却した際の売却益10,000×S1社非支配株主持分比率20％

(ii) 帳簿価額修正に伴う未実現利益の消去仕訳の戻し

| (借) | 土　　　地 | (※)10,000 | (貸) | 土地売却益修正損 | (※)10,000 |

(※) 10,000……個別財務諸表の(1)(i)の仕訳参照

（2） 子会社から親会社に資産を売却している場合

子会社（S社）から親会社（P社）に資産を売却している場合に，親会社（P社）（吸収合併存続会社）と子会社（S社）（吸収合併消滅会社）との企業結合においては，親会社（P社）が子会社（S社）から受け入れた資産および負債の帳簿価額を連結財務諸表上で修正していても，親会社（P社）の適正な帳簿価額を基礎として会計処理することとなる（企業結合適用指針439項(2)）。よって，親会社（P社）の個別財務諸表上，子会社（S社）の資産および負債を受け入れる際は未実現利益の修正は行わず，連結財務諸表上は，当該内部取引に係る修正

を引き続き行うこととなる（企業結合会計基準44項）。
具体的には，設例Ⅲ-6-3のとおりである。

設例Ⅲ-6-3　子会社から親会社に資産を売却している場合

前提条件

① P社（3月決算）はS社（3月決算）を設立当初から支配しており，P社はS社の発行済株式総数の80％を保有している。
② X1年4月において，S社はP社に帳簿価額10,000の土地を20,000で売却した。P社は当該土地をX2年3月末においても保有している。
③ X2年4月1日において，P社はS社を吸収合併した（吸収合併存続会社はP社とする）。
④ 税効果は考慮しないものとする。

会計処理

［X3年3月期の会計処理］

(1) P社の個別財務諸表上の仕訳

(i) 土地の帳簿価額の修正

仕訳なし

(2) 連結財務諸表上の仕訳

(i) 開始仕訳

（借）	利益剰余金(期首)	(※1)8,000	（貸）	土地	(※2)10,000
	非支配株主持分(期首)	(※3)2,000			

(※1) 8,000＝(※2)10,000−(※3)2,000
(※2) 10,000＝土地の売却後の帳簿価額20,000−土地の売却前の帳簿価額10,000
(※3) 2,000＝未実現利益10,000×非支配株主持分比率20％

(ii) 帳簿価額修正に伴う未実現利益の消去仕訳の戻し

仕訳なし

(iii) S社の非支配株主持分の調整

　企業結合適用指針第438項において，企業集団内における合併と株式交換は，組織再編後の経済的実態は同じと考えられるとされていることから，当該設例における合併と後記の設例Ⅲ-7-1において前提条件③(a)を20％の追加取得とした場合（持分比率が80％から100％になった場合）は，組織再編後の経済的実態は同じと考えられる。そして，企業結合適用指針437項においては，組織再編の形式が異なっていても，組織再編後の経済的実態が同じであれば，連結財務諸表上も同じ結果が得られるように会計処理を検討したとされていることから，当該設例における合併時の会計処理と，後記の設例Ⅲ-7-1において前提条件③(a)を20％の追加取得とした場合の会計処理は同じ結果が得られるべきと考えられる。

```
（借）資本剰余金        （※）2,000  （貸）非支配株主持分       （※）2,000
     （当期発生額）                       （当期発生額）
```
（※）　2,000＝未実現利益10,000×追加取得比率20％

（3）　子会社と他の子会社との企業結合（子会社とその子会社の企業結合を除く）の場合

　子会社（S1社）が他の子会社（S2社）に資産を売却している場合に，子会社（S1社）（吸収合併存続会社）と他の子会社（S2社）（吸収合併消滅会社）との企業結合（子会社とその子会社（孫会社）の企業結合を除く）においては，連結財務諸表上，当該子会社の資産または負債の帳簿価額を修正していても，子会社の適正な帳簿価額を基礎として会計処理することとなる（企業結合会計基準41項，企業結合適用指針439項(3)）。

　よって，子会社（S1社）の個別財務諸表上，子会社（S2社）の資産および負債を受け入れる際は未実現利益の修正は行わず，連結財務諸表上は，当該内部取引に係る修正を引き続き行うこととなる（企業結合会計基準44項）。

　なお，子会社が他の子会社との企業結合（子会社とその子会社（孫会社）の企業結合を除く）とは，図表Ⅲ-6-1のようなケースを想定している。

　また，具体的な会計処理は，設例Ⅲ-6-4のとおりである。

第6節　未実現利益と企業結合　213

| 図表Ⅲ-6-1 | 子会社が他の子会社との企業結合（子会社とその子会社の企業結合を除く）の場合 |

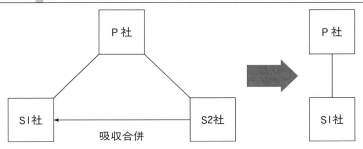

設例Ⅲ-6-4　子会社と他の子会社との企業結合の場合

前提条件

① P社（3月決算）はS1社（3月決算）およびS2社（3月決算）を設立当初から支配しており，P社はS1社およびS2社の発行済株式総数のそれぞれ80％を保有している。
② X1年4月において，S1社はS2社に帳簿価額10,000の土地を20,000で売却した。S2社は当該土地をX2年3月末においても保有している。
③ X2年4月1日において，S1社はS2社を吸収合併した（吸収合併存続会社はS1社とする）。
④ 税効果は考慮しないものとする。

会計処理

［X3年3月期の会計処理］
(I) S1社の個別財務諸表上の仕訳
(i) 土地の帳簿価額の修正

> 仕訳なし

(2) 連結財務諸表上の仕訳（未実現利益の消去に関連する仕訳のみ）
(i) 開始仕訳

| （借） | 利益剰余金(期首) | （※1）10,000 | （貸） | 土　　　　地 | （※1）10,000 |
| （借） | 非支配株主持分(期首) | （※2）2,000 | （貸） | 利益剰余金(期首) | （※2）2,000 |

(※1) 10,000……S1社からS2社へ土地を売却した際の売却益（前提条件②参照）
(※2) 2,000＝S1社からS2社へ土地を売却した際の売却益10,000×S1社非支配株主持分比率20％

(ii) 帳簿価額修正に伴う未実現利益の消去仕訳の戻し

仕訳なし

（4） 子会社が存続会社となる親会社との企業結合の場合

　子会社（S社）が親会社（P社）に資産を売却しているときに，子会社（S社）（吸収合併存続会社）と親会社（P社）（吸収合併消滅会社）が企業結合する場合には，子会社（S社）が親会社（P社）に売却した資産を合併により子会社（S社）が再び受け入れることとなる点が重視される。すなわち，企業結合前に子会社（S社）が親会社（P社）に資産を売却したことにより生じた未実現利益を連結財務諸表上消去している場合には，子会社(S社)は，連結財務諸表上の未実現利益消去後の帳簿価額により，親会社(P社)の資産および負債を受け入れることとされている（企業結合適用指針211項，439項なお書き）。

　具体的には，設例Ⅲ-6-5のとおりである。

設例Ⅲ-6-5　子会社が存続会社となる親会社との企業結合の場合

前提条件

① P社（3月決算）はS社（3月決算）を設立当初から支配しており，P社はS社の発行済株式総数の100％を保有している。
② X1年4月において，S社はP社に帳簿価額10,000の土地を20,000で売却した。P社は当該土地をX2年3月末においても保有している。
③ X2年4月1日において，S社はP社を吸収合併した（吸収合併存続会

社はS社とする)。

④ 税効果は考慮しないものとする。

会計処理

[X3年3月期の会計処理]

(1) S社の個別財務諸表上の仕訳

(i) 土地の帳簿価額の修正

| (借) 土地売却益修正損 | (※)10,000 | (貸) 土　　　　地 | (※)10,000 |

(※) 10,000＝土地の売却後の帳簿価額20,000－土地の売却前の帳簿価額10,000

(2) 連結財務諸表上の仕訳

(i) 開始仕訳

| (借) 利益剰余金(期首) | (※)10,000 | (貸) 土　　　　地 | (※)10,000 |

(※) 10,000……S社からP社へ土地を売却した際の売却益（前提条件②参照）

(ii) 帳簿価額修正に伴う未実現利益の消去仕訳の戻し

| (借) 土　　　　地 | (※)10,000 | (貸) 土地売却益修正損 | (※)10,000 |

(※) 10,000……個別財務諸表の(1)(i)の仕訳参照

3 過年度の未実現損失

　連結会計基準第36項ただし書きにより，未実現損失について親会社である売手側の帳簿価額のうち回収不能と認められる部分を消去（戻入れ）していない場合には，買手側の子会社の個別財務諸表の資産と連結財務諸表の当該資産との金額は一致しているため，子会社の資産の受入れ時に当該資産の帳簿価額の修正は不要である。

4 ▎関連会社との企業結合と過年度の未実現利益

　持分法適用関連会社との企業結合は通常取得に該当するため，投資会社における個別財務諸表の企業結合に係る会計処理はパーチェス法を適用し，持分法適用関連会社の資産および負債を企業結合日時点の時価で受け入れることになる（企業結合適用指針201項また書き，435項なお書き）。投資会社の連結財務諸表上は，投資会社の個別財務諸表上で未実現利益の消去対象とされた持分法適用会社保有の資産を企業結合日における時価により受け入れることになるため，連結財務諸表上未実現利益として控除していた金額は段階取得に係る差損益として会計処理されることにより実現するものと考えられる。

　具体的には，設例Ⅲ-6-6のとおりである。

設例Ⅲ-6-6　関連会社との企業結合と過年度の未実現利益

前提条件

① P社（3月決算）はA社（3月決算）の発行済株式総数の30％を設立当初から保有している。
② X1年4月において，P社はA社に帳簿価額10,000の土地を20,000で売却した。A社は当該土地をX2年3月末においても保有している。
③ X2年4月1日において，P社はA社を吸収合併した（吸収合併存続会社はP社とする）。両社の合併期日前日の貸借対照表は次のとおりである。

P社の合併期日前日の貸借対照表

科目	金額	科目	金額
諸資産	200,000	負債	100,000
A社株式	12,000	資本金	40,000
		資本剰余金	40,000
		利益剰余金	32,000

A社の合併期日前日の貸借対照表

科目	金額	科目	金額
諸資産	100,000	負債	50,000
土地	20,000	資本金	20,000
		資本剰余金	20,000
		利益剰余金	30,000

④ 合併時における上記土地の時価は25,000であり、含み益が5,000ある。なお、土地以外の資産および負債の帳簿価額は時価と一致している。

⑤ 合併に際して、P社以外のA社の株主に対してP社の株式を交付し、P社において増加する資本は資本剰余金として処理する。なお、交付したP社の株式の時価は77,000である。

⑥ P社が合併前に保有していたA社株式について、合併期日における時価は33,000である。

⑦ 法定実効税率は30％とする。なお、X2年3月期において、P社は未実現利益の消去により生じた一時差異を認識するための十分な課税所得が生じている。

会計処理

[X3年3月期の会計処理]

(1) P社の個別財務諸表上の仕訳
(i) A社の資産および負債の受入れ時の仕訳

(借)	諸 資 産	(※1)100,000	(貸)	負 債	(※1)50,000
	土 地	(※2)25,000		繰延税金負債	(※3)1,500
	の れ ん	(※6)15,500		関連会社株式 （A 社 株 式）	(※4)12,000
				資本剰余金	(※5)77,000

(※1) A社の合併期日前日の貸借対照表参照
(※2) 25,000……合併時の土地の時価
(※3) 1,500＝合併時の土地の含み益5,000×法定実効税率30％
(※4) P社の合併期日前日の貸借対照表参照
(※5) 77,000……合併の対価として交付したP社株式の時価
(※6) 差額で算出

(2) 連結財務諸表上の仕訳（未実現利益の消去に関連する仕訳のみ）

(i) 開始仕訳（持分法の適用）

| (借) 関連会社株式 (A 社 株 式) | (※)9,000 | (貸) 利益剰余金(期首) | (※)9,000 |

（※） 9,000＝取得後利益剰余金30,000×A社持分比率30%

(ii) 開始仕訳（未実現利益の消去）

| (借) 利益剰余金(期首) | (※1)3,000 | (貸) 関連会社株式 (A 社 株 式) | (※1)3,000 |
| (借) 繰延税金資産 | (※2)900 | (貸) 利益剰余金(期首) | (※2)900 |

（※1） 3,000＝土地売却益10,000×A社持分比率30%
（※2） 900＝未実現利益3,000×法定実効税率30%

(iii) 段階取得に係る差損益の仕訳

| (借) 関連会社株式 (A 社 株 式) | (※1)15,000 | (貸) 段階取得に係る差益 | (※1)15,000 |
| (借) 法人税等調整額 | (※2)900 | (貸) 繰延税金資産 | (※2)900 |

（※1） 15,000＝合併期日のA社株式時価33,000－（合併前に保有していたA社株式の帳簿価額12,000＋9,000－3,000）
（※2） 900……土地の未実現利益の実現に伴う関連する繰延税金資産の取崩し

(iv) のれんの調整仕訳

| (借) の れ ん | (※1)21,000 | (貸) 関連会社株式 (A 社 株 式) | (※1)21,000 |

（※1）
（※2） 9,000……連結財務諸表の(2)(i)の仕訳参照
（※3） 3,000……連結財務諸表の(2)(ii)の仕訳参照
（※4） 15,000……連結財務諸表の(2)(iii)の仕訳参照

第7節　未実現利益とその後の持分変動

1 ┃ 持分変動（支配が継続する場合）と過年度の未実現利益

（1）親会社から子会社に資産を売却している場合

　親会社から子会社に資産を売却している場合（いわゆるダウンストリームの場合），連結財務諸表上で当該資産に係る売却益を未実現利益として消去する。この場合，当該売却益は全額が消去され，売却先の子会社の非支配株主の有無にかかわらず，全額が親会社の負担となる。よって，当該売却先の子会社に対する持分が変動したとしても，支配が継続する限りは，特段の調整は要しない。

（2）子会社から親会社に資産を売却している場合

　子会社から親会社に資産を売却している場合（いわゆるアップストリームの場合），連結財務諸表上で当該資産に係る売却益を未実現利益として消去する。この場合，当該売却益は全額が消去されるものの，売却元の子会社に非支配株主がいる場合，消去した未実現利益のうち，非支配株主持分比率に相当する金額は非支配株主の負担となる。

　その後，当該子会社に対する支配が継続した状態で持分比率が変動した場合には，過年度に消去した未実現利益のうち，変動した持分比率に相当する金額は，支配が継続しているときの持分変動による差額を資本剰余金として計上することと同様に，資本剰余金として調整することが考えられる。

　具体的には，設例Ⅲ-7-1のとおりである。

設例Ⅲ-7-1　未実現利益消去後の持分変動（支配が継続する場合）

前提条件
① P社（3月決算）はS社（3月決算）を支配しており，P社はS社の発行済株式総数の80％を保有している。
② X1年度において，S社はP社に帳簿価額10,000の土地を20,000で売却

した。P社は当該土地をX3年3月末においても保有している。
③ X3年3月末において、以下の持分変動が生じた。
  (a) S社株式の10％を外部から追加取得し、S社に対する持分が90％になった。
  (b) S社株式の20％を外部に売却し、S社に対する持分が60％になった。
④ 税効果は考慮しないものとする。

会計処理

[X2年3月期の会計処理]

(1) 個別財務諸表上の仕訳
(i) S社の土地売却時の仕訳

(借) 現 金 預 金	(※1)20,000	(貸) 土　　　　地	(※1)10,000
		土 地 売 却 益	(※2)10,000

(※1) 前提条件②参照
(※2) 10,000＝土地売却代金20,000－土地帳簿価額10,000

(ii) P社の土地購入時の仕訳

(借) 土　　　　地	(※)20,000	(貸) 現 金 預 金	(※)20,000

(※) 前提条件②参照

(2) 連結修正仕訳
(i) 未実現利益の消去

(借) 土 地 売 却 益	(※1)10,000	(貸) 土　　　　地	(※1)10,000
(借) 非支配株主持分 （当期変動額）	(※2)2,000	(貸) 非支配株主に帰属 する当期純利益	(※2)2,000

(※1) 上記(1)(i)の仕訳参照
(※2) 2,000＝未実現利益10,000×非支配株主持分比率20％

[X3年3月期の会計処理]

(1) 連結修正仕訳

(i) 開始仕訳

| (借) | 利益剰余金(期首) | (※1)8,000 | (貸) | 土　　　地 | (※2)10,000 |
| | 非支配株主持分
(期首) | (※2)2,000 | | | |

(※1) 8,000＝未実現利益10,000－非支配株主持分への配分額2,000
(※2) [X2年3月期の会計処理]の(2)(i)の仕訳参照

(ii) 持分比率の変動に伴う調整

　(a) 持分比率が80％から90％になった場合

| (借) | 資本剰余金
(当期変動額) | (※)1,000 | (貸) | 非支配株主持分
(当期変動額) | (※)1,000 |

(※) 1,000＝未実現利益10,000×追加取得比率10％

　(b) 持分比率が80％から60％になった場合

| (借) | 非支配株主持分
(当期変動額) | (※)2,000 | (貸) | 資本剰余金
(当期変動額) | (※)2,000 |

(※) 2,000＝未実現利益10,000×一部売却比率20％

2 持分変動（支配を喪失する場合）と過年度の未実現利益

(1) 親会社から子会社に資産を売却している場合

　資産の売却先である子会社の株式の一部を売却し，同社が連結の範囲から除外される場合がある。この場合に，過年度において親会社から子会社に売却していた資産は，当該除外に伴い，連結外部に売却された取扱いとなるため，過年度において消去されていた当該資産に係る未実現利益は戻し入れられることになる。ここで，実際に連結外部に売却されるのは当該資産ではなく，売却先である子会社の株式であるため，未実現利益の戻入れは当該子会社株式の売却

損益にて調整することになると考えられる。また，売却後の残存持分については，利益剰余金にて直接，連結除外の処理をすることになると考えられる。

また，資産の売却先である子会社の株式の一部を売却し，同社が持分法適用関連会社となる場合もある。この場合に，過年度において親会社から子会社に売却していた資産に係る未実現利益は，関連会社化に伴い，投資会社の持分比率に相当する金額を消去するように調整することになる。なお，連結除外の場合と同様に，当該調整も子会社株式の売却損益にて処理することになると考えられる。また，売却後の残存持分については，引き続き，未実現利益を消去することになると考えられる。

具体的には，設例Ⅲ-7-2のとおりである。

設例Ⅲ-7-2 未実現利益消去後の持分変動（支配を喪失する場合－親会社から子会社へ資産売却）

前提条件

① P社（3月決算）はS社（3月決算）を支配しており，P社はS社の発行済株式総数の80％を保有している。
② X1年において，P社はS社に帳簿価額10,000の土地を20,000で売却した。S社は当該土地をX3年3月末においても保有している。
③ X3年3月末において，以下の持分変動が生じた。
　(a) S社株式の70％を外部に売却し，S社に対する持分が10％になり，子会社にも関連会社にも該当しないこととなった。
　(b) S社株式の50％を外部に売却し，S社に対する持分が30％になり，持分法適用関連会社となった。
④ 税効果は考慮しないものとする。

会計処理

[X2年3月期の会計処理]

(Ⅰ) 個別財務諸表上の仕訳
(ⅰ) P社の土地売却時の仕訳

(借)	現 金 預 金	(*1)20,000	(貸)	土　　　　地	(*1)10,000
				土 地 売 却 益	(*2)10,000

(※1) 前提条件②参照
(※2) 10,000＝土地売却代金20,000－土地帳簿価額10,000

(ii) S社の土地購入時の仕訳

（借）土　　　　　地	(※)20,000	（貸）現　金　預　金	(※)20,000

(※) 前提条件②参照

(2) 連結修正仕訳
(i) 未実現損益の消去

（借）土　地　売　却　益	(※)10,000	（貸）土　　　　　地	(※)10,000

(※) 上記(1)(i)の仕訳参照

[X3年3月期の会計処理]

(1) 連結修正仕訳
(i) 開始仕訳

（借）利益剰余金(期首)	(※)10,000	（貸）土　　　　　地	(※)10,000

(※) [X2年3月期の会計処理]の(2)(i)の仕訳参照

(ii) 持分比率の変動に伴う調整
　(a) 持分比率が80％から10％になった場合

（借）土　　　　　地	(※1)10,000	（貸）子会社株式売却損益	(※1)10,000
（借）子会社株式売却損益	(※2)1,000	（貸）利　益　剰　余　金 　　　（連　結　除　外）	(※2)1,000

(※1) 上記(i)の仕訳参照
(※2) 1,000＝未実現利益10,000×残存持分比率10％

　(b) 持分比率が80％から30％になった場合

（借）土　　　　　地	(※1)10,000	（貸）子会社株式売却損益	(※1)10,000
（借）子会社株式売却損益	(※2)3,000	（貸）関　連　会　社　株　式 　　　（S　社　株　式）	(※2)3,000

(※1) 上記(1)(i)の仕訳参照

（※2） 3,000＝未実現利益10,000×減少後S社持分比率30％

（2） 子会社から親会社に資産を売却する場合

　資産の売却元である子会社の株式の一部を売却し，同社が連結の範囲から除外される場合がある。この場合に，過年度において子会社から親会社に売却していた資産は，親会社の個別財務諸表ひいては連結財務諸表に計上され続けることになるため，未実現利益の消去を継続するべきかどうかが問題となる。これについて，子会社から親会社への資産の売却は連結内部の取引であったため調整が必要であったが，内部取引の主体であった当該子会社が連結の範囲から除外された以上，当該売却は連結内部の取引ではなくなったため，当該調整は不要であると考えられる。よって，過年度において消去されていた当該資産に係る未実現利益は戻し入れられることになる。ここで，実際に連結外部に売却されるのは当該資産ではなく，売却先である子会社の株式であるため，未実現利益の戻入れは当該子会社株式の売却損益にて調整することになると考えられる。また，売却後の残存持分については，利益剰余金にて直接，連結除外の処理をすることになると考えられる。

　また，資産の売却先である子会社の株式の一部を売却し，同社が持分法適用関連会社となる場合もある。この場合に，過年度において子会社（株式の一部売却後の持分法適用関連会社）から親会社（株式の一部売却後の投資会社）に売却していた資産に係る未実現利益は，投資会社の持分比率に相当する金額を消去するように調整することになる。なお，連結除外の場合と同様に，当該調整も子会社株式の売却損益にて処理することになると考えられる。また，売却後の残存持分については，引き続き，未実現利益を消去することになると考えられる。

　具体的には，設例Ⅲ-7-3のとおりである。

設例Ⅲ-7-3　未実現利益消去後の持分変動（支配を喪失する場合－子会社から親会社へ資産売却）

前提条件

① 次の前提条件を除き，設例Ⅲ-7-1と同じとする。
② X3年3月末において，以下の持分変動が生じた。

(a) S社株式の70％を外部に売却し，S社に対する持分が10％になり，子会社にも関連会社にも該当しないこととなった。
(b) S社株式の50％を外部に売却し，S社に対する持分が30％になり，持分法適用関連会社となった。

会計処理

［X2年3月期の会計処理］

設例Ⅲ-7-1と同じ（個別・連結とも）。

［X3年3月期の会計処理］

(1) 連結修正仕訳

(i) 開始仕訳

設例Ⅲ-7-1と同じ。

(ii) 持分比率の変動に伴う調整

(a) 持分比率が80％から10％になった場合

(借)	土　　　　　地	(※1)10,000	(貸)	子会社株式売却損益	(※1)8,000
				非支配株主持分 （当期変動額）	(※1)2,000
(借)	子会社株式売却損益	(※2)1,000	(貸)	利 益 剰 余 金 （連 結 除 外）	(※2)1,000

(※1) 設例Ⅲ-7-1の［X3年3月期の会計処理］の(1)(i)の仕訳参照
(※2) 1,000＝未実現利益10,000×残存持分比率10％

(b) 持分比率が80％から30％になった場合

(借)	土　　　　　地	(※1)10,000	(貸)	子会社株式売却損益	(※1)8,000
				非支配株主持分 （当期変動額）	(※1)2,000
(借)	子会社株式売却損益	(※2)3,000	(貸)	土　　　　　地	(※2)3,000

(※1) 設例Ⅲ-7-1の［X3年3月期の会計処理］の(1)(i)の仕訳参照
(※2) 3,000＝未実現利益10,000×減少後S社持分比率30％

3 段階取得により持分法適用関連会社から連結子会社になった場合の過年度の未実現利益

段階取得により持分法適用関連会社から連結子会社になった場合，企業結合会計基準第25項(2)において，連結子会社となった被取得企業の取得原価は，連結財務諸表上，支配を獲得するに至った個々の取引すべての企業結合日における時価により算定することと定められている。当該会計処理に至った背景として，企業結合会計基準第89項においては，株式の段階取得により持分法適用関連会社が連結子会社になった場合，支配を獲得したことにより，過去に所有していた投資の実態または本質が変わったものとみなし，その時点でいったん投資が清算され，改めて投資を行ったとする考え方が示されている。この考え方に従い，支配獲得時の時価評価の定めに基づき子会社が保有する資産および負債の時価評価をやり直すこととなるが，未実現利益の消去の対象となっていた資産についても時価評価されることから，未実現利益として控除していた金額は段階取得に係る差損益として会計処理されることにより実現するものと考えられる。

具体的には，設例Ⅲ-7-4のとおりである。

設例Ⅲ-7-4　段階取得により持分法適用関連会社から連結子会社になった場合

前提条件

① P社（3月決算）はA社（3月決算）の発行済株式総数の30％（取得価額12,000）を設立当初から保有している。

② X1年4月において，P社はA社に帳簿価額10,000の土地を20,000で売却した。A社は当該土地をX3年3月末においても保有している。

③ X3年3月末において，P社はA社株式の50％を時価55,000で追加取得し，A社を連結子会社とした。

④ A社のX1年3月末，X2年3月末およびX3年3月末の貸借対照表は次のとおりである。

A社のX1年3月末の貸借対照表

科目	金額	科目	金額
諸資産	100,000	負債	50,000
		資本金	20,000
		資本剰余金	20,000
		利益剰余金	10,000

A社のX2年3月末の貸借対照表

科目	金額	科目	金額
諸資産	120,000	負債	60,000
土地	20,000	資本金	20,000
		資本剰余金	20,000
		利益剰余金	40,000
		（当期純利益）	（30,000）

A社のX3年3月末の貸借対照表

科目	金額	科目	金額
諸資産	160,000	負債	70,000
土地	20,000	資本金	20,000
		資本剰余金	20,000
		利益剰余金	70,000
		（当期純利益）	（30,000）

⑤ 追加取得時（支配獲得時）における上記土地の時価は25,000であり，含み益が5,000ある。なお，土地以外の資産および負債の帳簿価額は時価と一致している。

⑥ 法定実効税率は30％とする。なお，X3年3月期において，P社は未実現利益の消去により生じた一時差異を認識するための十分な課税所得が生じていたものとする。

会計処理

[X2年3月期の会計処理]

(1) P社の個別財務諸表上の仕訳

(i) P社からA社への土地売却時の仕訳

（借）現 金 預 金	（※1）20,000	（貸）土　　　　地	（※1）10,000
		土 地 売 却 益	（※2）10,000

（※1） 前提条件②参照
（※2） 10,000＝土地売却代金20,000－土地帳簿価額10,000

(2) 連結修正仕訳

(i) 開始仕訳（持分法による投資損益）

（借）関連会社株式 　　　（A 社 株 式）	（※）3,000	（貸）利益剰余金(期首)	（※）3,000

（※） 3,000＝X1年3月期における取得後利益剰余金10,000×P社持分比率30％

(ii) 持分法による投資損益の計上

（借）関連会社株式 　　　（A 社 株 式）	（※）9,000	（貸）持分法による 　　　投 資 損 益	（※）9,000

（※） 9,000＝X2年3月期における当期純利益30,000×P社持分比率30％

(iii) 未実現利益の消去

（借）土 地 売 却 益	（※）3,000	（貸）関連会社株式 　　　（A 社 株 式）	（※）3,000

（※） 3,000＝土地売却益10,000×P社持分比率30％

(iv) 未実現利益の消去に係る税効果

（借）繰延税金資産	（※）900	（貸）法人税等調整額	（※）900

（※） 900＝未実現利益3,000×法定実効税率30％

[X3年3月期の会計処理]

(1) P社の個別財務諸表上の仕訳

(i) A社株式の追加取得時の仕訳

(借)	子会社株式 (A 社 株 式)	(※1)55,000	(貸)	現 金 預 金	(※1)55,000
(借)	子会社株式 (A 社 株 式)	(※2)12,000	(貸)	関連会社株式 (A 社 株 式)	(※2)12,000

(※1) 前提条件③参照
(※2) A社の子会社化に伴う関連会社株式から子会社株式への振替（前提条件①参照）

(2) 連結修正仕訳

(i) 開始仕訳（持分法による投資損益）

(借)	関連会社株式 (A 社 株 式)	(※1)12,000	(貸)	利益剰余金(期首)	(※1)12,000

(※1) 12,000＝3,000(※2)＋9,000(※3)
(※2) [X2年3月期の会計処理]の(2)(i)の仕訳参照
(※3) [X2年3月期の会計処理]の(2)(ii)の仕訳参照

(ii) 開始仕訳（未実現利益の消去）

(借)	利益剰余金(期首)	(※1)3,000	(貸)	関連会社株式 (A 社 株 式)	(※1)3,000
(借)	繰延税金資産	(※2)900	(貸)	利益剰余金(期首)	(※2)900

(※1) [X2年3月期の会計処理]の(2)(iii)の仕訳参照
(※2) [X2年3月期の会計処理]の(2)(iv)の仕訳参照

(iii) 持分法による投資損益の計上

(借)	関連会社株式 (A 社 株 式)	(※)9,000	(貸)	持分法による 投 資 損 益	(※)9,000

(※) 9,000＝X3年3月期における当期純利益30,000×A社持分比率30%

(iv) 子会社の資産および負債の時価評価に係る仕訳

| (借) | 土　　　　地 | (※1)5,000 | (貸) | 評　価　差　額 | (※1)5,000 |
| (借) | 評　価　差　額 | (※2)1,500 | (貸) | 繰延税金負債 | (※2)1,500 |

(※1) 追加取得時（支配獲得時）の土地の含み益
(※2) 1,500＝土地の含み益5,000×法定実効税率30％

(v) 段階取得に係る損益の計上仕訳

(借)	子 会 社 株 式（A 社 株 式）	(※2)33,000	(貸)	段階取得に係る差益	(※1)3,000
				子 会 社 株 式（A 社 株 式）	(※3)12,000
				関連会社株式（A 社 株 式）	(※4)18,000
(借)	法人税等調整額	(※5)900	(貸)	繰延税金資産	(※5)900

(※1) 3,000＝A社株式の時価(※2)33,000－持分法によるA社株式の評価額(※4)30,000
(※2) 33,000＝A社株式の追加取得時の時価55,000÷50％×30％
(※3) ［X3年3月期の会計処理］の(1)(i)の仕訳参照
(※4) 18,000＝A社株式の持分法仕訳12,000－3,000＋9,000
(※5) 土地の未実現利益の実現に伴う関連する繰延税金資産の取崩し

(vi) 投資と資本の相殺消去に係る仕訳

(借)	資　本　金	(※1)20,000	(貸)	子 会 社 株 式（A 社 株 式）	(※3)88,000
	資 本 剰 余 金	(※1)20,000		非支配株主持分（当期発生額）	(※4)22,700
	利 益 剰 余 金	(※1)70,000		負ののれん発生益	(※5)2,800
	評　価　差　額	(※2)3,500			

(※1) A社のX3年3月末の貸借対照表参照
(※2) 上記(iv)の仕訳参照。3,500＝5,000－1,500
(※3) 88,000＝55,000＋33,000
(※4) 22,700＝(20,000＋20,000＋70,000＋3,500)×非支配株主持分比率20％
(※5) 差額で算出

4 ▍子会社の清算と過年度の未実現利益

親会社に資産を売却している子会社が清算したことで連結除外になる場合に,過年度において消去した未実現利益の戻入れを行うかどうかが問題となる。

この場合,清算の経済実態が合併に類似することから,株式の売却に伴う連結除外の場合とは異なり,資産が引き続き連結内部に留まることで,連結財務諸表上は引き続き未実現利益を消去することと考えられる。

具体的には,設例Ⅲ-7-5のとおりである。

設例Ⅲ-7-5　子会社の清算と過年度の未実現利益

前提条件

① 次の前提条件を除き,設例Ⅲ-7-1と同じとする。
② X3年3月末において,S社が清算した。

会計処理

[X2年3月期の会計処理]

設例Ⅲ-7-1と同じ(個別・連結とも)。

[X3年3月期の会計処理]

(1) 連結上の仕訳
(i) 開始仕訳

設例Ⅲ-7-1と同じ。

(ii) S社の非支配株主持分の調整

(借)	資本剰余金 (当期発生額)	(※)2,000	(貸)	非支配株主持分 (当期発生額)	(※)2,000

(※) 清算の経済実態が合併に類似することを踏まえると,合併する場合と同様に,資本剰余金にて調整されるものと考えられる(前記設例Ⅲ-6-3参照)。

第8節 持分法適用会社における実務上の論点

1 ▌未実現利益の消去における一時差異の認識限度額の判定

前記「第Ⅱ部第1章第4節1 持分法適用会社における未実現利益の消去」において，持分法適用会社に係る未実現利益の消去における税効果会計の考え方について解説した。これに関し，設例Ⅲ-8-1を用いて実務上の判断ポイントを確認する。

設例Ⅲ-8-1 未実現利益の消去における一時差異の認識限度額の判定および税効果の会計処理

前提条件

① P社（3月決算）は国内関連会社A社（3月決算，持分比率20％）を有している。
② X2年3月期に，P社はA社に資産αを5,000（未実現利益の消去に用いる利益率は20％）で売却した。資産αは，X2年3月期およびX3年3月期においてA社から他の会社に売却されていない。
③ P社の課税所得は，X2年3月期50，X3年3月期500であった。
④ 未実現利益のうちA社の他の株主の持分部分は実現したものとする。
⑤ 法定実効税率は30％とする。

会計処理

[X2年3月期における未実現利益の消去]

(1) 未実現利益の消去

（借）売　上　高	(※)200	（貸）関連会社株式 　　　（A　社　株　式）	(※)200

(※) 200＝資産α 5,000×P社利益率20％×P社持分比率20％

(2) 未実現利益消去に係る税効果

　未実現利益に係る一時差異の認識は，売却元の売却年度の課税所得が限

度となる。本設例の場合，未実現利益に係る一時差異は200でありP社の課税所得の50を超えているため，課税所得の50を限度として一時差異を認識し，認識した一時差異について繰延税金資産を計上する。

| (借) | 繰延税金資産 | (※)15 | (貸) | 法人税等調整額 | (※)15 |

(※) 15＝認識可能な一時差異の額50×法定実効税率30％

[X3年3月期における開始仕訳および未実現利益の消去]

(1) 開始仕訳

| (借) | 利益剰余金(期首) | (※)200 | (貸) | 関連会社株式
(A社株式) | (※)200 |
| (借) | 繰延税金資産 | (※)15 | (貸) | 利益剰余金(期首) | (※)15 |

(※) 前期末利益剰余金の計上

(2) 未実現利益の消去

| 仕訳なし(※) |

(※) 資産αは外部に売却されていないため，未実現利益の実現の会計処理は不要である。また，一時差異の認識限度額の判定は，売却元の売却年度の課税所得を使用するため，P社のX3年3月期における課税所得は500であり，未実現利益に係る一時差異の200を上回っているが，X3年3月期においてX2年3月期に認識できなかった一時差異150（＝200－50）を追加認識することはできない。

2 棚卸資産に係る未実現利益の消去と税効果

前記「第Ⅱ部第1章第4節2 未実現利益に係る税効果」において，未実現利益の消去に伴う税効果会計の適用に関する説明を行った。これに関し，取引形態別に棚卸資産の未実現利益消去に係る具体的な会計処理を，設例Ⅲ-8-2を用いて解説する。

設例Ⅲ-8-2 棚卸資産の未実現利益消去と税効果の会計処理

前提条件

① P社（3月決算）は非連結国内子会社A1社（3月決算，持分比率

60％)，および国内関連会社A2社（3月決算，持分比率20％）を有している。

② X2年3月期に，P社はA1社・A2社それぞれに商品αを5,000で販売した。また，A1社・A2社はそれぞれ商品βを6,000でP社に販売した。加えて，A1社はA2社に対し商品γを2,000で販売し，A2社はA1社に対し商品δを3,000で販売した。X2年3月期末までに，商品α，β，γ，δは外部に売却されなかった。

③ 未実現利益の消去に用いる売却元の利益率は，P社10％，A1社15％，A2社20％である。

④ 各社では，未実現利益の消去により生じた一時差異を認識するための十分な課税所得が生じている。

⑤ 未実現利益のうち，他の株主の持分部分は実現したものとする。

⑥ 法定実効税率は30％とする。

【持分比率と取引状況】

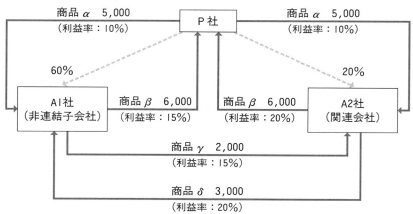

会計処理

[P社とA1社(非連結子会社)との取引]

(1) P社→A1社(ダウンストリーム)

A1社は非連結子会社であるため、ダウンストリームの場合には未実現利益の全額を消去する。

(借)	売　上　高	(※1)500	(貸)	子会社株式 (A1社株式)	(※1)500
(借)	繰延税金資産	(※2)150	(貸)	法人税等調整額	(※2)150

(※1) 500＝商品α5,000×P社利益率10％
(※2) 150＝未実現利益500×法定実効税率30％

(2) A1社→P社(アップストリーム)

非連結子会社との取引は、ダウンストリームの場合には未実現利益を全額消去するが、アップストリームの場合には未実現利益に持分比率を乗じた金額を消去する。

(借)	持分法による 投資損益	(※1)540	(貸)	棚卸資産	(※1)540
(借)	子会社株式 (A1社株式)	(※2)162	(貸)	持分法による 投資損益	(※2)162

(※1) 540＝商品β6,000×A1社利益率15％×A1社に対するP社持分比率60％
(※2) 162＝未実現利益540×法定実効税率30％

[P社とA2社(関連会社)との取引]

(1) P社→A2社(ダウンストリーム)

A2社は関連会社であるため、持分比率を考慮して未実現利益の消去を行う。

(借)	売　上　高	(※1)100	(貸)	関連会社株式 (A2社株式)	(※1)100
(借)	繰延税金資産	(※2)30	(貸)	法人税等調整額	(※2)30

(※1) 100＝商品α5,000×P社利益率10％×A2社に対するP社持分比率20％
(※2) 30＝未実現利益100×法定実効税率30％

(2) A2社→P社(アップストリーム)

アップストリームの取引であるため、持分比率を考慮して未実現利益の消去を行う。

| (借) | 持分法による投資損益 | (※1)240 | (貸) | 棚 卸 資 産 | (※1)240 |
| (借) | 関連会社株式(A2社株式) | (※2)72 | (貸) | 持分法による投資損益 | (※2)72 |

(※1) 240＝商品β6,000×A2社利益率20%×A2社に対するP社持分比率20%
(※2) 72＝未実現利益240×法定実効税率30%

[A1社とA2社との取引(持分法適用会社間の取引)]

(1) A2社(関連会社)→A1社(非連結子会社)

持分法適用会社間の取引であるため、持分法による投資損益勘定と持分法適用会社に対する投資勘定を使用する。

| (借) | 持分法による投資損益 | (※1)120 | (貸) | 子会社株式(A1社株式) | (※1)120 |
| (借) | 関連会社株式(A2社株式) | (※2)36 | (貸) | 持分法による投資損益 | (※2)36 |

(※1) 120＝商品δ3,000×A2社利益率20%×A2社に対するP社持分比率20%
(※2) 36＝未実現利益120×法定実効税率30%

(2) A1社(非連結子会社)→A2社(関連会社)

持分法適用会社間の取引であるため、持分法による投資損益勘定と持分法適用会社に対する投資勘定を使用する。

| (借) | 持分法による投資損益 | (※1)180 | (貸) | 関連会社株式(A2社株式) | (※1)180 |
| (借) | 子会社株式(A1社株式) | (※2)54 | (貸) | 持分法による投資損益 | (※2)54 |

(※1) 180＝商品γ2,000×A1社利益率15%×A1社に対するP社持分比率60%
(※2) 54＝未実現利益180×法定実効税率30%

3 棚卸資産の評価損(収益性の低下による簿価切下げ)と持分法における未実現利益の消去

前記「第Ⅱ部第2章第1節3 棚卸資産の評価損(収益性の低下による簿価切下げ)と未実現利益の消去」で取り扱った棚卸資産評価損の論点について、持分法適用会社(関連会社)の場合の考え方を解説する。持分法適用会社との取引がダウンストリームである場合、未実現利益部分に係る評価損は持分法適用会社の当期純損益を通じて持分法適用会社に対する投資に反映されることから、これに係る会計処理の修正が必要となる。一方、アップストリームの場合には、投資会社の貸借対照表で未実現利益部分に係る評価損を計上しているので、投資会社の貸借対照表の棚卸資産を修正する。具体的に、設例Ⅲ-8-3を用いて解説する。

設例Ⅲ-8-3 未実現利益が含まれた棚卸資産に対し評価損(収益性の低下による簿価切下げ)が生じた場合の会計処理

前提条件

① P社(3月決算)は国内関連会社A社(3月決算、持分比率20%)を有している。
② P社およびA社において、個別財務諸表における繰延税金資産の計上および連結財務諸表における未実現利益消去に係る一時差異を認識するための十分な課税所得が生じているものとする。
③ 法定実効税率は30%とする。

ケース1(ダウンストリーム)　連結上の簿価＜正味売却可能価額の場合

① X2年3月期に、P社はA社に対し、商品 α を10,000(未実現利益の消去に用いる利益率は20%)で販売した。X2年3月期に商品 α は外部に売却されていない。
② X2年3月期末において商品 α の正味売却可能価額は9,000であったため、A社の個別財務諸表において評価損1,000を計上した。

【ケース I における商品 α のボックス図】

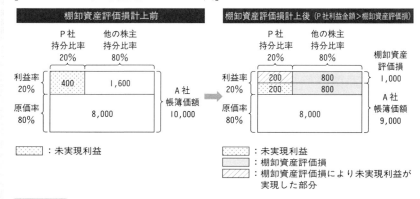

会計処理

[未実現利益の消去]

| (借) | 売　上　高 | (※)400 | (貸) | 関連会社株式
（Ａ社株式） | (※)400 |

（※）　400＝Ａ社在庫金額（評価損考慮前）10,000×Ｐ社利益率20％×Ｐ社持分比率20％

[未実現利益に係る税効果]

| (借) | 繰延税金資産 | (※)120 | (貸) | 法人税等調整額 | (※)120 |

（※）　120＝未実現利益400×法定実効税率30％

[評価損計上に伴う未実現利益の実現]

　Ｐ社が商品 α に付加した利益の額2,000は評価損の金額1,000を上回っており，未実現利益の一部が評価損により実現している。このため，未実現利益のうち実現したものと認められる割合を算出し，未実現利益を実現させる会計処理を行う。

| (借) | 関連会社株式
（Ａ社株式） | (※)200 | (貸) | 持分法による
投資損益 | (※)200 |

（※）　200＝未実現利益400×（評価損1,000÷（商品 α 10,000×Ｐ社利益率20％））

［未実現利益の実現に伴う繰延税金資産の取崩し］

| （借） | 法人税等調整額 | (※)60 | （貸） | 繰延税金資産 | (※)60 |

（※） 60＝未実現利益実現額200×法定実効税率30％

ケース2（ダウンストリーム）　　連結上の簿価＞正味売却可能価額の場合

① X2年3月期に，P社はA社に対し，商品αを10,000（未実現利益の消去に用いる利益率は20％）で販売した。X2年3月期に商品αは外部に売却されていない。

② X2年3月期末において商品αの正味売却可能価額は7,000であったため，A社の個別財務諸表において評価損3,000を計上した。

【ケース2における商品αのボックス図】

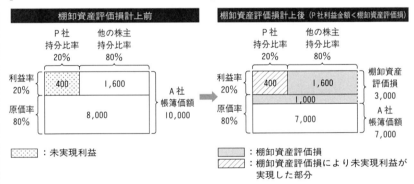

会計処理

［未実現利益の消去］

| （借） | 売　上　高 | (※)400 | （貸） | 関連会社株式（A社株式） | (※)400 |

（※）　400＝A社在庫金額（評価損考慮前）10,000×P社利益率20％×P社持分比率20％

［未実現利益に係る税効果］

| （借） | 繰延税金資産 | (※)120 | （貸） | 法人税等調整額 | (※)120 |

（※） 120＝未実現利益400×法定実効税率30％

［評価損計上に伴う未実現利益の実現］

P社が商品αに付加した利益の額2,000は評価損の金額3,000を下回っており，未実現利益のすべてが評価損により実現している。このため，未実現利益消去額の全額を実現させる会計処理を行う。

| （借） | 関連会社株式
（Ａ 社 株 式） | (※)400 | （貸） | 持分法による
投 資 損 益 | (※)400 |

（※） 400……［未実現利益の消去］の仕訳参照

［未実現利益の実現に伴う繰延税金資産の取崩し］

| （借） | 法人税等調整額 | (※)120 | （貸） | 繰 延 税 金 資 産 | (※)120 |

（※） 120＝未実現利益実現額400×法定実効税率30％

ケース３（アップストリーム）　　連結上の簿価＜正味売却可能価額の場合

① X2年3月期に，A社はP社に対し，商品αを10,000（未実現利益の消去に用いる利益率は20％）で販売した。X2年3月期に商品αは外部に売却されていない。

② X2年3月期末において商品αの正味売却可能価額は9,000であったため，P社の個別財務諸表において評価損1,000を計上した。

【ケース３における商品αのボックス図】

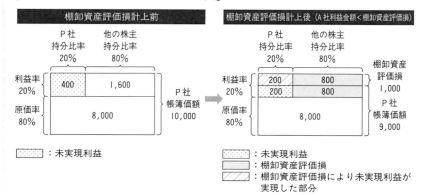

会計処理

[未実現利益の消去]

| （借） | 持分法による投資損益 | (※)400 | （貸） | 棚 卸 資 産 | (※)400 |

（※） 400＝P社在庫金額（評価損考慮前）10,000×A社利益率20％×P社持分比率20％

[未実現利益に係る税効果]

| （借） | 関連会社株式（A 社 株 式） | (※)120 | （貸） | 持分法による投資損益 | (※)120 |

（※） 120＝未実現利益400×法定実効税率30％

[評価損計上に伴う未実現利益の実現]

A社が商品αに付加した利益の額2,000は評価損の金額1,000を上回っており，未実現利益の一部が評価損により実現している。このため，未実現利益のうち実現したものと認められる割合を算出し，未実現利益を実現させる会計処理を行う。

| （借） | 棚 卸 資 産 | (※)200 | （貸） | 売上原価（棚卸資産評価損） | (※)200 |

（※） 200＝未実現利益400×（評価損1,000÷（商品α10,000×A社利益率20％））

[未実現利益の実現に伴う税効果の調整]

| （借） | 持分法による投資損益 | (※)60 | （貸） | 関連会社株式（A 社 株 式） | (※)60 |

（※） 60＝未実現利益実現額200×法定実効税率30％

ケース4（アップストリーム）　連結上の帳簿価額＜正味売却可能価額の場合

① X2年3月期に，A社はP社に対し，商品αを10,000（未実現利益の消去に用いる利益率は20％）で販売した。X2年3月期に商品αは外部に売却されていない。

② X2年3月期末において商品αの正味売却可能価額は7,000であった

ため，P社の個別財務諸表において評価損3,000を計上した。

【ケース4における商品αのボックス図】

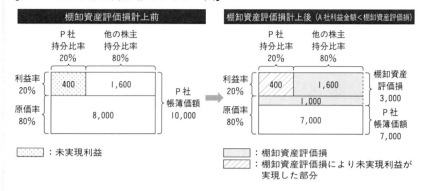

会計処理

[未実現利益の消去]

（借）持分法による 　　　投資損益	（※）400	（貸）棚　卸　資　産	（※）400

（※）　400＝P社在庫金額（評価損考慮前）10,000×A社利益率20％×P社持分比率20％

[未実現利益に係る税効果]

（借）関連会社株式 　　　（A　社　株　式）	（※）120	（貸）持分法による 　　　投資損益	（※）120

（※）　120＝未実現利益400×法定実効税率30％

[評価損計上に伴う未実現利益の実現]

A社が商品αに付加した利益の額2,000は評価損の金額3,000を下回っており，未実現利益のすべてが評価損により実現している。このため，未実現利益消去額の全額を実現させる会計処理を行う。

（借）棚　卸　資　産	（※）400	（貸）売上原価（棚卸 　　　　　資産評価損）	（※）400

（※）　400……［未実現利益の消去］の仕訳参照。

［未実現利益の実現に伴う税効果の調整］

（借）持分法による投資損益	（※）120	（貸）関連会社株式（A社株式）	（※）120

（※）　120＝未実現利益実現額400×法定実効税率30％

4 売手である連結子会社に非支配株主が存在する場合の未実現利益の消去

　売手である連結子会社に非支配株主が存在する場合，持分法適用会社との取引の結果生じた未実現利益のうち，非支配株主持分に係る部分は非支配株主に配分する必要がある。具体的に，設例Ⅲ-8-4を用いて解説する。

設例Ⅲ-8-4　売手である連結子会社に非支配株主が存在する場合の未実現利益の消去に係る会計処理

前提条件

① P社（3月決算）は国内子会社S社（3月決算，持分比率80％）を有しており，S社は国内関連会社A社（3月決算，持分比率20％）を有している。外部会社であるX社のS社に対する持分比率は20％である。

② X2年3月期に，S社はA社に対し，商品αを10,000で販売した。X2年3月期に商品αは外部に売却されていない。

③ 未実現利益の消去に用いる利益率は10％である。

④ S社は，未実現利益の消去により生じた一時差異を認識するための十分な課税所得が生じているものとする。

⑤ 法定実効税率は30％とする。

【持分比率と取引状況】

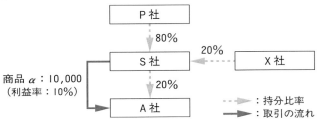

会計処理

［未実現利益の消去］

| （借）売　　上　　高 | (※)200 | （貸）関連会社株式
　　　（Ａ　社　株　式） | (※)200 |

（※）　200＝商品α 10,000×Ｓ社利益率10％×Ｓ社のＡ社に対する持分比率20％

［未実現利益の消去に係る一時差異に対する繰延税金資産の計上］

| （借）繰　延　税　金　資　産 | (※)60 | （貸）法人税等調整額 | (※)60 |

（※）　60＝未実現利益200×法定実効税率30％

［未実現利益消去に係る非支配株主持分への配分］

| （借）非支配株主持分
　　　（当期発生額） | (※)40 | （貸）非支配株主に帰属
　　　する当期純利益 | (※)40 |

（※）　40＝未実現利益200×非支配株主持分比率20％

　なお，連結グループ内で間接所有が行われていて形式持分比率と実質持分比率に差がある場合には，実質持分比率を用いて非支配株主持分負担額を計算する。

［非支配株主持分への配分に係る税効果の会計処理］

| （借）非支配株主に帰属
　　　する当期純利益 | (※)12 | （貸）非支配株主持分
　　　（当期発生額） | (※)12 |

（※）　12＝非支配株主持分が負担した未実現利益の消去額40×法定実効税率30％

5 ▎投資勘定の額を超えた未実現利益の消去

ダウンストリーム（連結会社が売却元となる取引）に係る未実現利益の消去を行うとき，消去する未実現利益の額が持分法適用会社に対する投資勘定を超過する場合がある。このとき，投資勘定のほかに貸付金がある場合には貸付金から当該超過額を減額し，貸付金がない場合や貸付金から減額してもなお超過額がある場合には，「持分法適用に伴う負債」等の勘定科目で負債の部に計上する（持分法実務指針12項）。具体的に，設例Ⅲ-8-5を用いて解説する。

設例Ⅲ-8-5　投資勘定の額を超えた未実現利益の消去に係る会計処理

前提条件

① P社は関連会社A，B，C，D社（すべて持分比率は20％）を有している。
② 持分法適用会社各社に係る投資勘定，未実現利益消去額，貸付金額の状況は投資勘定状況表のとおりである。
③ 未実現利益が生じた取引は，すべてダウンストリームの取引である。
④ 未実現利益の消去にあたっては，持分法による投資損益勘定を使用する。

【投資勘定状況表】

持分法適用会社	関連会社株式 (※2) (A)	取得後利益剰余金 (B)	未実現利益の消去額(※1) (C)	差引 (D) =(A)+(B)-(C)	貸付金額 (※2) (E)	投資勘定残高 (E)+(D)
A社	1,000	500	200	1,300	0	1,300
B社	1,000	100	1,200	△100	0	△100
C社	1,000	△500	1,000	△500	800	300
D社	1,000	△500	1,000	△500	200	△300

（※1） 未実現利益の消去額は，持分割合と税効果を考慮後の金額である。
（※2） P社の個別財務諸表における残高である。

会計処理

[A社に係る一連の会計処理]

(1) 開始仕訳

| （借） | 関連会社株式
（A 社 株 式） | （※）500 | （貸） | 利益剰余金(期首) | （※）500 |

（※） 500……前期末利益剰余金の計上

(2) 未実現利益の消去

| （借） | 持分法による
投 資 損 益 | （※）200 | （貸） | 関連会社株式
（A 社 株 式） | （※）200 |

（※） 200……投資勘定状況表のA社未実現利益消去額

[B社に係る一連の会計処理]

(1) 開始仕訳

| （借） | 関連会社株式
（B 社 株 式） | （※）100 | （貸） | 利益剰余金(期首) | （※）100 |

（※） 100……前期末利益剰余金の計上

(2) 未実現利益の消去

| （借） | 持分法による
投 資 損 益 | （※）1,200 | （貸） | 関連会社株式
（B 社 株 式） | （※）1,200 |

（※） 1,200……投資勘定状況表のB社未実現利益消去額

(3) 持分法適用に伴う負債への振替え

B社に対する投資勘定が貸方残高となるため，当該貸方残高を持分法適用に伴う負債に振り替える。

| （借） | 関連会社株式
（B 社 株 式） | （※1）100 | （貸） | 持分法適用に伴う
負債（B社）（※2） | （※1）100 |

（※1） 連結財務諸表のB社投資勘定△100(貸方残高)＝個別財務諸表のB社投資勘定1,000＋取得後剰余金100－未実現利益消去額1,200
（※2） B社で生じた持分法適用に伴う負債は，A社，C社の持分法適用会社に対する

投資勘定や貸付金と相殺することはできない。

［C社に係る一連の会計処理］

(1) 開始仕訳

| （借） | 利益剰余金(期首) | （※）500 | （貸） | 関連会社株式
（C 社 株 式） | （※）500 |

（※） 500……前期末利益剰余金の計上

(2) 未実現利益の消去

| （借） | 持分法による
投 資 損 益 | （※）1,000 | （貸） | 関連会社株式
（C 社 株 式） | （※）1,000 |

（※） 1,000……投資勘定状況表のC社未実現利益消去額

(3) 貸付金との相殺

　仕訳下の算式のとおり，連結財務諸表のC社投資勘定は△500（貸方残高）となり，未実現利益の消去額がC社に対する投資勘定を超過している。P社はC社に対する貸付を有するため，貸付金の残高を上限に，貸付金から当該超過額を減額する。

| （借） | 関連会社株式
（C 社 株 式） | （※）500 | （貸） | 貸付金（P社） | （※）500 |

（※）　連結財務諸表のC社投資勘定△500（貸方残高）＝個別財務諸表のC社投資勘定
　　　1,000－取得後利益剰余金500－未実現利益1,000

［D社に係る一連の会計処理］

(1) 開始仕訳

| （借） | 利益剰余金(期首) | （※）500 | （貸） | 関連会社株式
（D 社 株 式） | （※）500 |

（※） 500……前期末利益剰余金の計上

(2) 未実現利益の消去

| （借） | 持分法による投資損益 | (※)1,000 | （貸） | 関連会社株式（D社株式） | (※)1,000 |

（※）　1,000……投資勘定状況表のD社未実現利益消去額

(3) 貸付金との相殺

　　投資勘定状況表のとおり，取得後利益剰余金と未実現利益の消去を反映した連結財務諸表上のD社投資勘定は△500（貸方残高）となり，未実現利益の消去額がD社に対する投資勘定を超過している。P社はD社に対する貸付を有するため，貸付金の残高を上限に，貸付金から当該超過額を減額する。

| （借） | 関連会社株式（D社株式） | (※)200 | （貸） | 貸付金（P社） | (※)200 |

（※）　200……投資勘定状況表参照（対D社貸付金残高）

(4) 持分法適用に伴う負債への振替

| （借） | 関連会社株式（D社株式） | (※1)300 | （貸） | 持分法適用に伴う負債（D社）(※2) | (※1)300 |

（※1）　△300＝連結財務諸表のD社投資勘定△500（貸方残高）＋D社貸付金200（借方残高）
（※2）　D社で生じた持分法適用に伴う負債は，A社，C社の持分法適用会社に対する投資勘定や貸付金と相殺することはできない。

【参考：連結貸借対照表における勘定残高】

科目	金額	科目	金額
投資有価証券（関連会社株式）	(※1)1,300	持分法適用に伴う負債(※4)	(※3)400
貸付金	(※2)300		

（※1）　A社の関連会社株式残高
（※2）　C社に対する貸付金残高
（※3）　400＝持分法適用に伴う負債（B社＋D社）＝100＋300
（※4）　通常は固定負債に計上されると考えられるが，貸方残高の解消が1年内に行われることが明らかな場合には流動負債に計上する。

第9節 取引高・債権債務の相殺消去および未実現利益の消去とセグメント情報

1 セグメント情報

セグメント情報においては、報告セグメントの利益（損失）および資産などの開示が必要となるが、本節では、連結グループ内の取引高および債権債務の相殺消去や未実現利益の消去とセグメント情報の関係について記載する。

2 取引高・債権債務の相殺消去および未実現利益の消去のセグメント情報における取扱い

(1) 一般的な売上・仕入取引

一般的な売上・仕入取引が同一の報告セグメント内の取引として行われるケースと、報告セグメント間の取引として行われるケースについて、具体的な会計処理および開示を設例Ⅲ-9-1において確認していくこととする。

設例Ⅲ-9-1　一般的な売上・仕入取引

前提条件

① 親会社であるP社（3月決算）は、子会社であるS社（3月決算）に対して、P社が保有する商品（帳簿価額32,000）をX1年3月期に40,000で掛売上した。

② X1年3月期末において、S社はP社から購入した商品すべてを保有している。また、P社はS社に対する売掛金が40,000あり、S社においても同額の買掛金が計上されている。なお、税効果は考慮しないものとする。

③ X1年3月期末における個別財務諸表（一部）は以下のとおりである。

個別貸借対照表

借方科目	P社	S社	貸方科目	P社	S社
売掛金	40,000	−	買掛金	8,000	40,000
棚卸資産 　うち未実現利益	− −	40,000 (8,000)			

個別損益計算書

借方科目	P社	S社	貸方科目	P社	S社
売上原価	32,000	−	売上高	40,000	−

④　P社とS社以外に事業セグメントは存在しないものとする。

会計処理

[X1年3月期のP社個別財務諸表上の会計処理]

```
(借) 売　掛　金      (※)40,000   (貸) 売　上　高      (※)40,000
(借) 売上原価(仕入高) (※)32,000   (貸) 棚　卸　資　産  (※)32,000
```

(※)　40,000, 32,000……前提条件①参照

[X1年3月期のS社個別財務諸表上の会計処理]

```
(借) 棚　卸　資　産  (※)40,000   (貸) 買　掛　金      (※)40,000
```

(※)　40,000……前提条件①参照

[X1年3月期の連結修正仕訳]

(1)　取引高および債権債務の相殺消去

```
(借) 売　上　高      (※1)40,000  (貸) 売上原価(仕入高) (※1)40,000
(借) 買　掛　金      (※2)40,000  (貸) 売　掛　金      (※2)40,000
```

(※1)　40,000……P社個別財務諸表に計上された売上高の相殺消去
(※2)　40,000……P社およびS社個別財務諸表の債権債務残高の相殺消去

(2)　棚卸資産に係る未実現利益の消去

```
(借) 売上原価(期末     (※)8,000   (貸) 棚　卸　資　産  (※)8,000
     棚卸資産棚卸高)
```

(※)　8,000＝売却価額40,000−帳簿価額32,000

(3) 連結財務諸表（一部）

X1年3月期末における取引高・債権債務の相殺消去および未実現利益消去後の連結財務諸表（一部）は以下のとおりである。

連結貸借対照表

借方科目	金額	貸方科目	金額
売掛金	―	買掛金	8,000
棚卸資産	32,000		

連結損益計算書

借方科目	金額	貸方科目	金額
売上原価	―	売上高	―

セグメント情報

(1) 同一報告セグメント内の取引として行われるケース

まず，連結会社相互間の取引が，同一報告セグメント内の取引として行われる場合は，連結グループ内の取引高および債権債務の相殺消去や未実現利益の消去を反映した金額により，当該報告セグメントの各項目が開示されることになる。

報告セグメントの利益（又は損失），資産及び負債等に関する情報

	報告セグメント	合計	調整額	連結財務諸表計上額 (注1)
	P社&S社			
売上高				
外部顧客への売上高	―	―	―	―
セグメント間の内部売上高	―	―	―	―
計	―	―	―	―
セグメント利益	―	―	―	―
セグメント資産	32,000	32,000	―	32,000
セグメント負債	8,000	8,000	―	8,000

(注) 1. セグメント利益は，連結財務諸表の営業利益と調整を行っている。

(2) 報告セグメント間の取引として行われるケース

次に，連結会社相互間の取引が，報告セグメント間の取引として行われる場合には，連結グループ内の取引高および債権債務の相殺消去や未実現利益の消去を反映しない金額で報告セグメントの各項目を開示し，その上で連結グループ内の取引高および債権債務の相殺消去や未実現利益の消去額は，「セグメント間の内部売上高」および「調整額」の内訳として開示されることになる。

報告セグメントの利益（又は損失），資産及び負債等に関する情報

	報告セグメント		合計	調整額 (注1)	連結財務諸表計上額 (注2)
	P社	S社			
売上高 　外部顧客への売上高	—	—	—	—	—
セグメント間の内部売上高	40,000	—	40,000	△40,000	—
計	40,000	—	40,000	△40,000	—
セグメント利益	8,000	—	8,000	△8,000	—
セグメント資産	40,000	40,000	80,000	△48,000	32,000
セグメント負債	8,000	40,000	48,000	△40,000	8,000

(注)1．セグメント利益の調整額△8,000，セグメント資産の調整額△48,000，セグメント負債の調整額△40,000は，セグメント間取引消去である。
　　2．セグメント利益は，連結財務諸表の営業利益と調整を行っている。

（2） 報告セグメント間で「営業取引」と「営業外取引」が異なる場合

連結グループ内の金融子会社を通じた資金取引や，子会社が他の連結会社の製造設備等の固定資産を事業として製作している場合における連結グループ内での売買取引など，報告セグメント間の取引のうち，一方の会社では営業取引に該当し，もう一方の会社では営業外取引に該当するケースがある。ここでは，報告セグメント間で営業取引と営業外取引が異なる場合について記載する。

① 連結グループ内での金融子会社を通じた資金取引

連結グループ内での金融子会社を通じた資金取引が行われるケースについて，具体的な会計処理および開示を設例Ⅲ-9-2において確認していくこととする。

設例Ⅲ-9-2　金融子会社を通じた資金取引

前提条件

① 親会社であるＰ社（３月決算）は製品の製造販売を行っており，子会社であるＳ社（３月決算）はＰ社グループの金融事業を行っている。

② Ｓ社はＰ社に対して，X1年３月期に40,000の貸付を行った。

③ X1年３月期末のＰ社の借入金残高は40,000である。また，Ｐ社はＳ社に対する支払利息および未払利息が100あり，Ｓ社においても同額の貸付金，受取利息および未収利息が計上されている。

④ X1年３月期末における個別財務諸表（一部）は以下のとおりである。

個別貸借対照表

借方科目	Ｐ社	Ｓ社	貸方科目	Ｐ社	Ｓ社
現金預金	40,000	－	借入金	40,000	－
貸付金	－	40,000	未払利息	100	－
未収利息	－	100			

個別損益計算書

借方科目	Ｐ社	Ｓ社	貸方科目	Ｐ社	Ｓ社
支払利息 （営業外費用）	100	－	受取利息 （売上高）	－	100

⑤ Ｐ社とＳ社以外に事業セグメントは存在しないものとする。また，資金貸借取引は報告セグメント間の取引として行われている。

会計処理

[X1年3月期のP社個別財務諸表上の会計処理]

```
(借) 現 金 預 金    (※1)40,000  (貸) 借   入   金   (※1)40,000
(借) 支 払 利 息    (※2)100     (貸) 未 払 利 息     (※2)100
     (営業外費用)
```

（※1） 40,000……前提条件②参照
（※2） 100……前提条件③参照

[X1年3月期のS社個別財務諸表上の会計処理]

```
(借) 貸   付   金   (※1)40,000  (貸) 現 金 預 金     (※1)40,000
(借) 未 収 利 息    (※2)100     (貸) 受取利息(売上高) (※2)100
```

（※1） 40,000……前提条件②参照
（※2） 100……前提条件③参照

[X1年3月期の連結修正仕訳]

(1) 取引高および債権債務の相殺消去

```
(借) 借   入   金       (※1)40,000  (貸) 貸   付   金    (※1)40,000
(借) 未 払 利 息        (※1)100     (貸) 未 収 利 息     (※1)100
(借) 受取利息(売上高)   (※2)100     (貸) 支 払 利 息     (※2)100
                                         (営業外費用)
```

（※1） 40,000, 100……P社およびS社個別財務諸表の債権債務残高の相殺消去
（※2） 100……P社およびS社個別財務諸表に計上された利息の相殺消去

(2) 連結財務諸表（一部）

X1年3月期末における取引高・債権債務の相殺消去後の連結財務諸表（一部）は以下のとおりである。

連結貸借対照表

借方科目	金額	貸方科目	金額
現金預金	40,000	借入金	－
貸付金	－	未払利息	－
未収利息	－		

連結損益計算書

借方科目	金額	貸方科目	金額
支払利息 (営業外)	—	受取利息 (売上高)	—

セグメント情報

　S社は金融事業としてP社に貸付を行っているため，S社個別財務諸表に計上された売上高（受取利息）100は「セグメント間の内部売上高」の内訳として開示するとともに，営業利益を跨いで行われる取引であるためセグメント利益の調整額の欄にも記載されることになる。

報告セグメントの利益（又は損失），資産及び負債等に関する情報

	報告セグメント		合計	調整額 (注1)	連結財務諸表計上額 (注2)
	P社	S社			
売上高 　外部顧客への売上高	—	—	—	—	—
セグメント間の内部売上高	—	100	100	△100	—
計	—	100	100	△100	—
セグメント利益	—	100	—	△100	—
セグメント資産	40,000	40,100	80,100	△40,100	40,000
セグメント負債	40,100	—	40,100	△40,100	—

(注)1．セグメント利益の調整額△100，セグメント資産の調整額△40,100，セグメント負債の調整額△40,100は，セグメント間取引消去である。
　　2．セグメント利益は，連結財務諸表の営業利益と調整を行っている。

② 子会社が固定資産を製作している場合

　子会社が他の連結会社の製造設備等の固定資産を製作している場合で，当該固定資産の売買取引が行われたケースについて，具体的な会計処理および開示を設例Ⅲ-9-3において確認していくこととする。

設例Ⅲ-9-3　子会社が固定資産を製作している場合

前提条件

① 親会社であるP社（3月決算）は製品の製造販売を行っており，子会社であるS社（3月決算）はP社グループの製品製造のための機械装置を専門に製造している。

② S社はP社に対して，S社が製造した機械装置（売上原価1,000）をX1年3月期末に1,100で売却した。この機械装置はX0年3月期のS社の期末仕掛品在庫に1,000として計上されていた。なお，税効果は考慮しないものとする。

③ X1年3月期末において，S社はP社に対する売掛金が1,100あり，P社においても同額の未払金が計上されている。また，X1年3月期末のS社の期末仕掛品在庫は3,000であり，すべてX1年3月期に製造開始したものである。

④ P社は，機械装置について残存耐用年数10年，残存価額ゼロの定額法で償却している。

⑤ X1年3月期末における個別財務諸表（一部）は以下のとおりである。

個別貸借対照表

借方科目	P社	S社	貸方科目	P社	S社
売掛金	－	1,100	未払金	1,100	－
仕掛品（機械装置）	－	3,000			
機械装置	1,100	－			
減価償却累計額	△110	－			
純額	990	－			
建設仮勘定	－	－			

個別損益計算書

借方科目	P社	S社	貸方科目	P社	S社
売上原価	－	1,000	売上高	－	1,100
減価償却費	110	－			

⑥ P社とS社以外に事業セグメントは存在しないものとする。また、機械装置の売買取引は報告セグメント間の取引として行われている。

会計処理

[X1年3月期のS社個別財務諸表上の会計処理]

(借)	売　掛　金	(※)1,100	(貸)	売　上　高	(※)1,100
(借)	売 上 原 価 (期首棚卸資産棚卸高)	(※)1,000	(貸)	製品(機械装置)	(※)1,000

(※) 1,100，1,000……前提条件②参照

[X1年3月期のP社個別財務諸表上の会計処理]

(1) 機械装置の購入

(借)	機　械　装　置	(※)1,100	(貸)	未　払　金	(※)1,100

(※) 1,100……前提条件②参照

(2) 減価償却費の計上

(借)	減　価　償　却　費	(※)110	(貸)	減価償却累計額	(※)110

(※) 110＝P社個別財務諸表上の機械装置の取得価額1,100÷残存耐用年数10年

[X1年3月期の連結修正仕訳]

(1) 取引高の相殺消去および機械装置に係る未実現利益の消去

(借)	売　上　高	(※1)1,100	(貸)	売 上 原 価 (期首棚卸資産棚卸高)	(※1)1,000
				機　械　装　置	(※2)100

(※1) 1,100，1,000……前提条件②参照
(※2) 100……S社個別財務諸表に計上された未実現利益の消去。100＝売上高1,100－売上原価1,000

(2) 減価償却費の修正仕訳

(借)	減価償却累計額	(※)10	(貸)	減　価　償　却　費	(※)10

(※) 10＝未実現利益100÷残存耐用年数10年

(3) 債権債務の相殺消去

(借) 未 払 金 (※)1,100 (貸) 売 掛 金 (※)1,100

(※) 1,100……前提条件③参照

(4) 勘定科目の振替

S社の個別財務諸表で仕掛品として計上されている製造途中の製造設備は，連結財務諸表上は製造途中の固定資産となるため，建設仮勘定に振り替える。

(借) 建 設 仮 勘 定 (※)3,000 (貸) 仕 掛 品 (※)3,000

(※) 3,000……前提条件③参照

(5) 連結財務諸表（一部）

X1年3月期末における取引高・債権債務の相殺消去後の連結財務諸表（一部）は以下のとおりである。

連結貸借対照表

借方科目	金額	貸方科目	金額
売掛金	−	未払金	−
仕掛品（機械装置）	−		
機械装置 　減価償却累計額 　純額	1,000 100 900		
建設仮勘定	3,000		

連結損益計算書

借方科目	金額	貸方科目	金額
売上原価	−	売上高	−
減価償却費	100		

セグメント情報

　S社は機械装置の製造事業としてP社に販売を行っているため，S社個別財務諸表に計上された売上高1,100（機械装置の売却）は「セグメント間の内部売上高」の内訳として開示されることになる。

報告セグメントの利益（又は損失），資産及び負債等に関する情報

	報告セグメント		合計	調整額 (注1)	連結財務諸表計上額 (注2)
	P社	S社			
売上高					
外部顧客への売上高	—	—	—	—	—
セグメント間の内部売上高	—	1,100	1,100	△1,100	—
計	—	1,100	1,100	△1,100	—
セグメント利益	△110	100	△10	△90	△100
セグメント資産	990	4,100	5,090	△1,190	3,900
セグメント負債	1,100	—	1,100	△1,100	—
その他の項目					
減価償却費	110	—	110	△10	100
有形固定資産の増加額	1,100	3,000	4,100	△1,100	3,000

（注）1．セグメント利益の調整額△90，セグメント資産の調整額△1,190，セグメント負債の調整額△1,100は，セグメント間取引消去である。
　　　2．セグメント利益は，連結財務諸表の営業利益と調整を行っている。

第10節 連結納税・グループ法人税制と未実現利益

1 ┃グループ法人税制が適用となるケースにおける未実現利益

(1) グループ法人税制とは

　グループ法人税制とは，平成22年度税制改正により我が国の法人税制に導入された制度である。これは，当該税制改正における「資本に関係する取引等に係る税制」の見直しにより導入された，完全支配関係がある内国法人間の取引に関する税制上の措置のことを指す。具体的な制度として，以下のような取扱いが導入された。

> ① 完全支配関係がある内国法人間で譲渡された資産の譲渡損益の繰延べ
> ② 完全支配関係がある内国法人間で行われた寄附金の損金不算入（寄附を受けた企業では益金不算入）
> ③ 完全支配関係がある内国法人から受ける現物分配の税制適格化（適格現物分配の導入）
> ④ 完全子法人株式等につき受ける配当の負債利子控除の廃止
> ⑤ 100％グループ内法人の株式の発行法人に対する譲渡（譲渡損益の不計上）

　このうち，本節の主題である未実現利益と関連する項目は，①の「資産の譲渡損益の繰延べ」である。すなわち，後記する連結納税制度を任意で適用していない場合であっても，すべての企業において適用となるものであり，完全支配関係がある内国法人間で，一定の要件を満たす資産を譲渡した場合には，税務上もその譲渡損益を将来にわたって繰り延べることになる。

(2) グループ法人税制における対象会社間の資産の譲渡

　グループ法人税制が適用となるケースにおいても，対象会社間（完全支配関係がある内国法人間）で譲渡されたすべての資産が譲渡損益の繰延べの対象となるわけではなく，以下のとおり，対象資産等が規定されている[1]。

① 対象資産

税務上，譲渡損益の調整の対象となる資産（譲渡損益調整資産）は，固定資産，土地（土地の上に存する権利を含み，固定資産に該当するものを除く），有価証券，金銭債権および繰延資産とされている（法法61条の13第1項）。このため，会計上の未実現利益の消去との大きな相違点として，土地以外の棚卸資産が対象外である点が挙げられる。

また，次の資産も対象外とされている（法令122条の14第1項）。

(i) 売買目的有価証券
(ii) その譲渡を受けた他の内国法人において売買目的有価証券とされる有価証券
(iii) その譲渡の直前の帳簿価額が1,000万円に満たない資産

特に重要な項目は，(iii)である。

会計上は，原則としてすべての未実現利益を消去することとされ，重要性が乏しい場合に限り，消去の対象としないことが「できる」とされている（連結会計基準37項）。この「重要性」は，実務上は未実現利益の金額の多寡で判断されているのではないかと考えられる。

これに対して，税務上の重要性の判断は，会計におけるいわゆる「できる規定」ではなく，また，譲渡直前の帳簿価額が基準とされている点で大きく異なっている。すなわち，譲渡利益の金額がどんなに大きくとも，譲渡直前の帳簿価額が少額であれば，譲渡利益の繰延べの対象とはならず，例えば，帳簿価額1百万円の土地を時価である10億円で譲渡したとしても，税務上は譲渡利益の繰延べは行われない。

前記の取扱いを含め，会計上の未実現利益と税務上の譲渡損益の繰延べの制度の相違点を図表Ⅲ-10-1にまとめている。

② 繰り延べられた譲渡損益の益金（損金）算入

譲渡側の法人において繰り延べられた譲渡損益は，以下の事由が生じたときに，益金または損金に算入することとされている（法法61条の13第2項，法令

---

1 グループ法人税制の適用前である平成22年9月30日以前に行われた取引については，当該税制の対象となっていない。

図表Ⅲ-10-1　未実現利益の消去（会計）と譲渡損益の繰延べ（税務）の相違点

項目	会計	税務
対象会社	すべての連結会社	完全支配関係がある内国法人間のみ
対象資産	すべての資産	棚卸資産（土地を除く）など，対象外の資産あり
金額基準	原則として，すべての未実現利益を消去	譲渡直前の帳簿価額が10百万円以上の資産が対象
未実現損失	回収不能部分は消去せず	特例なし

122条の14第4項）。

(i) 資産の譲渡
(ii) 資産の貸倒れ，除却
(iii) 資産の減価償却（繰延資産の損金算入を含む）
(iv) 資産の評価換え
(v) 完全支配関係の終了
(vi) 連結納税の開始または加入に伴う時価評価損益の計上

このうち，(iii)の減価償却による「実現」は，会計上の未実現利益の実現事由と同様であり，理解しやすいと思われる。

注意しなければならないのが(i)の資産の譲渡であり，会計上は，資産を譲り受けた企業が他の連結グループ内の企業に譲渡したとしても，連結外の企業に譲渡しない限り未実現利益は実現しない。一方，税務上は，二度目の譲渡の相手先が仮に完全支配関係のある企業であっても，当初の譲渡の際に譲渡損益を繰り延べている企業において譲渡損益が実現するため，留意が必要である。

（3） グループ法人税制が適用となるケースにおける未実現利益の取扱い

① 関係会社株式（子会社株式および関連会社株式）以外の譲渡

ここでは，まず，関係会社株式（子会社株式および関連会社株式）以外を譲渡したケースを設例も交えて確認する。

例えば，土地を譲渡し，譲渡元で税務上譲渡利益が繰り延べられた場合，個別財務諸表上で将来加算一時差異が生じ，対応する繰延税金負債が計上される（個別税効果実務指針10項）。なぜなら，税務上のみ繰延譲渡利益（負債）が計上されることにより，会計上の簿価（ゼロ）と税務上の簿価（譲渡利益額）との間に差異が生じるためである。

そして，連結財務諸表においては，当該譲渡利益が会計上も消去されることから，将来加算一時差異が消滅し，個別財務諸表において計上された繰延税金負債が取り崩されることになる（連結税効果実務指針12-2項）（設例Ⅲ-10-1参照）。

設例Ⅲ-10-1　税務上の譲渡損益の繰延べと税効果会計（関係会社株式以外）

前提条件

① 親会社であるP社（3月決算）は，100％国内子会社であるS社（3月決算）に対して，その有する土地（会計上および税務上の帳簿価額1,000）を時価1,300で譲渡した。
② ①に記載した譲渡について，会計上売却益の計上に問題はなく，また，税務上はグループ法人税制が適用となることにより，譲渡利益が繰り延べられるものとする。
③ 法定実効税率は30％とする。

会計処理

[P社個別財務諸表上の会計処理]

(1) 土地の譲渡

（借）現　金　預　金	(※1)1,300	（貸）土　　　　　地	(※1)1,000
		土地売却益	(※2)300

（※1）　1,300，1,000……前提条件①参照
（※2）　300＝譲渡価額1,300－帳簿価額1,000

(2) 税効果仕訳

（借）法人税等調整額	(※1)90	（貸）繰延税金負債	(※1)90

(※2)

（※1）　90＝税務上の繰延譲渡利益300×法定実効税率30％
（※2）　当該繰延税金負債は，対応する（会計上の）資産または負債がないため，ワンイヤールールに基づき，流動負債または固定負債に表示されることになると考えられる。

［連結修正仕訳］

| （借） | 土　地　売　却　益 | (※1)300 | （貸） | 土　　　　　地 | (※1)300 |
| （借） | 繰　延　税　金　負　債 | (※2)90 | （貸） | 法人税等調整額 | (※2)90 |

（※1）　300……P社個別財務諸表上の土地売却益の消去
（※2）　90……P社個別財務諸表上の税効果の取消し

❷　関係会社株式の譲渡

　グループ法人税制適用下において，完全支配関係がある内国法人間で関係会社株式を譲渡した場合の連結財務諸表上の取扱いは，前記「①　関係会社株式（子会社株式および関連会社株式）以外の譲渡」（および「設例Ⅲ-10-1　税務上の譲渡損益の繰延べと税効果会計（関係会社株式以外）」）に記載したような個別財務諸表上の税効果を単純に取り消す形にならないため，充分に留意が必要である。

ⅰ　個別財務諸表上の取扱い

　個別財務諸表上の会計処理は，関係会社株式以外のケースと同様である。すなわち，譲渡元で税務上譲渡利益が繰り延べられた場合には，個別財務諸表上で将来加算一時差異が生じ，対応する繰延税金負債が計上される点で特に変わりはない（個別税効果実務指針10項）。

ⅱ　連結財務諸表上の取扱い

　連結税効果実務指針第30-2項では，企業集団内の会社が企業集団内の他の会社に関係会社株式（子会社株式または関連会社株式）を売却した場合，個別貸借対照表上の投資簿価が購入側の取得原価に置き換わることとなり，投資の連結貸借対照表上の簿価との差額（連結財務諸表上の一時差異の全部または一部）が解消することになるとされている。

さらに，当該取引がグループ法人税制適用下で行われた場合（完全支配関係がある企業間で行われた場合）には，関係会社株式（子会社株式または関連会社株式）の売却により譲渡元で発生した譲渡損益の繰延べに係る税務上の調整資産または負債に係る個別財務諸表上の一時差異の税効果は，連結財務諸表上も修正されず，個別財務諸表上において認識された繰延税金資産または繰延税金負債がそのまま計上されることになるとしている（連結税効果実務指針30-2項なお書き）。これは，未実現利益の消去によって連結財務諸表上で調整（消去）される一時差異が，関係会社株式の譲渡に限っては，税務上の繰延譲渡利益に係る一時差異ではなく，従前より生じていた投資に係る一時差異（留保利益に係る一時差異）であるとみていることによる（連結税効果実務指針53-2項）（図表Ⅲ-10-2参照）。

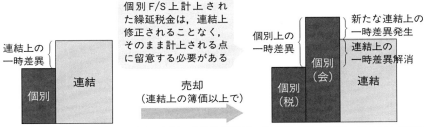

図表Ⅲ-10-2　グループ法人税制適用下の関係会社株式の譲渡

(出所)　「設例で見るグループ法人税制・連結納税制度の税効果会計の実務　第2回」週刊経営財務　平成22年12月13日号　税務研究会　吉田剛著。

この点，具体的な会計処理を設例Ⅲ-10-2において確認していくこととする。

設例Ⅲ-10-2　税務上の譲渡損益の繰延べと税効果会計（関係会社株式）

前提条件

① 親会社であるP社（3月決算）は，100％国内子会社であるS1社（3月決算）に対して，その有するS2社株式（会計上および税務上の帳簿価額1,000）をX1年4月1日に時価1,300で譲渡する意思決定をX1年3月期に行い，決議どおり実際に譲渡された。

② ①に記載した譲渡について，会計上売却益の計上に問題はなく，また，税務上はグループ法人税制が適用となることにより，譲渡利益が繰り延べられるものとする。
③ 在外子会社であるS2社は，S1社と同じく100％子会社であり，譲渡時点での資本金は1,000，利益剰余金は200であったものとする。
④ 法定実効税率は30％とし，売却の意思決定時点まで，配当による課税関係が生じないことをもって，留保利益に係る税効果も計上されていなかった前提とする。また，売却後に新たに生じる投資の一時差異（将来減算一時差異）については，S2社株式の譲渡の予定がないことから，税効果は認識しないものとする。

会計処理

[X1年3月期の連結修正仕訳（留保利益に係る税効果仕訳）]

| （借） | 法人税等調整額 | (※)60 | （貸） | 繰延税金負債 | (※)60 |

（※） 60＝留保利益200×法定実効税率30％

[X2年3月期のP社個別財務諸表上の会計処理]

(1) 関係会社株式の譲渡

| （借） | 現　金　預　金 | (※1)1,300 | （貸） | 子会社株式（S2社株式） | (※1)1,000 |
| | | | | 関係会社株式売却益 | (※2)300 |

（※1） 1,300，1,000……前提条件①参照
（※2） 300＝譲渡価額1,300－帳簿価額1,000

(2) 税効果仕訳

| （借） | 法人税等調整額 | (※1)90 | （貸） | 繰延税金負債(※2) | (※1)90 |

（※1） 90＝税務上の繰延譲渡利益300×法定実効税率30％
（※2） 当該繰延税金負債は，対応する（会計上の）資産または負債がないため，ワンイヤールールに基づき，流動負債または固定負債に表示されることになると考えられる。

[X2年3月期の連結修正仕訳]
(1) 開始仕訳（前期の留保利益に係る税効果仕訳の引継ぎ）

| （借） | 利益剰余金(期首) | (※)60 | （貸） | 繰延税金負債 | (※)60 |

(※) 前期仕訳の引継ぎ

(2) 売却益（未実現利益）の消去

| （借） | 関係会社株式売却益 | (※1)300 | （貸） | 子会社株式
（S2社株式） | (※1)300 |
| （借） | 繰延税金負債 | (※2)60 | （貸） | 法人税等調整額 | (※2)60 |

(※1) 300……P社個別財務諸表上の関係会社株式売却益の消去
(※2) 60……留保利益に係る税効果の戻入れ（個別上の投資原価が1,300となったため）

2 ▍連結納税制度を導入しているケースにおける未実現利益

(1) 我が国の連結納税制度の特徴

　我が国における連結納税制度は，平成14年度税制改正により導入された。それまでの法人格ごとに個別に税務申告を行う制度（単体申告制度）に代えて，企業の任意により，連結グループとしての税務申告を選択できる制度として導入されたものであり，当該選択を行うことにより，連結ベースで行われている企業経営と一定程度平仄を合わせた税務申告（税額の計算）が行われることになる。

　連結納税制度を企業が導入することにより，各年度の所得が通算されるとともに，欠損金の相互利用が一部可能になり，一般的には，課税所得（税額）を減額する効果を有する。

　我が国の連結納税制度は，前記のものも含め，以下のような特徴がある。

- 対象となる企業（連結子法人）は，内国法人であり，かつ，完全支配関係を有する法人のみである
- 企業の任意で制度導入の有無を決定できることとされ，100％子会社を有する場合に常に適用となるわけではない（グループ法人税制との大きな違い）

- 連結ベースの申告が行われるのは法人税および地方法人税（国税）のみであり，住民税（法人税割）および事業税（所得割）は，単体申告である
（ただし，連結納税固有の規定により算定された課税所得は，地方税においても特に調整することなく課税標準（またはその基礎）となる）
- 連結グループへの欠損金の持込みに一定の制限があるほか，制度導入時（または連結グループへの参加時）に時価評価課税が行われる

　本章の主題である未実現利益と関連する項目は，連結納税適用法人間における「資産の譲渡損益の繰延べ」である。すなわち，連結納税適用法人間で，一定の要件を満たす資産を譲渡した場合には，税務上もその譲渡損益を将来にわたって繰り延べることとされており（法法81条の10第1項，法法61条の13第1項），当該取引が行われた場合には，未実現利益の税効果に影響が生じてくる。

　なお，当該譲渡損益の繰延べは，前記「1　グループ法人税制が適用となるケースにおける未実現利益」において記載した譲渡損益の繰延べと同義であるが，制度上は，連結納税制度において先に適用されていたものを，同制度が適用されない完全支配関係がある内国法人間の取引（グループ法人税制）へと対象を拡大したものである。

(2)　連結納税制度における対象会社間の資産の譲渡

　連結納税制度における対象会社間の資産の譲渡に係る規定は，基本的にグループ法人税制における規定と同様である。このため，制度の詳細については，前記「1(2)　グループ法人税制における対象会社間の資産の譲渡」を参照されたい。

(3)　連結納税制度を導入しているケースにおける未実現利益の取扱い

①　関係会社株式（子会社株式および関連会社株式）以外の譲渡

　連結納税適用法人間において，関係会社株式（子会社株式および関連会社株式）以外の資産を譲渡したケースの取扱いも，基本的にグループ法人税制のケースと同様である（前記「設例Ⅲ-10-1　税務上の譲渡損益の繰延べと税効果会計（関係会社株式以外）」を参照されたい）。

すなわち，土地を譲渡し，譲渡元で税務上譲渡利益が繰り延べられた場合，個別財務諸表上で将来加算一時差異が生じ，対応する繰延税金負債が計上される（連結納税税効果取扱い（その1）Q5のA(2)）。そして，連結財務諸表においては，当該譲渡利益が会計上も消去されることから，将来加算一時差異が消滅し，個別財務諸表において計上された繰延税金負債が取り崩されることになる（連結納税税効果取扱い（その1）Q5のA(1)）。

② 関係会社株式（子会社株式および関連会社株式）の譲渡

ⅰ 連結子法人株式以外の譲渡

連結納税グループにおいて，関係会社株式を譲渡し，当該関係会社株式が連結子法人株式以外の株式であるケースについては，前記「1(3)② 関係会社株式の譲渡」に記載した取扱いと同様であると考えられるため，そちらを参照されたい（前記「設例Ⅲ-10-2 税務上の譲渡損益の繰延べと税効果会計（関係会社株式）」を参照されたい）。

ⅱ 連結子法人株式の譲渡

連結納税グループにおいて，関係会社株式を譲渡し，未実現利益が消去されたとしても，当該関係会社株式が連結子法人の株式である場合には，連結税効果実務指針第30-2項および同第53-2項の定めの適用に際して，充分な検討が必要となる。連結税効果実務指針第30-2項なお書きの定めは，譲渡元の会社において譲渡損益調整資産に係る税効果が認識されることが前提となっているが，連結子法人株式の譲渡に際しては，投資価額修正の規定（法法2条18号の2，法令9条1項6号，2項，9条の2第1項4号，119条の3第5項，119条の4第1項）が適用となることにより，売却の意思決定時点で増額修正に対応する部分（課税の対象とならない部分）について繰延税金資産が計上され，譲渡時点で当該税効果が取り崩されることになる（連結納税税効果取扱い（その2）Q6のA(1)）。このため，留保利益の額と増額修正される連結利益積立金の額が同額であることを前提とすると，留保利益相当額は将来にわたって課税対象とはならないことから，連結税効果実務指針第30-2項なお書きのように，個別財務諸表上で計上された繰延税金負債が連結財務諸表上でもそのまま計上される

ようなことはないと考えられる。

なお，会計上の留保利益の額と増額修正される連結利益積立金に差異がある場合において，留保利益の額のほうが大きいときには，当該超過額に関して，連結税効果実務指針第30-2項なお書きの定めが適用になると考えられる。

③ 連結納税制度において課税対象となった未実現利益に係る税効果

前記「1（2） グループ法人税制における対象会社間の資産の譲渡」のとおり，連結納税制度を適用している会社間において譲渡された棚卸資産（土地を除く）については，その譲渡損益は繰延べの対象とはならず，課税される。

このため，税効果会計上の取扱いも通常の未実現利益と同様になるが，繰延法による繰延税金資産の計上限度額は，連結納税部分（法人税および地方法人税に係る税効果）について，「連結納税主体の課税年度における連結所得」を限度とすることとされており，留意が必要である（連結納税税効果取扱い（その2）Q7のA）。

④ 時価評価された資産をグループ内で譲渡した場合の処理

連結納税グループへの加入に際し，各子会社においては，一定の要件を満たす場合にその保有する資産につき税務上の時価評価が求められる（法法61条の12第1項）。

ここでは，税務上評価益を計上した資産を，連結納税グループ内で時価にて売却し，税務上（繰延べの対象となる）譲渡利益が計上されたケースを設例Ⅲ-10-3でみていく。

設例Ⅲ-10-3　時価評価された資産をグループ内で譲渡した場合の税効果会計

前提条件

① 親会社（連結親法人）であるP社（3月決算）は，発行済株式総数の80％を保有するS社（3月決算）をX1年4月1日に完全子会社化することとした。

② S社はX1年4月1日をもってP社連結納税グループに加入することになるが，その保有する資産のうち，土地（会計上および税務上の帳簿

価額は1,500とする)について税務上の評価益が1,000計上され、X1年3月期(単体申告)において300の課税が生じる。
③ S社は②において税務上評価替えされた土地をP社に対してX3年3月期に時価である3,000で売却する。
④ 法定実効税率は30%とし、繰延税金資産の回収可能性には問題がないものとする。

会計処理

[X1年3月期のS社個別財務諸表での会計処理]

(借)	法 人 税 等	(※1)300	(貸)	未 払 法 人 税 等	(※1)300
(借)	繰 延 税 金 資 産	(※2)300	(貸)	法人税等調整額	(※2)300

(※1) 300=連結納税加入に伴う時価評価差益(前提条件①参照)1,000×法定実効税率30%
(※2) (※1)と同額(300=税務上の時価評価差益に係る将来減算一時差異1,000×法定実効税率30%)

[X3年3月期のS社個別財務諸表上の会計処理]

(1) 土地の売却

(借)	現 金 預 金	(※1)3,000	(貸)	土　　　　地	(※1)1,500
				土 地 売 却 益	(※2)1,500

(※1) 3,000, 1,500……前提条件①参照
(※2) 1,500=譲渡価額3,000-帳簿価額1,500

(2) 税効果仕訳

(借)	法人税等調整額	(※1)300	(貸)	繰 延 税 金 資 産	(※1)300
(借)	法人税等調整額	(※2)150	(貸)	繰 延 税 金 負 債	(※2)150

(※1) 300……税務上の時価評価差益に係る税効果の取崩し
(※2) 150=500(税務上の繰延譲渡利益額=譲渡価額3,000-税務上の帳簿価額2,500)×法定実効税率30%

［X3年3月期の連結修正仕訳］

（借）	土 地 売 却 益	(※1)1,500	（貸）	土　　　　　地	(※1)1,500
（借）	繰 延 税 金 資 産	(※2)300	（貸）	法 人 税 等 調 整 額	(※2)300
（借）	繰 延 税 金 負 債	(※3)150	（貸）	法 人 税 等 調 整 額	(※3)150

（※1）　1,500……S社個別財務諸表上の土地売却益の消去
（※2）　300……課税済未実現利益（＝税務上の時価評価差益）の税効果の計上（連結財務諸表上のみ）
（※3）　150……S社個別財務諸表上の税効果の取消し

第11節　IFRSにおける未実現利益の税効果

1 未実現利益の税効果に関する日本基準とIFRSの相違

(1) IFRSにおける会計処理

　IAS 第12号において，繰延税金資産の測定については，期末日に施行されまたは実質的に施行されている税法および税率を前提に，資産が実現するまたは負債が決済される期に適用されると予想される税率を使用するとされている。同基準書では連結会社間取引に係る未実現利益について特段の定めが設けられていないため，通常の繰延税金資産と同様に，資産負債法による会計処理が行われることとなる[1]。

　連結会社間取引により発生した未実現利益により，売却先の保有する棚卸資産や固定資産等の税務上の簿価（売却先の個別財務諸表上の簿価）と会計上の簿価（連結財務諸表上の簿価）の間に一時差異が発生している。国際財務報告基準（IFRS）上は，当該一時差異は，売却先が保有する資産を売却したり減価償却したりすることにより解消されることに着目し，売却元ではなく売却先に適用される税率および税法に基づき繰延税金資産または繰延税金負債を計上することとされる。

(2) 日本基準における会計処理

　日本基準では，連結会社間取引で発生した未実現利益の消去に関する繰延税金資産については，他の繰延税金資産と異なり，例外的に繰延法の考え方を採っている。このため，売却元において当該未実現利益に対して売却年度の課税所

---

[1] 米国会計基準では，未実現利益の消去に係る税効果について，従来繰延法が適用されていたが，平成28年（2016年）10月に「法人所得税（Topic740）：棚卸資産以外の資産のグループ内譲渡」が公表され，棚卸資産以外の資産については，資産負債法に変更された。我が国においては，企業会計基準委員会（ASBJ）が，日本基準上の取扱いの見直しを行うかどうかについての検討を開始している。

得に適用された法定実効税率を適用して、繰延税金資産の額を計算することとされている（連結税効果実務指針13項、14項）。

(3) 日本基準とIFRSの相違

前記「(1) IFRSにおける会計処理」および「(2) 日本基準における会計処理」のとおり、未実現利益がある場合、連結財務諸表上の未実現利益の消去に関する繰延税金資産について、IFRSでは日本基準との差異が存在することになる。

まず、適用税率は、日本基準では売却元の法定実効税率を適用するのに対して、IFRSでは売却先の法定実効税率を適用する。また、税率変更に伴う繰延税金資産の計上額の見直しが日本基準では求められていないのに対して、IFRSでは事後的に売却先の法定実効税率が変更された場合は、変更後の法定実効税率に基づく再測定が必要となる。さらに、日本基準では未実現利益の消去に伴い繰延税金資産を計上する際は、その対象とする将来減算一時差異が売却元の売却年度における課税所得を超えてはならないという定めがある一方で繰延税金資産の回収可能性の検討は求められていないのに対して、IFRSでは他の繰延税金資産と同様に、収益力に基づく課税所得の十分性、タックスプランニングの存在、将来加算一時差異の十分性といった点からの回収可能性の検討が必要となる。これらは資産を保有する会社、すなわち売却先の状況で判断される。

したがって、日本基準では連結会社間取引がダウンストリームの場合は親会

図表Ⅲ-11-1　未実現利益に係る繰延税金資産の相違点

差異項目	日本基準	IFRS
適用税率	売却元	売却先
税率変更に伴う計上額の見直しの有無	なし	あり
繰延税金資産の回収可能性の検討の要否	なし （繰延税金資産の対象とする将来減算一時差異は、売却元の売却年度における課税所得を超えてはならない）	あり

社の情報のみで未実現利益に係る税効果の処理を行うことができるが，IFRS上では子会社の税率や繰延税金資産の回収可能性に関する情報が追加的に必要となる（図表Ⅲ-11-1参照）。

2 非支配持分への配分

日本基準では，売手側の子会社に非支配株主が存在する場合には，未実現利益は親会社と非支配株主の持分比率に応じて親会社持分と非支配株主持分に配分される（連結会計基準36項，38項）。

前記のとおり，日本基準では未実現利益の消去によって生じる一時差異は，連結財務諸表上売却元に帰属しているため，非支配株主を有する子会社から親会社への販売取引（アップストリーム）の場合に，未実現利益の税効果の非支配株主持分への配分が行われるが，親会社から子会社への販売取引（ダウンストリーム）では未実現利益の税効果の非支配株主持分への配分が行われることはない。

一方，IFRSでは，未実現利益の消去によって生じる一時差異は，連結財務諸表上，売却先の法定実効税率および回収可能性に基づき税効果が適用される。すなわち，売却先である子会社に税効果が帰属すると考えられるため，子会社の非支配持分にも配分するのが合理的であると考えられる。したがって，IFRSでは，親会社から子会社への販売取引（ダウンストリーム）において，未実現利益の税効果に対して非支配持分への配分を行うものと考えられる（設例Ⅲ-11-1参照）。

設例Ⅲ-11-1　ダウンストリームにおける未実現利益の税効果の非支配持分への配分のIFRS上の会計処理

前提条件
① 親会社P社は取得原価1,000の商品を子会社S社に売価1,200で販売し，期末日時点でS社の棚卸資産となっている。
② P社はS社の発行済株式総数の80％を所有しており，S社の非支配持分比率は20％である。
③ S社の法定実効税率は30％である。

④ S社の繰延税金資産は回収可能性があるとする。

会計処理

（借）	売 上 原 価	(※1)200	（貸）	棚 卸 資 産	(※1)200
（借）	繰 延 税 金 資 産	(※2)60	（貸）	繰 延 税 金 費 用	(※2)60
（借）	非支配持分に帰属する純損益	(※3)12	（貸）	非 支 配 持 分	(※3)12

（※１） 未実現利益200＝商品の売価1,200－取得原価1,000
（※２） 60＝未実現利益200×法定実効税率30％
（※３） 12＝繰延税金費用60×非支配持分比率20％

第12節　重要性の考え方（取引高・債権債務の相殺消去）

1 ┃ 連結決算における重要性についての基本的な考え方

（1）　連結財務諸表作成における一般原則

　連結財務諸表を作成するにあたり遵守しなければならない一般原則として，以下の4つの原則が定められている。

- 真実性の原則
  連結財務諸表は，企業集団の財政状態，経営成績およびキャッシュ・フローの状況に関して真実な報告を提供するものでなければならない（連結会計基準9項）。
- 個別財務諸表基準性の原則
  連結財務諸表は，企業集団に属する親会社および子会社が一般に公正妥当と認められる企業会計の基準に準拠して作成した個別財務諸表を基礎として作成しなければならない（連結会計基準10項）。
- 明瞭性の原則
  連結財務諸表は，企業集団の状況に関する判断を誤らせないよう，利害関係者に対し必要な財務情報を明瞭に表示するものでなければならない（連結会計基準11項）。
- 継続性の原則
  連結財務諸表作成のために採用した基準および手続は，毎期継続して適用し，みだりにこれを変更してはならない（連結会計基準12項）。

　これら一般原則のうち，真実性の原則，個別財務諸表基準性の原則および明瞭性の原則について，重要性の原則が適用される。

- 重要性の原則
  連結財務諸表を作成するにあたっては，企業集団の財政状態，経営成績およびキャッシュ・フローの状況に関する利害関係者の判断を誤らせない限り，連結の範囲の決定，子会社の決算日が連結決算日と異なる場合の仮決算の手続，連結のための個別財務諸表の修正，子会社の資産および負債の評価，のれんの処理，未実現利益の消去，連結財務諸表の表示等に関して重要性の原則が適用さ

れる（連結会計基準（注1））。

（2） 真実性の原則における重要性

　連結財務諸表は個別財務諸表と異なり，具体的な会計事実を直接的に反映した会計帳簿により作成されるのではなく，連結精算表上での個別財務諸表の合算および連結修正仕訳により作成される。連結財務諸表の数値は，適切に作成された各連結会社の個別財務諸表を基礎とすることを前提とするものの，各連結会社の財務数値の集計手続を経て作成されるため，個別財務諸表と比較すると，会計事実の把握や会計的な判断に際し，間接的な見積りおよび判断が介入する場面が多くなる。

　したがって，連結財務諸表作成に関して発生するあらゆるケースに対し，それぞれに基準・規則等を設定することは実務的に困難であるので，全体を包括的にカバーするため，連結財務諸表を利用する利害関係者に企業集団の財政状態，経営成績およびキャッシュ・フローの状況に関して真実な報告をすることを要求している。

　この真実性の原則には重要性の原則が適用される。すなわち，連結財務諸表を作成するにあたり，利害関係者の判断を誤らせない限り，以下の項目などに関して重要性の原則が適用される（連結会計基準（注1））。

- 連結の範囲の決定
- 子会社の決算日が連結決算日と異なる場合の仮決算の手続
- 子会社の資産および負債の評価
- のれんの処理
- 未実現利益の消去
- 連結財務諸表の表示

　なお，連結会社間の取引高および債権債務の相殺消去は，重要性の原則が適用される項目の例示に含まれていないが，取引高や債権債務が少額であり，それらの相殺消去を省略したとしても利害関係者の判断を誤らせないものと判断されるような場合には，相殺消去をしないことも許容されるものと考えられる。

　個別財務諸表は利害関係者の意思決定のほか，配当可能利益の計算や課税所

得の計算の基礎など複数の目的により作成されるのに対し，連結財務諸表は，もっぱら企業集団の財政状態，経営成績およびキャッシュ・フローの状況を総合的に報告することにより利害関係者の意思決定に資することを目的として作成される。したがって，個別財務諸表作成における重要性は複数の目的を考慮して決定すべきであるのに対し，連結財務諸表作成における重要性については利害関係者の判断を誤らせるかどうかが最大のポイントとなる。

取引高および債権債務の相殺消去に関連する重要性は，図表Ⅲ-12-1のとおりである。

図表Ⅲ-12-1　取引高および債権債務消去に関連する重要性

項目	内容
子会社の決算日が連結決算日と異なる場合の仮決算の手続	利害関係者の判断を誤らせない限り，正規の決算と比較して簡便的な方法により仮決算の手続を行うことができる（連結会計基準（注１））。
連結のための個別財務諸表の修正	連結財務諸表に重要な影響を与えないと認められる場合には，修正しないことができる（連結会計基準（注２））。
未実現利益の消去	未実現利益の金額に重要性が乏しい場合には，これを消去しないことができる（連結会計基準37項）。

（3）　個別財務諸表基準性の原則における重要性

個別財務諸表基準性の原則には，以下の２つが含まれる。

- 連結財務諸表は個別財務諸表を基礎として作成しなければならない
- 個別財務諸表は一般に公正妥当と認められる企業会計の基準に準拠して作成されたものでなければならない

個別財務諸表基準性の原則のうち，個別財務諸表の会計基準への準拠性に関しては，重要性の原則が適用される。この重要性の考え方については，一般的な重要性の原則に加えて，個別財務諸表の修正に関して個別の定めがある。すなわち，連結のための個別財務諸表の修正について，親会社および子会社の財務諸表が，減価償却の過不足，資産や負債の過大または過小計上等により当該

企業の財政状態および経営成績を適正に示していない場合には，連結財務諸表の作成上これを適正に修正して連結決算を行うこととされるが，連結財務諸表に重要な影響を与えないと認められる場合には，これを修正しないことができる（連結会計基準（注2））。

（4） 明瞭性の原則における重要性

　これは，連結財務諸表の表示および開示に関する原則である。適正開示の観点から利害関係者に企業集団の状況に関する判断を誤らせないよう，表示および開示に関する規則等に従い，簡潔明瞭でかつ十分な開示を行うことを求めるものである。

　明瞭性の原則についても，重要性の原則が適用され，利害関係者の判断を誤らせない限り，重要性の乏しい項目について原則的な方法に代えて簡便的な表示や開示が容認される。重要性の原則を適用することにより，財務諸表作成に係る費用と利害関係者が財務報告から得られる便益の関係を適正にすることのほか，重要性の乏しいものまで過度に詳細な表示や開示がされることなく，重要性に応じて詳細な表示や開示がされた連結財務諸表が作成されることにより，財務諸表利用者の理解を容易にし，連結財務諸表の明瞭性を高めるという効果がある。

（5） 外貨建取引の換算および在外子会社等の財務諸表項目の換算に関する重要性

① 連結会社間取引の換算

　親会社の個別財務諸表上，外貨建取引は原則として取引発生日の為替相場または合理的に算定された平均相場で換算される（外貨建取引等会計基準一1，同注解（注2））。一方，在外子会社の損益項目は原則として期中平均相場により円換算されるが，親会社との取引による損益項目の換算については，親会社が換算に用いる為替相場によって円換算し，この場合に生じた差額は当期の為替差損益として処理する必要がある（外貨建取引等会計基準三3）。したがって，在外子会社の損益項目を一律で期中平均相場で換算している場合，親会社の外貨建取引と在外子会社の損益項目については，為替相場の違いによる差額

が発生することとなり，連結財務諸表上，当期の為替差損益での調整が必要となる。ただし，当該差額の重要性が乏しい場合には，実務上，特段の調整を行わず，どちらか一方の連結会社の円換算額を正として，相殺消去を行うケースもみられる。

② 連結決算日と決算日が異なる在外子会社の貸借対照表項目の換算

　在外子会社の決算日が連結決算日と異なるが，仮決算を行わず正規の決算を連結している場合には，在外子会社の貸借対照表項目の換算に適用する決算時の為替相場は，在外子会社等の決算日における為替相場とする。ただし，連結決算日との差異期間内において為替相場に重要な変動があった場合には，在外子会社等は仮決算を行い，当該決算に基づく貸借対照表項目を連結決算日の為替相場で換算することとなる（外貨建取引等実務指針33項）。

2　連結会社間の取引高，債権債務の差異に関する重要性

(1)　決算日が同じ連結会社間の差異

　連結会社間の取引高や債権債務に不一致が生じている場合は，その原因分析を行い，適切な調整を行うことが原則であるものの，実際には，その発生原因の分析調査に多大な時間がかかることが多いため，実務上は重要性のない差異については調整を行わず，どちらか一方の残高を正として相殺処理をしている場合も少なくない。この場合の重要性の判断は，単に金額的な重要性のみならず，差異の原因が容易に判明しない理由や予想される差異原因の性質などから総合的に判断する必要がある。また，連結財務諸表においては重要性が乏しい金額であっても，連結会社の個別財務諸表上では重要である可能性があるため，差異がある旨を対象となる連結会社の担当者に伝達し，原因分析を依頼することが必要となる場合がある点にも留意する必要がある。

　なお，次回以降の決算において連結会社間の取引高や債権債務で発生する差異を最小限にするためには，当期までに行った差異分析結果を踏まえて，連結会社間の取引を認識するタイミングや処理科目の統一を図るといった改善策を

策定し，実行する体制を構築する必要がある。

（2） 決算日が異なる連結会社間の差異

① 決算日が異なる連結会社間の差異の取扱い

連結決算日と異なる決算日の子会社の正規の決算を連結するときは，子会社の決算日以降の連結会社間取引は子会社側では記帳されないため，取引高や債権債務の残高は当然に一致しない。このような決算日が異なるために生じた差異のうち，重要な不一致については必要な整理を行い，不一致を解消した上で，取引高および債権債務の相殺消去を行わなければならないが，重要性が乏しい場合には不一致を解消せず一方の会社の残高を正として相殺消去することができる（連結会計基準（注4））。

② 不一致の重要性の判断

重要な不一致かどうかの判断は，連結財務諸表に与える影響によるが，差異の金額的重要性のみならず，差異の原因と思われる取引が，年間を通じて行われる経常的な取引なのか非経常的な取引なのか，あるいは営業取引かそれ以外の取引なのかなど質的重要性も考慮する必要がある。実務上は，営業取引を取引内容などにより分類した上で，それぞれに対し合理的と考えられる取扱いを適用しているケースが多いと考えられる。例えば，毎月平準的に計上される棚卸資産の売買取引については，毎期の不一致金額に重要な変動がないことが想定されるために不一致の調整を行わないが，不定期に計上され，かつ，1件当たりの取引金額の大きい固定資産の売買取引については不一致の調整を行うといった方法である。また，毎期継続して取引総額の重要性が乏しい取引について，不一致の調整を行わないという方法も実務上多くみられる。

このように連結会社間の取引を，合理的な判断基準により分類した上で重要性に関する取扱いを決定することは，連結決算の精度を維持しながら効率性を向上させるのに有用であると考えられるが，連結グループの事業内容や連結会社間取引の特性を十分理解した上で決定する必要があり，また，当初決定した時点から状況に大きな変化がないかどうかを定期的に確認する体制を整える必要がある。さらにそれらの決算業務が適切に行われるための内部統制の整備，

運用も重要となる。

　なお，不一致の原因となる取引から未実現利益が多額に発生するような場合には，連結財務諸表に重要な影響を与えるため，必ず調整しなければならない。

　また，配当金については，利害関係者の意思決定において重要な情報であることから，通常は，配当金について不一致の調整を行う必要があると考えられる。

③　連結決算日と決算日が異なる在外子会社との差異

　連結決算日と決算日が異なる在外子会社については，前記「1（5）②　連結決算日と決算日が異なる在外子会社の貸借対照表項目の換算」に記載のとおり，財務項目の換算に関する重要性を考慮する必要がある。すなわち，連結決算日との差異期間内において為替相場に重要な変動があった場合には，在外子会社等は仮決算を行い，当該決算に基づく貸借対照表項目を連結決算日の為替相場で換算する必要があるため，どの程度為替相場に変動があった場合に仮決算を行わなければならないかについて，あらかじめ決定しておく必要があると考えられる。

第13節　差異調整のポイント

1 ｜ 差異の発生原因と調整方法

　連結会社間の取引高や債権・債務は，取引会社間で一致するのが原則であるが，以下の場合には不一致が生じるため，相殺消去に際しては，差異の発生原因に合わせて適切に差異調整を行う必要がある。

（1）　未達取引による差異

　前記「第1節　未達取引の取扱い」で記載のとおり，連結会社相互間で，決算日直前に行った取引が，一方で会計処理しているがもう一方で未達であることにより会計処理されていない場合には，取引高や債権債務に不一致が生じる。例えば，連結会社間の商品の売買取引において期末日直前に商品が出荷された場合，販売会社では出荷基準に基づき出荷日に商品の売上高と売掛金を計上しているが，検収基準を採用している仕入会社では商品が未着のため，商品の在庫計上および買掛金を計上していないケースがある。この場合には，連結手続における個別財務諸表の修正として，仕入会社において未達取引の認識として商品と買掛金を追加計上し，連結会社間の売上高と仕入高，売掛金と買掛金を一致させた上で，相殺消去処理を行うこととなる。

　未達取引は，各連結会社で採用する会計処理が異なることに起因し，事前にある程度予測することができるため，以下のような方法により，当期の未達取引の調整漏れや誤りを軽減することが考えられる。

- 連結会社の会計処理の一覧化
  どの連結会社間取引で未達取引が発生するかを特定する
- 過去の未達取引金額の集計
  過去の未達取引金額を連結会社別，取引内容別に集計することにより，どの会社間でどの程度の未達取引が発生するかを把握する
- 当期の未達取引と過去の情報との比較
  過去の未達取引金額と当期の未達取引金額を比較することにより，未達取引の把握漏れや集計誤りの有無を確認する

（2） 決算日の差異

　連結子会社の決算日が連結決算日と異なっており，仮決算を行わない場合には，連結子会社と連結決算日の差異期間に発生した連結会社間の取引高および債権債務は不一致となる。例えば，連結決算日が3月31日，連結子会社の決算日が12月31日であるときには，1月1日から3月31日までの期間に発生した取引高および債権債務が不一致の原因となる。連結子会社側でこの期間に発生した取引に関する会計処理を行えば，親会社と子会社の取引高および債権債務は理論上は一致する（設例Ⅲ-13-1参照）。

設例Ⅲ-13-1　決算日の異なる子会社との取引の調整

前提条件

① 親会社P社は3月決算，子会社S社は12月決算である。連結財務諸表上は子会社の12月決算の数値を取り込んでいる。
② X1年2月にS社からP社に配当3,000を支払った。
③ X1年1月1日から3月31日までの間のP社，S社間の重要な取引は②のみである。
④ S社はP社の100％子会社である。

会計処理

［S社個別修正仕訳］

| （借）利益剰余金
（剰余金の配当） | (※)3,000 | （貸）現　金　預　金 | (※)3,000 |

(※)　3,000……X1年2月にS社からP社に支払った配当金の額。株主資本等変動計算書上の調整（前提条件②参照）

［取引高の相殺消去仕訳］

| （借）受取配当金 | (※)3,000 | （貸）利益剰余金
（剰余金の配当） | (※)3,000 |

(※)　3,000……前提条件②参照

（3） 外貨建財務諸表の換算レートによる差異

親会社と在外子会社との取引による収益および費用の換算については，親会社が換算に用いる為替相場によるため，為替相場の相違による差異は生じない。しかしながら，連結決算手続上，在外子会社の損益計算書項目について一律に期中平均為替相場または決算時の為替相場により換算している場合には差異が生じるため，為替換算に関する修正が必要となる。ただし，実務上は前記「第12節1（5）①　連結会社間取引の換算」に記載のとおり，当該差異の重要性が乏しい場合には為替換算に関して特段の修正を行わず，どちらか一方の連結会社の計上額を正として相殺消去を行うことも考えられる（設例Ⅲ-13-2参照）。

設例Ⅲ-13-2　外貨建財務諸表の換算レートによる差異の調整

前提条件

① 親会社P社から米国子会社S社に対して米ドル建で商品の販売を行っている。
② S社の個別財務諸表の記帳通貨は米ドルである。
③ 両社の個別財務諸表上の計上額は以下のとおりである。

	P社個別財務諸表	S社個別財務諸表
取引高（米ドル）	売上高　200	仕入高　200
換算相場	100円/米ドル （取引日相場）	110円/米ドル （期中平均相場）
取引高（円貨）	売上高　20,000	仕入高　22,000

会計処理

［S社個別財務諸表の修正仕訳］

（借）為替差損　（※）2,000　（貸）売上原価(仕入高)　（※）2,000

（※）　2,000＝S社仕入高22,000－P社売上高20,000

［取引高の相殺消去仕訳］

(借) 売上原価(仕入高) （※1）20,000　(貸) 売　　上　　高 （※2）20,000

(※1) 20,000＝S社個別財務諸表の仕入高22,000－S社個別修正仕訳2,000
(※2) 20,000……P社個別財務諸表の売上高

(4) 会計処理の相違による差異

　同一環境下で行われた同一の性質の取引等については，各連結会社が採用する会計処理の原則および手続は，原則として統一する必要がある（連結会計基準17項）。

　しかし，小規模な子会社などで，一般に公正妥当と認められた会計基準に準拠していない場合や，在外子会社が所在地国の会計基準に準拠している場合など，会計処理に相違がある場合は少なくない。

　この場合には，実務対応報告第18号「連結財務諸表作成における在外子会社の会計処理に関する当面の取扱い」に従って，IFRSまたは米国会計基準に準拠した会計処理となるよう連結財務諸表上の補正が必要となる。

　また，例えば，連結会社間で貸付けを行っている場合，貸手側では未収利息を計上しているが，借手側では未払利息を計上していないようなときにも，連結財務諸表上は原則として借手側で未払利息を計上してから，受取利息と支払利息，未収利息と未払利息を相殺消去する必要がある。

(5) 会計処理の誤り

　連結会社間の債権債務照合や取引高照合による差異分析の結果，連結会社の個別決算における，計上漏れ，二重計上，計上金額や計上科目誤りなどの会計処理誤りが検出されることがある。このような会計処理誤りはそれぞれの会社の個別財務諸表上に適切に修正した上で連結手続を行うのが本来の修正方法であるが，連結決算スケジュールの制約により，修正後の個別財務諸表を再度入手し，連結手続をやり直す時間がないケースも多いと考えられる。このような場合は，連結決算上の個別修正仕訳にて適切に修正を行う必要がある。なお，会計処理の修正を行う際には，それに対応する税効果の調整の要否にも留意す

る必要がある。

2 差異調整のポイント

（1） 連結会社間の取引高および債権債務相殺消去のルール

連結会社間の取引高および債権債務の相殺消去を効率的に行うためには，事前にルールを決めておくことが重要である。

① 取引高および債権債務の差異分析

取引高および債権債務の照合の結果，差異が存在する場合には，すべて分析した上で，その分析結果に応じて適切な調整を行うのが原則である。ただし，限られた連結決算日程の中で，僅少な差異まですべて分析するのは困難なことが多いと想定されるため，連結財務諸表全体に対する重要性を勘案し，許容可能な差異の金額を決定することが実務上は必要となるであろう。また，連結財務諸表に対して監査を受けている場合には，差異の金額を監査上も許容可能な水準とする必要があるため，監査人と協議の上，重要性のルールを決定することが重要となる。実務上は，以下のようなルールを決めて運用しているケースがみられる。

- 差異分析対象金額
  いくら以上の差異が発生している場合に差異分析を行うか
- 分析不要な不明差異の金額
  差異分析の結果，不明差異が残った場合に，いくら未満のものであれば許容可能とするか
- 修正不要差異の金額
  差異分析の結果，連結会社の個別財務諸表を修正すべき内容が検出された場合，いくら未満であれば修正不要と判断するか

② 差異がある場合の取引高および債権債務の消去

連結会社間で取引高および債権債務に差異がある場合，差異分析の結果に応

じて適切な調整を加え，差異を解消した上で，相殺消去することが原則である。しかしながら，前記「①　取引高および債権債務の差異分析」で決定したルールを適用し，重要性のない差異が残った場合の相殺消去方法を決めておく必要がある。実務上，以下のようなルールを設けて相殺消去を行っているケースがみられるが，あくまでも例示であり，実際には連結グループの取引実態や各連結会社の決算体制などを踏まえて，最も合理的と認められる方法を選択する必要がある。

- 親会社の金額を正とする方法
- 売上側，債権側の会社の金額を正とする方法
- 金額が大きいほうの会社の金額を正とする方法
- 事前に取引形態を把握の上，連結会社のうちどちらの会社の残高を正とするかを決定する方法

決定したルールに応じた実際の修正仕訳例は，設例Ⅲ-13-3のとおりである。

設例Ⅲ-13-3　連結会社間で取引高および債権債務に差異がある場合の相殺消去方法

前提条件

連結決算のルール上，差異が1の場合は詳細な分析は不要とされている。また，差異はすべて調整するとされている。

修正仕訳の例

ルール内容（例）	差異の数値例	調整仕訳	相殺消去仕訳
親会社・子会社間取引は親会社の金額を正とする	親会社 　売上高　　100 子会社 　売上原価　 99 親会社 　売上原価　100 子会社 　売上高　　101	子会社 (借)　売上原価　1 　(貸)　買掛金　　1 子会社 (借)　売上高　　1 　(貸)　売掛金　　1	(借)　売上高　　100 　(貸)　売上原価　100 (借)　買掛金　　100 　(貸)　売掛金　　100 (借)　売上高　　100 　(貸)　売上原価　100 (借)　買掛金　　100 　(貸)　売掛金　　100

	子会社S1 　売上高　　　100 子会社S2 　売上原価　　101	子会社S2 （借）　買掛金　　1 　（貸）　売上原価　1	（借）売上高　　　100 　（貸）　売上原価　100 （借）買掛金　　　100 　（貸）　売掛金　　100
子会社間取引は売上側（債権側）の会社の金額を正とする	子会社S1 　売上高　　　100 子会社S2 　売上原価　　99	子会社S2 （借）　売上原価　1 　（貸）　買掛金　　1	（借）売上高　　　100 　（貸）　売上原価　100 （借）買掛金　　　100 　（貸）　売掛金　　100

（2）　効率的な差異調整のためのポイント

　連結会社間の取引高や債権・債務の照合差異は，その原因が多岐にわたることに加え，未達取引や決算日の相違などにより照合作業が複雑になるケースもある。このため，差異を詳細に分析し，適切に調整を行うことは，膨大な時間と労力を費やすケースが多く，すべての作業を限られた連結決算の日程の中で行うには限界がある。したがって，期末決算前の事前準備を含め，取引高や債権債務の差異分析を効率的に進めるための工夫が不可欠であると考えられる。

①　連結会社間の取引高および債権債務の照合方法

　連結会社間の取引高照合と債権債務照合を，帳票や担当者を分けるなどして別個に行う実務もみられるが，少なくとも会社間ごとに取引高の照合と債権債務の照合を同時に実施できる体制や資料を整えることが，効率的かつ正確な差異分析を行う上で有用である。すなわち，会社間ごと（親会社P社対子会社S1社，子会社S1社対子会社S2社，など）に，取引高の照合と債権債務の照合を一表にまとめた資料を作成することで，差異分析が容易になるとともに，差異の潰し漏れが生じることなどが格段に少なくなる。

　これにより，単純に作業工数が減少することのみならず，検出された差異に対し，より適切な相手勘定科目で調整を行うことが可能となると考えられる。

②　月次決算での連結会社間の取引高および債権債務照合

　取引高や債権・債務の照合差異は，発生から期間が経過するとその発生原因

の特定が困難になったり，適切なタイミングで修正をすることができなくなったりするという問題が生じる。しかしながら，月次決算において連結会社間の取引高および債権債務の照合を行うことにより，発生した差異を適時に把握し，適切な修正処理を行うことができる。また，期末決算の作業の一部を前倒しで実施し，決算に関する業務量を平準化する効果もある。

　また，個別決算手続として，取引先との債権債務や取引高の照合を行っている場合は，連結会社との取引に関する差異分析結果を連結決算でも活用することが連結決算の精度を高めるのに有用である。個別決算手続において検出された差異のうち，会計処理の誤りに起因するものについては個別決算を修正した上で連結決算を行うことが原則的な方法であるが，個別決算のスケジュール上の制約により修正が行われなかった会計処理の誤りや，会計基準の差異など個別決算上は修正が不要なものなどにより，差異が完全に解消されないまま連結決算を行うケースも多いと考えられる。このような場合に，通常，連結決算の債権債務や取引高の照合差異に対して許容可能と判断できる金額水準は，個別決算よりも大きいことが多い。このため，個別決算で把握した差異内容のうち，連結決算でも修正が必要と認められるものについて，連結財務諸表上の調整処理を行うことになるものと考えられる。

③　勘定科目の統一

　各連結子会社の個別財務諸表で使用されている勘定科目は，必ずしも連結財務諸表の勘定科目としてそのまま使用できないものがある。連結パッケージ作成時には親会社が作成した勘定科目マニュアル等に従い，連結決算上統一的な勘定科目に組み替えることになる。個別財務諸表で使用する勘定科目は，所在する国，地域の法令，会計基準の要請や利用目的に応じて選択しているものと考えられるが，そのような制約の範囲内で，日常の仕訳処理や月次決算においても，極力連結グループ内で統一的な勘定科目を使用することにより，連結パッケージ作成の工数が削減されるだけではなく，連結パッケージを作成しなくても連結会社間の取引高や債権債務の照合をより容易に行うことができる。

　具体的には，連結会社間の取引高や債権債務について，例えば，「関係会社売掛金」，「連結会社売掛金」といったような補助科目を設けて，日次や月次の会

計処理を行い，期末時に追加的な労力をかけなくても連結会社間の取引高や債権債務を容易に識別できるようにする体制を構築することも有用である。また，そのような方法をとることにより，関係会社に対する債権債務，取引高に関する注記や関連当事者との取引の注記についても，その根拠データを正確かつ効率的に集計することが可能になると考えられる。

④ 会計処理の相違の事前の把握

連結会社間で会計処理が相違する場合には，それぞれの連結会社が適用する会計方針に従って会計処理を行った場合に当然に差異が発生する。新たな会計方針は通常，期首から，あるいは適用対象となる新規取引の開始時点，新規事象の発生時点から適用される。このため，期中において連結子会社から適切に情報収集を行うことにより，期末決算を迎える前に会計処理の相違を把握することが可能となる。

同一環境下で行われた同一の性質の取引等については，連結グループ内で会計処理方法を統一するのが原則であるため（連結会計基準17項），連結子会社が親会社と異なる会計処理方法の適用を検討していることを把握した場合は，親会社の会計方針に統一するよう指導することが必要である。合理的な理由や固有の事情で親会社と異なる会計処理方法を採用することもあるが，その場合にも，期中において連結子会社から適切に情報収集を行うことにより，会計処理方法の相違の内容や影響額，必要な連結調整を行うために連結子会社から入手すべき情報の洗出しなどの事前準備が可能となる。

⑤ 過去の差異分析結果の活用

過去に実施した差異分析およびそれに対応して行った差異調整に関する資料を要因別や会社別に分類・整理の上，保管し，次期以降の差異分析の際に参照することにより，効率的な作業を行うことができると考えられる。

第14節 連結パッケージにおける情報収集

1 ▌連結財務諸表の作成手順

連結財務諸表の作成手順は一般的には以下のような手順となる。

- 連結会社における個別財務諸表の作成
- 連結会社での連結パッケージの作成と親会社への提出
- 親会社での，連結会社の個別財務諸表の修正および合算，企業集団内の取引高，債権債務等の相殺消去ならびに未実現利益の消去による連結貸借対照表，連結損益計算書等の作成
- 持分法適用会社がある場合は，持分法適用会社からの連結パッケージの入手，親会社での持分法仕訳の作成，連結貸借対照表，連結損益計算書等への反映
- 親会社での注記情報の作成

　まず，連結会社各社において，個別財務諸表が作成される。次に，連結子会社は，親会社から指示された連結パッケージに，自社の財務諸表の数値のほか，連結財務諸表作成に必要な連結グループ内の債権債務・取引金額等の情報，連結財務諸表の注記作成に必要な情報等を記載し，親会社に提出する。

　親会社において，連結子会社から提出された連結パッケージ情報と自社の財務情報に基づいて，連結会社各社の個別財務諸表について必要な修正を加えた上で合算し，連結グループ内の債権債務，取引高を相殺消去するとともに未実現利益を消去するなどして，連結財務諸表を作成する。また，持分法適用会社がある場合は，持分法適用会社から入手した連結パッケージ情報により持分法仕訳を作成し，連結貸借対照表，連結損益計算書等に反映する。さらに親会社では，連結財務諸表の注記情報を作成することにより，連結財務諸表が完成する。

2 連結パッケージ

(1) 連結パッケージとは

　親会社が，連結グループの連結情報の作成に必要な情報を入手するための報告フォームのことを，一般的に「連結パッケージ」と呼んでいる。親会社が連結手続を行うための所定の様式にて必要な情報を入手するために，連結子会社や持分法適用会社から提出を求めるものであるが，会社によっては，親会社自身も個別財務諸表を連結パッケージの様式にて作成する必要があるケースもある。連結パッケージの形式は，使用する連結システムや会社によってさまざまなものがあるが，通常，連結財務諸表作成のために，次のようなものが含まれる。

① 財務諸表

- 貸借対照表
- 損益計算書
- 包括利益計算書（またはこれに同等な情報）
- 株主資本等変動計算書

② 基本情報

- 当期における自社の資本の増減
- 当期における関係会社に対する出資の増減

③ 連結財務諸表作成のための情報 （図表Ⅲ-14-1も参照のこと）

- 連結グループ内部取引（債権，債務，収益，費用，棚卸資産，固定資産，資金取引）
- キャッシュ・フロー計算書作成のためのデータ（固定資産の増減明細，有価証券の増減明細，関連する未収・未払明細等）
- セグメント情報作成のためのデータ
- その他注記情報作成のためのデータ

第14節 連結パッケージにおける情報収集

図表Ⅲ-14-1　連結会社から収集すべき情報

連結手続	各連結会社から収集すべき情報
連結会社間取引高消去	●連結会社向け取引高情報（相手先，科目名，金額）
連結会社間債権債務消去	●連結会社向け債権債務情報（相手先，科目名，金額）
未実現利益消去（棚卸資産）	［売却会社］ ●連結会社向け棚卸資産売却時の利益率 ［購入会社］ ●連結会社から購入した棚卸資産の購入先，金額，簿価切下げをしている場合はその金額
未実現利益消去（固定資産）	［売却会社］ ●連結会社に売却した固定資産および売却時の利益率または固定資産売却額（売却損益） ［購入会社］ ●連結会社から購入した固定資産の購入先，科目名，金額，減損損失を計上している場合はその金額 ●過年度に連結会社より購入した固定資産の除却，連結外部会社への売却情報
未実現利益消去（有価証券）	［売却会社］ ●銘柄名，勘定科目 ●売却先，株式・債券の区分，売却時帳簿価額，時価の有無，売却損益，売却時計上科目 ［購入会社］ ●銘柄名，勘定科目 ●購入先，株式・債券の区分，時価の有無 ●金額（取得原価，期末簿価），減損額
貸倒引当金調整	●連結会社債権に対する個別貸倒引当額 ●連結会社債権に対して適用している貸倒実績率
税効果調整	●各連結会社の法定実効税率 ●法定実効税率の変更の有無

（2） 子会社における連結パッケージの作成とチェック体制

　連結パッケージは，連結財務諸表や関連する開示情報作成の基礎となるものであり，適時に正確な情報を記載し提出することが必要である。また，決算日後短期間での提出が求められることが多いことから，連結子会社において，連結パッケージを正確かつ効率的に作成する体制を構築するとともに，それを十分にチェックできる内部統制を整備・運用する必要がある。

　このために，連結パッケージの提出スケジュールに合わせて，連結子会社では，作成者，チェック担当者，提出にあたっての承認者等を定めておく必要がある。通常，連結パッケージの多くには検証機能が組み込まれており，報告資料間で整合が必要な情報についてデータが不整合な場合，あるいは明らかに異常な数値が入力されている場合にはエラーメッセージが出て，親会社への提出や送信ができないような仕組みとなっていることが多い。しかし，このようなシステム的なチェック機能が組み込まれていない場合には，例えば，整合が必要な項目のチェックをあらかじめ決めておくなど，親会社に提出する前に連結子会社においてチェック担当者が発見できるような仕組みを工夫しておくことが必要である。

　子会社の計算書類において，「関係会社に対する金銭債権および金銭債務の注記」，「関係会社との取引高の注記」，「関連当事者注記」の開示が求められる場合，または子会社の財務諸表においてそれと同等の開示が求められる場合には，連結パッケージ上の連結会社間の取引高情報や債権債務情報との整合性も確認する必要がある（図表Ⅲ-14-2参照）。関係会社と連結会社の範囲の違いなどにより金額が必ずしも一致しないケースもあるものの，それらを作成するための基礎データは同一であるため，比較することによって集計漏れや集計誤りが発

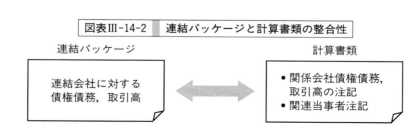

図表Ⅲ-14-2　連結パッケージと計算書類の整合性

連結パッケージ：連結会社に対する債権債務，取引高

計算書類：
・関係会社債権債務，取引高の注記
・関連当事者注記

見される場合がある。

（3） 持分法適用会社における連結パッケージの作成

連結決算上，持分法適用会社については連結子会社と異なり，取引高や債権債務の相殺消去の手続が不要であるため，連結子会社よりも収集すべき情報は少ない。

ただし，棚卸資産・固定資産・有価証券の未実現利益の消去およびそれに伴う税効果調整のための情報を収集する必要がある（図表Ⅲ-14-1参照）。

（4） 親会社における連結パッケージのチェック体制

連結パッケージ作成のためのデータを保有していない親会社においては，連結子会社の連結パッケージに対し，連結パッケージ作成会社である連結子会社ほどの詳細なチェックを行うことは通常困難である。このため，連結パッケージ内の整合性や連結パッケージ内のデータの期間比較など概括的なチェックが中心となるものと考えられる（図表Ⅲ-14-3参照）。ただし，連結会社の決算体制や能力，あるいは連結パッケージで入手する情報の重要性によっては，追加的な情報を連結会社から入手し，親会社で詳細なチェックを行う必要がある場合もある。

図表Ⅲ-14-3　親会社における連結パッケージのチェック内容（例）

対象とする情報	チェック内容
個別財務諸表	■財務諸表数値間の整合性 ・資産合計と負債・純資産合計の一致確認 ・損益計算書の当期純利益と株主資本等変動計算書の当期純利益との一致確認 ・貸借対照表の純資産の部と株主資本等変動計算書の一致確認 ■期間比較 ・前期比較，前年同期比較，前四半期比較 ・前期，前四半期の連結パッケージからの数値の連続性の確認

対象とする情報	チェック内容
連結会社との取引高	■ 異常値チェック 科目ごとの金額が，個別財務諸表の各科目を超えていないか ■ 期間比較 前期比較，前年同期比較，前四半期比較
連結会社向け債権債務	■ 異常値チェック 科目ごとの金額が，個別財務諸表の各科目を超えていないか ■ 期間比較 前期比較，前年同期比較，前四半期比較
未実現利益（棚卸資産）	■ 異常値チェック 連結会社から購入した棚卸資産金額が，個別財務諸表の棚卸資産残高を超えていないか ■ 期間比較 前期比較，前年同期比較，前四半期比較
未実現利益（固定資産）	■ 異常値チェック 連結会社から購入した固定資産金額が，個別財務諸表の固定資産残高を超えていないか ■ 期間比較 前期比較，前年同期比較，前四半期比較
税効果情報	■ 変化点の有無のチェック 法定実効税率が前期から変化しているかどうか ■ 未実現利益の税効果の計上の可否 売手側の子会社の課税所得を超えていないかどうか

3 親会社が連結財務諸表作成のために子会社から収集する必要がある情報

(1) 連結会社間取引高情報

　親会社は連結財務諸表作成に必要となる連結仕訳データの1つとして，内部取引に関する情報を連結子会社に求めている。

　各連結会社における連結パッケージの取引高情報の作成にあたっては，会社

の仕訳データから，相手先名を連結会社名で抽出する方法も考えられるが，仕訳データが膨大な場合には時間がかかることも考えられるため，あらかじめ取引先コードを設けておくなど，効率的に集計できる方法を工夫することが望ましい。また，相殺消去すべき取引高は，子会社が連結範囲に含まれている期間に限定されるため，連結会計年度の途中から連結子会社となった場合には，連結された時点から期末までの期間の取引金額を報告する必要がある。

売上取引に関連する情報としては，取引会社別の売上データや売上以外の収益科目の取引高に関するデータといったものが挙げられる。連結グループ内取引で発生した売上高と仕入高は連結仕訳にて相殺消去されるが，一般的に，仕入会社は販売会社と比較して，その金額を取引会社別に正確に把握していないケースが多い。このとき，仕入会社の取引先別金額の集計精度を向上させることが必要であるが，販売側の会社が正確に集計した取引先別の金額の情報を提出し，仕入会社から入手した情報と比較することが，親会社の連結決算手続の精度向上と効率化のいずれにも重要である。

さらに，特に海外の連結会社との取引において，連結外部の商社を活用して貿易を行うケースがあるが，そういった連結外部の会社を経由した取引であっても実質的に連結会社間の取引であることが明確なものについては，取引高の相殺消去の対象となる。このため，各連結会社において，直接の取引先名だけでなく実質的な販売先，仕入先を把握し，連結パッケージの連結会社間取引高情報として漏れなく記載できる仕組みを設けておく必要がある（図表Ⅲ-14-4参照）。

図表Ⅲ-14-4　連結会社間取引相殺消去のための連結パッケージ

① 連結会社間取引収益

相手先会社名	売上高	賃貸料収入	受取利息	……

② 連結会社間取引費用

相手先会社名	売上原価（商品）	支払賃貸料	支払利息	……

③ 連結会社間配当取引

相手先会社名	受取配当金	支払配当金

（2） 債権債務情報

　連結会社間取引で発生した債権債務が期末時点で残高として計上されている場合には，連結決算上これらを相殺消去することとなる。なお，この消去には受取手形，支払手形も含まれるが，手形取引については割引や裏書が行われると，連結決算において借入金への振替など特殊な処理が行われるため，親会社は子会社から手形の割引や裏書についての情報収集が必要となる。必要な情報を収集するためには，図表Ⅲ-14-5のような連結パッケージを利用することが考えられる。

図表Ⅲ-14-5　連結会社間債権債務相殺消去のための連結パッケージ

① 連結会社向け債権

相手先会社名	受取手形（未割引）	売掛金	未収入金	貸付金	……	受取手形（割引分）	受取手形（裏書分）

② 連結会社向け債務

相手先会社名	支払手形	買掛金	未払金	借入金	……	その他負債

　各連結会社における連結パッケージの債権債務情報の作成にあたっては、会社の仕訳データから、相手先名を連結会社名で抽出する方法も考えられるが、仕訳データが膨大な場合には時間がかかることも考えられるため、あらかじめ取引先コードを設けておくなど、効率的に集計できる方法を工夫することが望ましい。

（3）　未実現利益

①　棚卸資産

　棚卸資産の未実現利益の消去にあたっては、連結会社間の取引により取得した棚卸資産の残高について購入金額と付随費用に区分して適切に把握し、連結パッケージにおいて報告することになる。

　棚卸資産の未実現利益に関し、連結手続上、必要な情報は以下のとおりである。

(i) 連結会社間で売買された棚卸資産の期末在庫金額，期末在庫金額が収益性低下による簿価切下げ後の金額である場合には，簿価切下額
(ii) 連結会社間で棚卸資産を売買したことにより発生した売買利益，あるいは売却会社の対象取引または対象取引を含む製品群や事業等の利益率

連結会社から取得した棚卸資産の期末在庫の情報を入手するためには，図表Ⅲ-14-6のような連結パッケージが考えられる。

図表Ⅲ-14-6　棚卸資産の未実現利益消去のための連結パッケージ

資産科目名	勘定科目	購入先会社名	資産名称	在庫金額		販売側利益率	簿価切下げ額
				購入金額	付随費用		

未実現利益の金額は，一般的に対象となる棚卸資産の残高に販売側の会社の適切な利益率を乗じて計算される。利益率は製品別，部門別，会社別といった単位のうち，より合理的で適切な単位で計算する必要があるため，どの単位で期末在庫を把握すべきなのか親会社の指示に注意する必要がある。

連結会社間の取引により取得した棚卸資産について，収益性の低下により簿価の切下げを実施した場合には，簿価の切下げにより未実現利益が消去されていることとなるため，連結パッケージ上も対象となる棚卸資産に関する簿価切下額を報告する必要がある。

なお，連結子会社から親会社への販売取引や連結会社から別の連結子会社への販売取引については，未実現利益の消去に伴う税効果の調整のために必要な情報である各連結子会社の税率および当期の課税所得を別途収集する必要がある。

② 固定資産

固定資産の未実現利益に関し，親会社の連結財務諸表作成上必要な情報は以下のとおりである。このうち，(ii)から(v)については，通常親会社にて前期以前

に連結会社間で売買された時点の情報を台帳管理しているため，当期において連結会社から入手すべき情報としては，対象となる固定資産の当期における異動，すなわち外部への売却，除却，減損処理の有無に関する情報と考えられる。

> (i) 当期において連結会社間で売買された固定資産について，売買価格，売却時の帳簿価額，売却時の減価償却累計額（中古資産を売却した場合），売却利益（未実現利益）等
> (ii) 前期以前において連結会社間で売買された固定資産について，いつ売買したか，減価償却方法および耐用年数，売却利益（未実現利益）
> (iii) 前期以前において連結会社間で売買し，当期に連結外部に売却した固定資産について，売却時点での未実現利益
> (iv) 前期以前において連結会社間で売買し，当期に除却した固定資産について，除却時点での未実現利益
> (v) 前期以前において連結会社間で売買し，当期に減損した固定資産について，減損時点での未実現利益

これらの情報を入手するためには，図表Ⅲ-14-7のような連結パッケージが考えられる。

図表Ⅲ-14-7　固定資産の未実現利益消去のための連結パッケージ

(i) 有形固定資産購入明細（連結グループ会社からの購入）

資産科目名	購入先会社名	資産名称	購入日	購入価額	購入した資産の減価償却費			
					償却方法	耐用年数	残存価額	減価償却費計上科目

(ii) 有形固定資産売却明細（連結グループ会社への売却）

資産科目名	売却先会社名	資産名称	帳簿価額（売却時）	減価償却累計額（売却時）	売却価額	売却利益	売却時計上科目(※)

（※）　売上高を計上するケースと固定資産売却損益を計上する場合が想定されるため，それを明確にする必要がある。

(iii) 有形固定資産売却明細（連結グループ会社からの購入資産の外部への売却）

資産科目名	資産名称	売却年月日

(iv) 有形固定資産除却明細（連結グループ会社からの購入資産の除却）

資産科目名	資産名称	除却年月日

(v) 有形固定資産減損明細（連結グループ会社からの購入資産の減損）

資産科目名	資産名称	帳簿価額	減価償却累計額	減損損失	減損損失計上科目

③ 有価証券

i 連結会社が発行した社債の取得

連結会社が発行した社債を他の連結会社が投資有価証券として取得した場合，社債発行と同時の取得であれば，連結財務諸表上は内部取引として相殺消去し，当初から発行しなかったものとして会計処理することが考えられる。一方で，社債の発行後，連結グループ外部の会社を経由して取得した場合は，連結上自己社債として買入償還と同様の処理をする。

このように，連結会社が社債を取得するタイミングにより会計処理が異なるため，親会社が連結財務諸表を作成する場合には，連結会社が社債発行直後に取得したのか，連結グループ外部の会社から購入したのかの情報が必要となる。

これらの情報を入手するためには，図表III-14-8のような連結パッケージが考えられる。

図表Ⅲ-14-8　連結会社発行社債の取得の連結処理のための連結パッケージ

社債発行会社	勘定科目	購入先会社名	金額

なお，連結会社が発行した社債で一時所有のものは相殺消去の対象としないことができるとされているため，当該定めを適用する場合には，一時所有であるかどうかの情報を別途入手する必要がある。

ⅱ　第三者が発行した有価証券

連結グループ外部の会社が発行した有価証券（株式，債券等）について，連結会社間で売買取引を行った場合の未実現利益の消去については，固定資産と基本的には同様の会計処理を行うこととなる。ただし，取引対象とした有価証券が上場株式などの時価のあるものである場合には，未実現利益の消去にあたり，連結会社の個別財務諸表上で行った時価評価の影響を考慮すべきという点で固定資産とは異なるため，親会社は連結財務諸表作成にあたり，売却先の連結会社で行っている時価評価に関する情報を入手する必要がある。

これらの情報を入手するためには，図表Ⅲ-14-9のような連結パッケージが考えられる。

図表Ⅲ-14-9　第三者発行有価証券の未実現利益消去のための連結パッケージ

（売却側）

銘柄名	勘定科目	売却先会社名	株式・債券の区分	帳簿価額（売却時）	時価の有無	売却価額	売却損益	売却時計上科目

(購入側)

銘柄名	勘定科目	購入先会社名	株式・債券の区分	時価の有無	金額 取得原価	金額 期末簿価	減損額

（4） 貸倒引当金の調整

連結会社間の債権債務の相殺消去の結果，連結会社に対する債権額が減少することにより，対応する貸倒引当金を減額する必要がある。

貸倒引当金調整のための情報を入手するためには，図表Ⅲ-14-10のような連結パッケージが考えられる。

図表Ⅲ-14-10　貸倒引当金調整のための連結パッケージ

相手先会社名	債権科目	債権金額	個別引当額	差引額（※1）	貸倒引当率	一般引当額（※2）	流動固定区分	繰入額計上科目

（※1）　債権金額－個別引当額
（※2）　差引額×貸倒実績率

なお，貸倒引当金の調整に伴う税効果の調整については，各子会社の個別財務諸表上，貸倒引当金に対しどのような税効果の処理が行われたかを把握することが求められ，親会社はそのために必要な情報を別途収集する必要がある。

これらの情報を入手するためには，図表Ⅲ-14-11のような連結パッケージが考えられる。

第14節　連結パッケージにおける情報収集　307

| 図表Ⅲ-14-11 | 税効果の調整のための連結パッケージ |

（未実現利益の消去に使用する法定実効税率等）

法定実効税率	当期課税所得

（貸倒引当金調整に使用する法定実効税率等）

法定実効税率				回収可能性に関する情報
X1年3月期	X2年3月期	X3年3月期	X4年3月期以降	

（5）　税効果の調整

　棚卸資産・固定資産等の未実現利益の消去および貸倒引当金調整に伴い，各連結会社の個別財務諸表で計上している繰延税金資産および繰延税金負債の調整が必要となる。親会社の連結決算手続にて税効果調整を行うためには，税効果会計に使用する法定実効税率が必要であるが，連結会社の法定実効税率の正確性の確認のために，当期および翌期以降の税率変更の有無に関する情報を入手することも有用である。また，未実現利益の消去に係る繰延税金資産については，計上対象とする将来減算一時差異が売却元の連結会社の課税所得を超えないこととされているため，親会社としてそれをチェックするためには連結会社の課税所得（見積り）情報を入手する必要がある。一方，貸倒引当金調整による税効果調整に伴い繰延税金資産が計上される場合には，回収可能性に関する情報を入手する必要がある。税効果調整に関する必要な情報を入手するためには図表Ⅲ-14-11のような連結パッケージのほか，未実現利益の消去のための連結パッケージや貸倒引当金調整のための連結パッケージに含めて情報を入手するケースもある。

【参考文献】

「連結財務諸表の会計実務（第2版）」新日本有限責任監査法人編　中央経済社
「会計実務ライブラリー⑩連結決算の実務（第2版）」新日本有限責任監査法人編　中央経済社
「設例でわかる　資本連結の会計実務」新日本有限責任監査法人編　中央経済社
「ケースから引く　組織再編の会計実務」新日本有限責任監査法人編　中央経済社
「為替換算調整勘定の会計実務（第2版）」新日本有限責任監査法人編　中央経済社
「連結子会社の決算マニュアル」新日本有限責任監査法人編　中央経済社
「会計処理アドバンストQ&A」新日本有限責任監査法人編　中央経済社
「ストック・オプションの会計実務－会計・税務・評価の方法」新日本監査法人調査研究部編　中央経済社
「会社法決算書の読み方・作り方（第11版）」新日本有限責任監査法人編　中央経済社
「IFRS 国際会計の実務 International GAAP 2015【下巻】」アーンスト・アンド・ヤング LLP 著　新日本有限責任監査法人日本語版監修　レクシスネクシス・ジャパン
「グループ法人税制・連結納税制度の実務ガイダンス」新日本アーンスト アンド ヤング税理士法人編　中央経済社
「連結財務諸表（第5版）」武田隆二著　国元書房
「図解＆設例　連結会計の基本と実務がわかる本」飯塚幸子著　中央経済社
「図解＆設例　連結決算の業務マニュアル」飯塚幸子著　中央経済社
「Q&A　連結決算の実務ガイド（第4版）」有限責任あずさ監査法人編　中央経済社
「連結財務諸表の実務マニュアル（第2版）」PwCあらた監査法人編　中央経済社
「詳解　連結納税Q&A（第8版）」稲見誠一・大野久子著　清文社

「平成22年度税制改正の解説」財務省
「設例で見るグループ法人税制・連結納税制度の税効果会計の実務　第2回」週刊経営財務　平成22年12月13日号　税務研究会　吉田剛著

新日本有限責任監査法人HP　企業会計ナビ　わかりやすい解説シリーズ「連結」
第4回　未実現利益の消去
http://www.shinnihon.or.jp/corporate-accounting/commentary/consolidated/2012-07-11-01.html
新日本有限責任監査法人HP　太田達也の視点
貸倒引当金の改正と会計・税務対応～段階的廃止に伴う実務対応と留意点～
http://www.shinnihon.or.jp/corporate-accounting/ota-tatsuya-point-of-view/2012-11-01.html

【執筆者紹介】（五十音順・新日本有限責任監査法人　所属）

新井　篤（あらい　あつし）第Ⅱ部第1章第4節・第2章第2節～第3節・第Ⅲ部第8節

公認会計士　シニア　第1事業部

製造業，部品卸売業，学校法人等の監査業務を中心に担当するとともに，上場準備業務等のほか，雑誌記事の執筆を行っている。

雑誌への寄稿として「退職給付会計に係る税効果の基礎」，「平成27年3月期『有報』分析」，「平成28年3月期『有報』分析」，「平成28年6月第1四半期『四半期報告書』の開示分析」（以上，すべて『旬刊経理情報』（中央経済社））がある。

浦田　千賀子（うらた　ちかこ）第Ⅱ部第1章第1節～第3節

公認会計士　シニア　第3事業部

大手素材産業，人材サービス業，ホテル業，小売業等の監査，内部統制助言業務，上場準備業務等のほか，雑誌の執筆やセミナー講師も行っている。また，同法人のウェブサイト企業会計ナビの編集委員として，会計情報の外部発信業務にも従事している。

著書（共著）に，「図解入門ビジネス　最新株式公開の基本と実務がよーくわかる本」（秀和システム），「決算期変更・期ズレ対応の実務Q&A」，「図解でざっくり会計シリーズ1　税効果会計のしくみ（第2版）」「取引手法別　資本戦略の法務・会計・税務」（以上，中央経済社）がある。

加藤　圭介（かとう　けいすけ）第Ⅰ部第1章・第Ⅲ部第11節～第14節

公認会計士　シニアマネージャー　品質管理本部　会計監理部　兼　第5事業部

自動車関連企業などグローバル企業の監査業務を中心に担当するとともに，会計処理および開示に関して相談を受ける業務に従事している。また，法人内の自動車セクターナレッジにてサブリーダーを務め，自動車産業に係る会計上，監査上のポイントやIFRS導入時の検討課題などを法人内外に伝えるセミナーの講師を担当している。

主な著書（共著）として「業種別会計シリーズ　自動車産業」（第一法規）がある。

杉山　正悟（すぎやま　しょうご）第Ⅲ部第1節～第4節

公認会計士　シニア　第1事業部

食品製造業，飲食業，情報サービス業の監査業務を中心に担当するとともに，上場準備業務に従事している。また，法人内外の研修講師を担当している。

中込　佑介（なかごみ　ゆうすけ）第Ⅲ部第5節～第7節

公認会計士　シニア　第1事業部
食品製造業，石油・ガス開発業，サービス業等の監査業務や非監査業務に従事している。
著書（共著）に「取引手法別　資本戦略の法務・会計・税務」（中央経済社）がある。

成田　充孝（なりた　みちたか）第Ⅰ部第2章

公認会計士　第2事業部
平成24年9月まで大手資格予備校の講師として，公認会計士試験受験者を指導。平成24年10月に同法人に入社し，主に化粧品製造業，食品製造業等の監査業務に従事。
著書（共著）に「設例でわかる　資本連結の会計実務」（中央経済社）がある。

横井　貴徳（よこい　たかのり）第Ⅱ部第2章第2節～第3節・第Ⅲ部第9節

公認会計士　マネージャー　第3事業部
主に飲食業や情報・通信業の監査業務に従事。また，非監査業務において会計・税務等の指導に携わる。
雑誌への寄稿として「平成28年6月第1四半期『四半期報告書』の開示分析」『旬刊経理情報』（中央経済社）がある。

吉田　剛（よしだ　たけし）第Ⅲ部第10節

公認会計士　パートナー　品質管理本部　会計監理部　兼　第4事業部
食品製造業や石油・ガス開発業等の監査業務および会計に係る情報提供，法人内の質問対応等の業務に従事。
また，企業会計基準委員会（ASBJ）企業結合専門委員会の専門委員ならびに日本公認会計士協会　会計制度委員会　副委員長および同委員会　連結・企業結合等検討専門委員会の専門委員を務めるほか，法人内部の研修講師，外部向けのセミナー講師も多数務める。
著書（共著）に，「取引手法別　資本戦略の法務・会計・税務」，「こんなときどうする？減損会計の実務詳解Q&A」，「連結財務諸表の会計実務(第2版)」（以上，中央経済社）など多数。このほかに，雑誌等への寄稿，法人HPの企業会計ナビ「会計情報トピックス」の執筆なども数多く行っている。

【編集・執筆責任者】
吉田　剛
【レビューア（五十音順）】
井澤　依子
江村　羊奈子
小林　正文
櫻井　靖洋
田村　友信
爲我井　顧矩
藤間　康司
堀合　洋平
村上　貴之

【編者紹介】

EY | Assurance | Tax | Transactions | Advisory

新日本有限責任監査法人について
新日本有限責任監査法人は，EY の日本におけるメンバーファームであり，監査及び保証業務を中心に，アドバイザリーサービスなどを提供しています。詳しくは，www.shinnihon.or.jp をご覧ください。

EY について
EY は，アシュアランス，税務，トランザクション及びアドバイザリーなどの分野における世界的なリーダーです。私たちの深い洞察と高品質なサービスは，世界中の資本市場や経済活動に信頼をもたらします。私たちはさまざまなステークホルダーの期待に応えるチームを率いるリーダーを生み出していきます。そうすることで，構成員，クライアント，そして地域社会のために，より良い社会の構築に貢献します。

EY とは，アーンスト・アンド・ヤング・グローバル・リミテッドのグローバルネットワークであり，単体，又は複数のメンバーファームを指し，各メンバーファームは法的に独立した組織です。アーンスト・アンド・ヤング・グローバル・リミテッドは，英国の保証有限責任会社であり，顧客サービスは提供していません。詳しくは，ey.com をご覧ください。

本書は一般的な参考情報の提供のみを目的に作成されており，会計，税務及びその他の専門的なアドバイスを行うものではありません。新日本有限責任監査法人及び他の EY メンバーファームは，皆様が本書を利用したことにより被ったいかなる損害についても，一切の責任を負いません。具体的なアドバイスが必要な場合は，個別に専門家にご相談ください。

連結手続における未実現利益・取引消去の実務

2017年4月10日　第1版第1刷発行
2022年12月30日　第1版第4刷発行

　　編　者　新日本有限責任監査法人
　　発行者　山　本　　　継
　　発行所　㈱中央経済社
　　発売元　㈱中央経済グループ
　　　　　　パブリッシング

〒101-0051　東京都千代田区神田神保町1-31-2
電話　03（3293）3371（編集代表）
　　　03（3293）3381（営業代表）
https://www.chuokeizai.co.jp
印刷／昭和情報プロセス㈱
製本／誠　製　本　㈱

© 2017 Ernst & Young ShinNihon LLC.
All Rights Reserved.
Printed in Japan

＊頁の「欠落」や「順序違い」などがありましたらお取り替えいたしますので発売元までご送付ください。（送料小社負担）
ISBN978-4-502-22071-5　C3034

JCOPY〈出版者著作権管理機構委託出版物〉本書を無断で複写複製（コピー）することは、著作権法上の例外を除き、禁じられています。本書をコピーされる場合は事前に出版者著作権管理機構（JCOPY）の許諾を受けてください。
JCOPY〈https://www.jcopy.or.jp　eメール：info@jcopy.or.jp〉

■最新の監査諸基準・報告書・法令を収録■

監査法規集

中央経済社編

本法規集は，企業会計審議会より公表された監査基準をはじめとする諸基準，日本公認会計士協会より公表された各種監査基準委員会報告書・実務指針等，および関係法令等を体系的に整理して編集したものである。監査論の学習・研究用に，また公認会計士や企業等の監査実務に役立つ1冊。

《主要内容》

企業会計審議会編＝監査基準／不正リスク対応基準／中間監査基準／四半期レビュー基準／品質管理基準／保証業務の枠組みに関する意見書／内部統制基準・実施基準

会計士協会委員会報告編＝会則／倫理規則／監査事務所における品質管理　**《監査基準委員会報告書》**　監査報告書の体系・用語／総括的な目的／監査業務の品質管理／監査調書／監査における不正／監査における法令の検討／監査役等とのコミュニケーション／監査計画／重要な虚偽表示リスク／監査計画・実施の重要性／評価リスクに対する監査手続／虚偽表示の評価／監査証拠／特定項目の監査証拠／確認／分析的手続／監査サンプリング／見積りの監査／後発事象／継続企業／経営者確認書／専門家の利用／意見の形成と監査報告／除外事項付意見　他**《監査・保証実務委員会報告》**継続企業の開示／後発事象／会計方針の変更／内部統制監査／四半期レビュー実務指針／監査報告書の文例

関係法令編＝会社法・同施行規則・同計算規則／金商法・同施行令／監査証明府令・同ガイドライン／内部統制府令・同ガイドライン／公認会計士法・同施行令・同施行規則

法改正解釈指針編＝大会社等監査における単独監査の禁止／非監査証明業務／規制対象範囲／ローテーション／就職制限又は公認会計士・監査法人の業務制限